Elite des »Führers«?

Frederik Müllers

Elite des »Führers«?

Mentalitäten im subalternen Führungspersonal von Waffen-SS und Fallschirmjägertruppe 1944/45

be.bra
wissenschaft verlag

Bibliografische Information der Deutschen Nationalbibliothek
Die Deutsche Nationalbibliothek verzeichnet diese Publikation in der Deutschen Nationalbibliografie; detaillierte bibliografische Daten sind im Internet über http://dnb.d-nb.de abrufbar.

KulturBrauerei Haus 2
Schönhauser Allee 37, 10435 Berlin
post@bebraverlag.de
Umschlaggestaltung: typegerecht berlin
(unter Verwendung einer Fotografie aus dem Bundesarchiv: Bild 101III-Obermueller-018-21)
Lektorat: Matthias Zimmermann, Berlin
Innengestaltung: Friedrich, Berlin
Schrift: Linux Libertine 10,5/12pt
Printed in Germany
ISBN 978-3-95410-003-3

www.bebra-wissenschaft.de

Inhalt

Einleitung: Des Teufels Soldaten?

»Ich habe den National-Sozialismus, ob der nun National-Sozialismus heißt oder sonst irgendeine Bezeichnung hat, als Religion, als mein Leben eingeatmet. Ich habe erkannt, dass das das einzig richtige Leben ist für unser Volk, dass sonst unsere Kultur zum Teufel geht. Dieser Nationalsozialismus bedeutet die Lebensbedingungen und die Notwendigkeiten unseres Volkes zu unserer Arterhaltung, zu unserer Volks- und Kulturerhaltung.«[1]

Mit diesen Worten äußerte sich der Generalmajor der Waffen-SS und SS-Brigadeführer Kurt Meyer im April 1945 gegenüber Generalmajor Wilhelm Ullersperger und offenbarte damit nicht nur seine große Nähe zum, sondern vielmehr seine vollständige Identifikation mit dem Nationalsozialismus.

Als propagandistisches Vorzeigemodell eines Angehörigen der Waffen-SS und jüngster Divisionskommandeur der deutschen Streitkräfte im Zweiten Weltkrieg[2] geriet der aufgrund seiner Operationsführung auch »schnelle Meyer«[3] genannte und hoch ausgezeichnete Offizier am 7. September 1944 nahe Lüttich in alliierte Kriegsgefangenschaft[4]. Kurz danach fand er sich im englischen Gefangenen- und Abhörlager Trent Park wieder, wo er auf Offiziere der Wehrmacht traf, die ein eindeutiges Urteil über Meyer fällten. So behauptete Generalleutnant Friedrich Freiherr von Broich:

»Wenn einer im Jahre 1944 Kommandant der Division ›Hitlerjugend‹ ist, dann muss er ein Nazi sein, das ist klar. Der Mann ist der erste, der uns und unsere Frauen, wenn er den Befehl kriegt, genauso erschießt wie alles, und zwar mit einer Wollust.«[5]

Eine Beurteilung, mit der von Broich nicht alleine stand: Im Lager teilten zumindest die Obristen Eberhard Wildermuth, Gerhard Wilck und Hans Reimann sowie General Wilhelm Ritter von Thoma diese Skepsis, welche sie als Angehörige des Heeres dem »berufsmäßige[n] Mörder«[6] der Waffen-SS entgegenbrachten, dessen Lebensinhalt Oberst Reimann zufolge aus »[R]auben, [P]lündern, Menschen [S]chinden und [T]otschießen«[7] bestand und der nach Kriegsende als Kriegsverbrecher verurteilt wurde[8].

---

1 GRGG 262, 18.-20.2.1945, (e), TNA, WO 208/4177.

2 Vgl. Neitzel: Abgehört, S. 26.

3 Vgl. z.B. Völkischer Beobachter 167 (16.6.1941), S. 3; Foster: Meeting, S. 193. Den Beinamen »Panzermeyer« erhielt er bereits 1932, als er einen Sturz von einem Hausdach schwer verletzt überlebte. Vgl. Foster: Meeting, S. 108. Nachträglich wurde die Entstehungsgeschichte des Namens fälschlicherweise mit seinen militärischen Aktivitäten in Verbindung gebracht, auch von ihm selbst. Vgl. Panzermeyer: Grenadiere, S. 422.

4 Zuletzt erhielt Kurt Meyer das Eichenlaub mit Schwertern zum Ritterkreuz des Eisernen Kreuzes. Vgl. Meyer: Geweint wird, S. 261.

5 GRGG 226, 20.-21.11.1944, TNA, WO 208/4364.

6 GRGG 257, 06.-20.2.1945, TNA, WO 208/4177.

7 Vgl. GRGG 257, 06.-20.2.1945, TNA, WO 208/4177. Vgl. auch GRGG 225, 18.-19.11.1944, TNA, WO 208/4364.

8 Dieses Urteil war juristisch nicht haltbar und wurde in lebenslange Haftstrafe umgewandelt. Meyer wurde

Gleichwohl verbirgt sich hinter diesen Zitaten mehr als die Selbst- und Fremdcharakterisierung eines einzelnen Mannes. Vielmehr scheint das Bild, das aus den oben angeführten Äußerungen vom SS-Mann Kurt Meyer gezeichnet wird, geradezu prototypisch für die Soldaten der Waffen-SS insgesamt zu stehen und spiegelt damit wider, was diese Organisation in der Retrospektive verkörpert: ein ideologisiertes, »weltanschauliches« Soldatentum des »Führers«, das zum Inbegriff des nationalsozialistischen Terrors in Europa avancierte. Die Männer der Waffen-SS seien »Soldats politiques«[9], »soldiers of destruction«[10] und »Wegbereiter der Shoah«[11], um nur einige paradigmatische Etikette zu nennen.

Jürgen Förster bilanzierte die Reputation der Organisation für die Forschung exemplarisch, indem er schrieb: »Die Waffen-SS kennt jeder.«[12] Doch angesichts der Tatsache, dass die problematische Quellenlage bislang kaum erlaubte, die etwa 900.000 Angehörigen dieser nationalsozialistischen Parteiarmee[13] in den Blick zu nehmen, bedarf Försters Aussage dahingehend eine Relativierung, dass, um Jean-Luc Leleu und Sönke Neitzel zu folgen, eher davon zu sprechen ist, jeder *glaube*, die Waffen-SS zu kennen[14].

Zwar ist die Forschung zur Waffen-SS inzwischen enorm umfangreich – ihr Aufbau, ihre Organisation und Funktion im nationalsozialistischen Staat und Vernichtungskrieg sind hinlänglich bekannt[15]. Aber eine empirische Mentalitätsgeschichte der Waffen-SS, die unabdingbar ist, um Urteile wie das des »weltanschaulich gefestigten Kämpfers«[16] zu untermauern, blieb bislang ein Desiderat. Es waren einzelne, exponierte Personen wie Kurt Meyer, Paul Hausser, Felix Steiner oder Theodor Eicke, die das Bild der Parteiarmee prägten. Von ihnen zogen Wissenschaft wie Öffentlichkeit mentalitätshistorische Rückschlüsse auf die gesamte Truppe, ohne diese Generalisierung empirisch belegen zu können[17].

Die kritische Auseinandersetzung mit dem Erbe der Waffen-SS nach dem Ende des Zweiten Weltkrieges folgte gewiss zunächst anderen Interessen[18]: Es handelte sich um eine vor allem juristische Aufarbeitung der SS insgesamt, die mit dem Nürnberger Prozess gegen die Hauptkriegsverbrecher einsetzte und in dessen Rahmen die Waffen-SS ob

---

schließlich 1954 aus der Haft entlassen. Zu den Anschuldigungen und zum Prozess siehe z.B. Foster: Meeting, S. 461-492; Margolian: Unauthorized Entry, S. 39f.; Margolian: Conduct Unbecoming, S. 72f., 143-170; Meyer (Jr.): Geweint wird, S. 15; Nassua: Ahndung.

9 Vgl. Leleu, Jean-Luc: La Waffen-SS. Soldats politiques en guerre. Paris 2007.

10 Vgl. Sydnor, Charles W. Jr.: Soldaten des Todes. Die 3. SS-Division »Totenkopf« 1933-1945. Aus dem Englischen übersetzt von Karl Nicolai. Paderborn [5]2002. Im englischen Original lautet der Titel: »Soldiers of destruction«.

11 Vgl. Cüppers, Martin: Wegbereiter der Shoah. Die Waffen-SS, der Kommandostab Reichsführer-SS und die Judenvernichtung 1939-1945. Darmstadt 2005 (Veröffentlichungen der Forschungsstelle Ludwigsburg der Universität Stuttgart, 4).

12 Förster: Die weltanschauliche Erziehung, S. 87.

13 Vgl. Rohrkamp: ›Weltanschaulich gefestigte Kämpfer‹, S. 14; Sydnor: Soldaten des Todes, S. 2; Overmans: Deutsche militärische Verluste, S. 293.

14 Vgl. Neitzel: Des Forschens, S. 405; Leleu: La Waffen-SS, S. I.

15 Vgl. Schulte: Zur Geschichte der SS, S. XI.

16 Vgl. Rohrkamp, René: ›Weltanschaulich gefestigte Kämpfer‹. Die Soldaten der Waffen-SS 1933-1945. Organisation – Personal – Sozialstrukturen. Paderborn 2010 (Krieg in der Geschichte, 61).

17 Vgl. Förster: Die weltanschauliche Erziehung, S. 89.

18 Freilich setzte die kritische Auseinandersetzung mit dem Phänomen der Waffen-SS zumindest im Ausland bereits während des Krieges ein. Vgl. Schulte: Zur Geschichte der SS, S. XII; Wegner: Anmerkungen, S. 1.

ihrer Beteiligung an zahlreichen Gräueltaten zu einer verbrecherischen Organisation erklärt wurde[19].

Das Urteil von Nürnberg war Grundlage einer damit einsetzenden und teilweise bis heute andauernden Diskussion über die Waffen-SS, die ein antipodisches Bild dieser Formation zeichnete: So war der bewaffnete Ableger der NSDAP für die Vertreter der ehemaligen Wehrmacht[20] nach dem Krieg ein willkommenes »gesellschaftliches Bauernopfer«[21], dem sie die Verantwortung für Kriegsverbrechen und Holocaust aufbürden konnten. Gegen diese diametrale Gegenüberstellung von »sauberer« Wehrmacht und »schmutziger« SS[22] regte sich bald Widerstand, vor allem seitens der etwa 250.000 Veteranen der Waffen-SS[23], die sich gegen Ende der 1940er Jahre zu organisieren begannen und schließlich mit der »Hilfsgemeinschaft auf Gegenseitigkeit der Angehörigen der ehemaligen Waffen-SS« (HIAG) eine Interessensgemeinschaft gründeten, mit deren Hilfe sie eine rechtliche wie gesellschaftliche Rehabilitation anstrebten[24].

Mit Unterstützung apologetischer Memoirenliteratur gelang es den Veteranen, der Waffen-SS einen vermeintlich unpolitischen Charakter anzudichten, indem sie sich breitenwirksam zu »Soldaten wie anderen auch«[25] stilisierten, zu patriotischen Kämpfern einer »Armee der Geächteten«[26]. Dem lag ein postuliertes Verständnis der Waffen-SS als regulärem Truppenteil der Wehrmacht zugrunde[27]: Höchstens durch ihren vermeintlichen militärischen Elitestatus eine Sonderstellung einnehmend, wurde die Waffen-SS

19 Der Prozess lief vom 20.11.1945 an und endete am 1.10.1946 mit zwölf Todesurteilen gegen führende Größen des NS-Staates. Darüber hinaus wurden das Führerkorps der NSDAP, die Gestapo, der SD und die SS, kurioserweise exklusive der Reiter-SS, zu verbrecherischen Organisationen erklärt. Vgl. IMG: Prozess, Bd. 22, S. 586-589; Brochhagen: Nach Nürnberg, S. 23; Smith: Der Jahrhundert-Prozess, S. 8; Wilke: Geistige Regeneration, S. 435f.; Cüppers: Wegbereiter der Shoah, S. 322f.

20 Die Wehrmacht war im Nürnberger Prozess gegen die Hauptkriegsverbrecher nicht zu einer verbrecherischen Organisation erklärt worden, ein formalrechtlich begründeter Umstand, der in der Retrospektive oft als inhaltlicher Freispruch fehlgedeutet wurde. Vgl. Wette: Die Wehrmacht, S. 207-210; Wilke: Organisierte Veteranen, S. 150.

21 Wilke: Organisierte Veteranen, S. 149. Vgl. auch Leleu: La Waffen-SS, S. 774.

22 Eine Distinktion, die bis heute nachwirkt. Die mitunter emotional geführte und öffentlich rezipierte Debatte um die Wehrmachtausstellung sei an dieser Stelle nur als das bekannteste Resultat dieser demarkierenden Exkulpationsstrategie genannt. Siehe dazu: Vernichtungskrieg. Verbrechen der Wehrmacht 1941-1944. Hrsg. v. Hannes Heer und Klaus Naumann. Hamburg [11]1999; Verbrechen der Wehrmacht. Bilanz einer Debatte. Hrsg. von Christian Hartmann [u. a.]. München 2005. Vgl. auch. Neitzel: Abgehört, S. 7; Rüß: Wehrmachtkritik, S. 428f.;

23 Ihnen ging es neben der ideellen Verurteilung auch um pragmatische Anliegen: So wurden die Veteranen der ehemaligen Waffen-SS durch das Ausführungsgesetz zu Artikel 131 GG im Vergleich zu den ehemaligen Wehrmachtsoldaten versorgungsrechtlich benachteiligt. Vgl. Wilke: Organisierte Veteranen, S. 149; Schwagerl: Ihre Ehre heißt Treue (I), S. 160.

24 Die HIAG engagierte sich unter anderem in der Vermisstensuche und Kriegsgefangenenbetreuung. Vgl. Wilke: Geistige Regeneration, S. 438.

25 So der Titel eines Werks von Paul Hausser. Vgl. darin S. 27, 69-73. Siehe auch den Gebrauch dieses Terminus durch Bundeskanzler Konrad Adenauer auf einer Rede am 30.8.1953. Vgl. Wilke: Organisierte Veteranen, S. 152.

26 So der Titel eines Werks von Felix Steiner. Vgl. darin S. 65.

27 Vgl. Rüß: Wehrmachtkritik, S. 443f., der darin nicht nur eine Schutzbehauptung sieht, da für die Angehörigen von frontnahen Waffen-SS-Verbänden die Einbettung in Großverbände der Wehrmacht den Kriegsalltag bestimmte: »Aus Perspektive der SS-Männer standen Wehrmacht und SS in einem geistig-ideologischen und befehlsstrukturellen Kontext des von Hitler propagierten Rassen- und Vernichtungskrieges.«

auf diese Weise zu einem »vierten Wehrmachtteil« und ihre Schuld somit marginalisiert[28].

So wie Wehrmachtvertreter zuvor ihre Verantwortung für die Massenverbrechen des Zweiten Weltkrieges der Waffen-SS hatten aufbürden wollen, reproduzierte sich dieser Vorgang durch die publizistische und öffentliche Tätigkeit der davon Betroffenen, die sich nun auf Kosten anderer Unterorganisationen der SS zu entlasten suchten: Die Verbrechen in den Konzentrationslagern sollten die Allgemeine SS und die Totenkopfverbände, die Massenmorde in Osteuropa die Einsatzgruppen zu verantworten gehabt haben – die Waffen-SS jedoch sei nicht mehr als eine an der Front kämpfende Truppe gewesen[29].

Aus diesem Grunde nimmt es nicht wunder, dass sich die Forschung in den ersten Jahrzehnten nach Ende des Zweiten Weltkrieges zuallererst die Aufgabe stellte, diese Thesen kritisch zu überprüfen. Im Zentrum der Aufmerksamkeit stand daher zunächst die Organisationsstruktur der SS, insbesondere im Zusammenhang mit dem Holocaust[30]. Spätestens mit Gerald Reitlinger[31] setzte sich dabei die Erkenntnis durch, dass die Unterorganisationen der SS kaum als eigenständige und isolierte Glieder unter einem losen gemeinsamen Dachverband namens SS gesehen werden können, sondern dass vielmehr Kooperation und Austausch sie bestimmten[32].

Die spezifische Forschung zur Waffen-SS als Teil dieses heterogenen und reziproken Systems erlebte seit den 1970ern einen Aufschwung, seitdem erschienen einige Gesamtanalysen wie auch Spezialstudien zu verschiedenen Divisionen der Waffen-SS[33]. Doch immer noch überwiegt die Anzahl unkritischer Verbandsgeschichten und populärwis-

---

28 Vgl. Wilke: Organisierte Veteranen, S. 153; Sydnor: Soldaten des Todes, S. 3; Förster: Die weltanschauliche Erziehung, S. 87. Der Begriff »vierter Wehrmachtteil« ist militärisch widersinnig, bestanden die drei Wehrmachtteile doch aus den Teilstreitkräften Heer, Marine und Luftwaffe – eine Reihe, in welche die Waffen-SS nicht gleichwertig einzufügen ist. Da es den Vertretern dieser These jedoch um die Klassifizierung der Waffen-SS als staatliche Streitmacht ging, war die Sinnwidrigkeit in diesem Zusammenhang unbedeutend. Vgl. Leleu: La Waffen-SS, S. 755.

29 Vgl. Schulte: Zur Geschichte der SS, S. XXVI; Wilke: Organisierte Veteranen, S. 152; Wegner: Anmerkungen, S. 2; Cüppers: Wegbereiter der Shoah, S. 338.

30 Vgl. Rohrkamp: ›Weltanschaulich gefestigte Kämpfer‹, S. 16f. Beispiele für die frühe SS-Forschung sind u. a. Kogon: Der SS-Staat, passim; Buchheim: Anatomie des SS-Staates, passim; Hilberg: Die Vernichtung der europäischen Juden, passim.

31 Reitlinger, Gerald: Die SS. Tragödie einer deutschen Epoche. München [u. a.] 1957. Der englische Originaltitel »The SS. Alibi of a Nation« trifft den Duktus dieses Werkes gleichwohl besser, zeigt es doch, dass die postulierte Trennung zwischen Waffen-SS, Allgemeiner SS, Einsatzgruppen und Sonderkommandos so nicht existierte. Vgl. z. B. S. 167.

32 Bernd Wegner hält in diesem Zusammenhang sogar den Begriff »Struktur« zur Beschreibung der Gesamt-SS für problematisch, da sie keine dauerhafte Ordnung aufwies und einem steten Wandel in Aufbau und Funktion unterworfen war. Vgl. Wegner: Anmerkungen, S. 1; Vgl. auch Schulte: Geschichte der SS, S. XV. Dass die Waffen-SS ihr Personal teilweise direkt aus den Wachmannschaften der Konzentrationslager rekrutierte und dies nicht nur die 3. SS-Panzerdivision »Totenkopf« betraf, ist in der Forschung inzwischen unwidersprochen. Vgl. Boll: »Aktionen nach Kriegsbrauch.«, S. 777f.; Cüppers: Wegbereiter der Shoah, S. 70f.; Gentile: »Politische Soldaten«, S. 550f. zum personellen Fluss von 3. SS-Pz.Div. »Totenkopf« zur 16. SS-Panzergrenadierdivision (16. SS-Pz.Gr.Div.) »Reichsführer SS«; Leleu: La Waffen-SS, S. 788; Reitlinger: Die SS, S. 89, 169f.; Rohrkamp: ›Weltanschaulich gefestigte Kämpfer‹, S. 15.

33 Vgl. Weingartner: Hitler's Guard zur 1. SS-Panzerdivision »Leibstandarte Adolf Hitler« (kurz: »LSSAH«); Sydnor: Soldaten des Todes zur 3. SS-Panzerdivision »Totenkopf«; Leleu: 10. SS-Panzer-Division »Frundsberg«; Casagrande: Die volksdeutsche SS-Division »Prinz Eugen«.

senschaftlicher Literatur, die außer der repetitiven Betonung des angeblichen Elitecharakters der Waffen-SS wenig bieten[34] und ihre inzwischen gut dokumentierte Verstrickung in zahllose Verbrechen oft ignorieren[35]. Die Ermordung von etwa 100 britischen Kriegsgefangenen am 27. Mai 1940 durch eine Kompanie der SS-Division »Totenkopf« unter SS-Obersturmführer Fritz Knöchlein bei Le Paradis in Nordfrankreich[36] ist dabei nur ein Beispiel einer ganzen Reihe von Massenverbrechen, die von SS-Feldeinheiten begangen wurden[37].

Für einen wissenschaftlich fundierten Überblick zur Geschichte der Waffen-SS war man lange Zeit allein auf eine Arbeit von George Stein angewiesen[38] und erst die Dissertation Bernd Wegners von 1982, die inzwischen zu Recht als ein Standardwerk zur Waffen-SS gilt, erweiterte das funktions- und strukturhistorische Bild um einen sozialhistorischen Aspekt, indem sie anhand von 582 Personalakten von SS-Führern[39] ein Sozialprofil des Führerkorps dieser NS-Armee erstellte, sich dabei aber vor allem auf den Aufbau der Waffen-SS beschränkte und ihre Entwicklung im Zweiten Weltkrieg hintanstellte[40].

Diese Lücke schloss wiederum 2007 Jean-Luc Leleu mit seiner opulenten Dissertation, in der er hauptsächlich die Entwicklung der militärischen Qualität der Waffen-

---

34 Für die Einsatzgeschichte der Waffen-SS ist man oft auf die unkritischen Divisionsgeschichten angewiesen. Vgl. z. B. Lehmann: Die Leibstandarte, passim. Als Beispiele für populärwissenschaftliche Literatur, die vor allem im englischen Sprachraum beliebt ist: Butler: The Black Angels, passim; Ripley: The Waffen-SS at war, S. 9: »While their despicable cause and bloody massacres were universally held in contempt, the combat record of the Waffen-SS was recognized as being unsurpassed." Einen Überblick bietet z. B. Rohrkamp: ›Weltanschaulich gefestigte Kämpfer‹, S. 15, 19; Schulte: Zur Geschichte der SS, S. XXVII; Cüppers: Wegbereiter der Shoah, S. 13.

35 Vgl. Schulte: Zur Geschichte der SS, S. XXVI; Cüppers: Wegbereiter der Shoah, S. 12.

36 Es handelte sich um die 4. Kompanie des II./SS-IR 2. Vgl. Reitlinger: Die SS, S. 150; Sydnor: Soldaten des Todes, S. 87-92; Neitzel: Des Forschens, S. 420; Deberles: Les atrocités, S. 521; Keegan: Die Waffen-SS, S. 148-150; Stein: Geschichte, S. 70; Hürter: Hitlers Heerführer, S. 189 über die Heeresperspektive auf diese Ereignisse. Hürter zitiert den Kommandierenden General des XVI. motorisierten Armeekorps Erich Hoepner mit den Worten: »Es sind die Leute, die im Frieden die Konzentrationslager bewachen, organisierte Raubmörder, die die Städte plündern, Häuser abbrennen und wehrlose Gefangene erschießen, aber fortlaufen, wenn der Gegner schießt.« Ein interessanter Hinweis auch über den sonst hoch eingeschätzten Kampfwert dieser Division. Vgl. dazu Sydnor: Soldaten des Todes, S. 3.

37 Es ist das erste gut dokumentierte Massenverbrechen einer Kampfeinheit der Waffen-SS an der Front. Dass bereits im Polenfeldzug Männer und auch Einheiten der bewaffneten SS zahlreiche Verbrechen begangen, ist ebenfalls ausführlich dokumentiert. Doch die dort operierenden SS-Einheiten wurden vor allem in den Rückwärtigen Armeegebieten der 8. und 10. Armee der Wehrmacht eingesetzt. Zwar kämpften auch SS-Einheiten an der Front, doch lediglich in Regimentsstärke im Rahmen von Heeresverbänden. Erst im Westfeldzug operierten eigenständige SS-Verbände in Divisionsgröße. Vgl. Sydnor: Soldaten des Todes, S. 33-39; Weitbrecht: Ermächtigung, S. 57; Welzer: Täter, S. 99; Böhler: Tragische Verstrickung, S. 50; Cüppers: »... auf eine so saubere und anständige SS-mäßige Art«, passim; Förster: Die weltanschauliche Erziehung, S. 92; Hürter: Hitlers Heerführer, S. 81f.; Brakel: Der Holocaust: S. 60-65.

38 Stein, George H.: Geschichte der Waffen-SS. Düsseldorf 1967. Siehe auch Leleu: La Waffen-SS, S. III.

39 Die Rangklasse der SS-Führer entsprach der der Offiziere in der Wehrmacht, die Rangklasse der Unterführer den Unteroffizieren. Aus arbeitsökonomischen Gründen werden die Begriffe hier synonym verwendet und auf eine Doppelnennung der einzelnen Wehrmacht- und SS-Dienstgrade verzichtet.

40 Wegner, Bernd: Hitlers Politische Soldaten: Die Waffen-SS 1933-1945. Paderborn [9]2010. Hinsichtlich der neuen Akzentuierung in der historischen Forschung siehe auch Rohrkamp: ›Weltanschaulich gefestigte Kämpfer‹, S. 16.

SS-Divisionen untersuchte[41]. Zuletzt ergänzte René Rohrkamp mit seiner vor kurzem erschienenen Arbeit[42] die Sozialgeschichte der Waffen-SS um einen bedeutenden Teilbereich: Während Wegner sich wie geschildert auf das Führerkorps konzentrierte, legte Rohrkamp anhand seiner Untersuchung von 2.555 Wehrstammbüchern die bislang fehlende Sozialgeschichte der einfachen Mannschaftssoldaten vor[43].

Bilanziert man etwa 65 Jahre der kritischen Auseinandersetzung mit und Forschung über die Waffen-SS, so kann man – natürlich pointiert – festhalten, dass eine lange erste Phase der Betrachtung »von oben« (in funktions- und organisationshistorischer Hinsicht) in den letzten Jahren immer mehr einer Betrachtung »von unten« wich, die vor allem sozialhistorisch motiviert war und ist[44].

Vornehmlich jüngere Untersuchungen, insbesondere Leleu und Rohrkamp, versuchen, auch Aussagen über die Mentalität der von ihnen untersuchten Soldaten zu treffen, doch hat vor allem Rohrkamp dabei – quellentechnisch bedingt – gar keine andere Möglichkeit, als an der Oberfläche der offiziellen Militärakten zu bleiben. So nimmt er den so genannten »NS-Faktor« zur Hilfe, um Aussagen über die nationalsozialistische Prägung der SS-Männer und damit über mentalitätshistorische Fragen zu treffen. Für Rohrkamp ist der NS-Faktor Grundlage für die nationalsozialistische Orientierung der Soldaten, denn er definiert ihn als die Kontaktdauer eines Individuums mit verschiedenen nationalsozialistischen Organisationen wie der Hitlerjugend (HJ), der NSDAP, der Sturmabteilung (SA) oder der Allgemeinen SS, die den Sozialisationseinfluss solcher Organisationen bestimmt[45]. Pointiert ist man geneigt zu sagen: Je länger ein Soldat Mitglied einer Partei-Organisation war, desto größer die Wahrscheinlichkeit, dass ein prototypischer nationalsozialistischer »Weltanschauungskrieger« aus ihm wurde.

Dieser Methode liegt eine unzweifelhafte Logik inne, doch hat sie auch ihre Grenzen: Denn was Rohrkamp damit ausschließlich untersuchen kann, ist der *Input* an nationalsozialistischer Ideologie – inwiefern sich dieser in den Denk- und Deutungsmustern der einzelnen Soldaten niederschlug, bleibt unklar und war bislang von der Forschung nicht zu beantworten[46].

Denn um die für das Verständnis von Waffen-SS und Nationalsozialismus insgesamt bedeutenden Fragen zu beantworten: inwiefern solche Äußerungen wie die eingangs zitierten über den SS-Brigadeführer und Generalmajor der Waffen-SS Kurt Meyer repräsentativ für die Männer der Waffen-SS gelten; und inwiefern es spezifische Denk- und Deutungsmuster bei den Soldaten der Waffen-SS gab, wie diese sich äußerten und ob sie

---

41 Vgl. Leleu: La Waffen-SS. Siehe Fußnote 9.

42 Rohrkamp, René: ›Weltanschaulich gefestigte Kämpfer‹. Die Soldaten der Waffen-SS 1933-1945. Organisation – Personal – Sozialstrukturen. Paderborn 2010 (Krieg in der Geschichte, 61).

43 Vgl. Rohrkamp: ›Weltanschaulich gefestigte Kämpfer‹, S. 23. Angemerkt werden muss jedoch, dass Rohrkamp quellenbedingt eine geographisch begrenzte Stichprobe untersucht: Die von ihm analysierten Wehrstammbücher stammen allesamt aus dem Wehrkreis VI bzw. dem SS-Oberabschnitt West, in etwa das heutige Nordrhein-Westfalen.

44 Vgl. Leleu: La Waffen-SS, S. IV. Aktuell unveröffentlichte Studien befassen sich z.B. mit den Junkerschulen oder der 21. Waffen-Gebirgs-Division der SS »Skanderberg«. Vgl. Westemeier: Die Junkerschulgeneration, S. 8-12; Zaugg: Albanische Muslime, S. 20.

45 Vgl. Rohrkamp: ›Weltanschaulich gefestigte Kämpfer‹, S. 53f.

46 Rohrkamp konstatiert, dass es sich nicht feststellen lasse, ob die von ihm untersuchten Männer Nationalsozialisten im klassischen Sinne seien. Vgl. Rohrkamp: ›Weltanschaulich gefestigte Kämpfer‹, S. 73. Auch für andere Armeen gilt diese Forschungslücke. Vgl. z.B. Merridale: Iwans Krieg, S. 14 über die Rote Armee.

originär bei den Angehörigen der Waffen-SS zu finden sind – dazu muss vielmehr der ideologische *Output* in den Fokus der Untersuchung rücken[47].

Diese Fragen analogisierend zu beantworten ist Anliegen der vorliegenden Studie. Dafür sollen die Fallschirmjäger der Luftwaffe als Vergleichsgröße herangezogen werden. Denn um das spezifische Moment der Waffen-SS herausarbeiten zu können, ist es unabdingbar, sie einer anderen vermeintlichen Eliteformation vergleichend gegenüberzustellen[48]. Die deutschen Fallschirmjäger im Zweiten Weltkrieg hatten nicht nur einen ähnlichen militärischen Ruf wie die Soldaten der Waffen-SS[49]. Immer wieder gerieten sie auch in den Verdacht, ähnlich ideologisierte und fanatisierte Kämpfer zu sein[50].

Der Fokus richtet sich bewusst auf die Subaltern- und die Unteroffiziere, denn auf diese Weise rückt eine Personengruppe in den Mittelpunkt, die einen integralen Bestandteil der soldatischen Primärgruppen bis hinauf zur Kompanieebene bildete und prägend für Einheitsgeist und Kampfmotivation der militärischen Verbände war. Diese Männer bestimmten die habituellen Rahmenbedingungen der ihnen untergebenen Soldaten und waren entscheidend für die Gruppenkohäsion innerhalb der Einheiten. Darüber hinaus vermutet die Forschung in ihnen einen ideologischen Nukleus militärischer Verbände und bezeichnete sie in Bezug auf die Waffen-SS als »eigentliche Träger des Vernichtungskrieges« [51].

Die Homogenität in den Rahmenbedingungen der Vergleichsgruppen erlaubt es, mögliche Heterogenität in den Denk- und Deutungsmustern derselben zu erkennen und auf ihre Hintergründe zu analysieren. So kann den Kernfragen dieser Studie nicht für die Waffen-SS, sondern auch für einen Eliteverband der Wehrmacht nachgegangen werden, der in dieser bedeutsamen Hinsicht in der Forschung bislang nicht empirisch thematisiert wurde.

Dabei ist auch interessant, ob es möglich ist festzustellen, inwiefern die soziobiographischen Konstanten für die Ausbildung der Denk- und Deutungsmuster verantwort-

---

47 »Allerdings ist der gesamte Bereich von Selbstverständnis, innerer Kohäsion und Moral noch nicht ausreichend durchleuchtet worden, weder bei der Waffen-SS noch bei vergleichbaren Heeresverbänden.« Neitzel: Des Forschens, S. 417.

48 Vgl. Leleu: La Waffen-SS, S. V. An dieser Stelle ließe sich sicher fragen, inwieweit die Fallschirmjäger vor allem für die Endphase des Krieges noch als Eliteformation zu bezeichnen sind. Die Integration zahlloser kampfunerfahrener Männer aus dem Bodenpersonal der Luftwaffe und die rapide Expansion der Truppe lässt Zweifel daran aufkommen. Doch gilt dasselbe für die Waffen-SS, deren militärischer Elitecharakter en gros immer wieder angezweifelt wurde. Entscheidend ist jedoch, dass beiden Formationen bis zum Kriegsende der *Ruf* einer militärischen Elite anhaftete.

49 So in einem Bildband über die Eroberung Kretas Mitte 1941: »Hindernisse hat es für die deutsche Wehrmacht nie gegeben – für die Fallschirmjäger erst recht nicht.« Kreta, S. 11. Siehe auch S. 16.

50 Vgl. Stimpel: Die deutsche Fallschirmtruppe. Innenansichten, S. 7; Golla: Die deutsche Fallschirmtruppe, S. 57; Neitzel: Des Forschens, S. 417-419. Dass es sich bei den Fallschirmjägern um eine Truppengattung der Luftwaffe handelte, ist dabei zu vernachlässigen, insbesondere da sie nach dem Unternehmen »Merkur«, der Eroberung Kretas, zumeist infanteristisch eingesetzt wurden. Vgl. Roth: Die deutsche Fallschirmtruppe, S. 159-163. Die Forschung zur Fallschirmtruppe krankt an einem gewichtigen Quellenproblem: So wurden im Frühjahr 1945 die meisten Aktenbestände auf Befehl des Generaloberst Kurt Student vernichtet. Vgl. Stimpel: Die deutsche Fallschirmtruppe. Innenansichten, S. 8. Monographien deutscher Provenienz über die Fallschirmjäger sind selten, zumeist operationsgeschichtlich fokussiert und scheinen oft dahingehend teleologisch motiviert zu sein, dass sie gewisse Traditionslinien für die Bundeswehr legitimieren wollen.

51 Gentile: »Politische Soldaten«, S. 550. Vgl. auch Rohrkamp: ›Weltanschaulich gefestigte Kämpfer‹, S. 101, 113; Haase: »Freiheit hinter Stacheldraht«, S. 439; Zagovec: Gespräche, S. 344f.; Leleu: La Waffen-SS, S. 304-315; Stimpel: Die deutsche Fallschirmtruppe. Innenansichten, S. 35. Vgl. auch: Dich ruft die SS, S. 20ff.

lich waren, oder aber vielmehr die persönliche Erfahrung des Systems Nationalsozialismus im Zusammenspiel mit der individuellen Reflexionsgabe, mithin also der Referenzrahmen, wie ihn die Täterforschung betont. Die Referenzrahmentheorie geht davon aus, dass sich menschliches Handeln im Rahmen mehrerer Kontexte abspielt, die von der gesellschaftlichen bis zur individuellen Ebene unterschieden werden. Damit lässt sich differenzieren, wie Individuen bestimmte Situationen wahrnehmen, welche situativen Umstände oder aber soziale und normative Rahmen ihr Handeln bedingen[52]. In der Historiographie betonte insbesondere Michael Wildt in seiner Studie zum Führerkorps des Reichssicherheitshauptamtes (RSHA) diesen Aspekt[53], wohingegen das Gros der NS-Historiker stets die Rolle der Generation als Erfahrungsgemeinschaft akzentuierte[54].

Um die angeführten mentalitätshistorischen Fragen zu beantworten, war die Forschung bisher auf Ego-Dokumente wie Tagebücher, Feldpostbriefe oder Autobiographien angewiesen, die – wenn überhaupt vorhanden – oft ediert und zensiert sind, und daher meist nur eine gefilterte Retrospektive zulassen[55].

Seit kurzem steht jedoch ein Quellenbestand zur Verfügung, der neue Erkenntnisse verspricht. Dieser Fundus aus den Washingtoner National Archives gewährt tiefe Einblicke in die Gedankenwelt von Angehörigen der Wehrmacht und Waffen-SS *während* des Krieges. Die Akten stammen aus dem amerikanischen Abhör- und Verhörlager Fort Hunt (Virginia), welches die US-Militärnachrichtendienste MIS[56] und ONI[57] im Frühjahr 1942 nach britischem Vorbild eingerichtet hatten, um von ausgewählten deutschen Kriegsgefangenen nachrichtendienstliche Informationen zu gewinnen[58].

Die britischen Abhörprotokolle aus dem Lager Trent Park sind seit 1996 zugänglich, seitdem Gegenstand der Forschung und daher bereits inklusive der damit verbundenen Probleme eingehend diskutiert[59]. Der Bestand aus Fort Hunt dagegen, welcher über 100.000 Seiten umfasst, wurde erst 2008 im Rahmen des von der Fritz Thyssen Stiftung geförderten Projekts »Referenzrahmen des Krieges« unter der Leitung von Prof. Dr. Harald Welzer und Prof. Dr. Sönke Neitzel erfasst und der Wissenschaft zugänglich gemacht.

Die US-Army internierte in Fort Hunt etwa dreitausend deutsche Soldaten, darunter über 100 Angehörige der Waffen-SS, 20 von ihnen Offiziere. Die Gefangenen wurden

---

52 Vgl. Welzer: Täter, S. 17.

53 Vgl. Wildt: Generation des Unbedingten, u. a. S. 846-854. Vgl. auch Rohrkamp: ›Weltanschaulich gefestigte Kämpfer‹, S. 70f.

54 Vgl. Kroener: Strukturelle Veränderungen, S. 271; Wegner: Hitlers Politische Soldaten, S. 257; Herbert: Best, passim. Zur Bewertung dieser beiden Strömungen vgl. Schulte: Zur Geschichte der SS, S. XXXff.

55 Vgl. Neitzel: Abgehört, S. 8; Zagovec: Gespräche, S. 312. Zu Problematik und Möglichkeiten der Feldpostbriefe siehe z. B. Latzel: Wehrmachtsoldaten, S. 577; Zimmermann: Pflicht zum Untergang, S. 94f.

56 Military Intelligence Service.

57 Office of Naval Intelligence.

58 Vgl. Römer: Alfred Andersch abgehört, S. 563f.

59 Die deutschen Gefangenen wurden in ihren Zellen belauscht, die Briten zeichneten die Gespräche der Soldaten auf. Die angefertigten Mitschriften stellen also Gesprächsmitschnitte dar, sodass es mitunter zu Gedankensprüngen und plötzlichen Themenwechseln kommen kann, die den Leser zu irritieren vermögen. Außerdem ist durch die Verschriftlichung jede audiospezifische Eigenheit der Gespräche wie Betonung und Duktus verloren gegangen. Vgl. dazu Neitzel: Abgehört, S. 12-18.

nicht nur über versteckte Mikrophone in ihren Zellen systematisch belauscht, darüber hinaus fertigten die Amerikaner ausführliche Dossiers zu jedem dieser Gefangenen an, die umfangreiche und sehr aufschlussreiche Informationen bieten. So finden sich neben den Abhörprotokollen auch Formblätter zum biographischen Hintergrund der Landser, so genannte Morale Questionnaires (standardisierte Vernehmungsberichte zur politischen Haltung der Gefangenen) und Verhörprotokolle zu allgemeinen und speziellen Fragen[60].

Der größte Vorteil dieser einzigartigen Quellen liegt darin, dass enorme Offenheit die protokollierten Gespräche prägt: In der vermeintlichen Privatsphäre der Zellen sprachen die Insassen ohne Hemmung auch über sensible Themen[61]. Dadurch ermöglicht der Aktenbestand eine nahezu ungefilterte und, angesichts seines Umfangs und Detailreichtums, erstmals auch empirische Analyse der Perzeptionsmuster der Angehörigen von Waffen-SS und Fallschirmjägern der Wehrmacht im Zweiten Weltkrieg.

Für eine Untersuchung dieser Art kann die institutionelle Geschichte der Waffen-SS, ihr Aufbau und ihre Expansion von einer Leibwache zur Massenarmee[62] vernachlässigt werden, ebenso die Operationsgeschichte der einzelnen SS-Verbände[63]. Stattdessen stehen mentalitätshistorische Fragen im Vordergrund, die sich induktiv aus der Erschließung des Quellenmaterials ergeben. Die Auswahl der zu behandelnden Gesprächstopoi »Reden über den Krieg/Soldatenhabitus«, »Reden über den Nationalsozialismus« sowie »Reden über Verbrechen« erfolgte nach pragmatischen wie inhaltlichen Gesichtspunkten. Einerseits haben Gespräche über das nationalsozialistische System und Adolf Hitler sowie den Kriegsverlauf eine besonders hohe Frequenz im Aktenbestand, andererseits sind Themen wie (Kriegs-)Verbrechen besonders aufschlussreich, um tiefere Erkenntnisse über die Denkmuster der untersuchten Soldaten zu gewinnen[64].

Für die vorliegende Arbeit wurden insgesamt 80 Soldaten als Stichprobe aus dem Quellenbestand ausgewählt, jeweils 40 von Waffen-SS und Fallschirmjägern[65]. Ein bestimmendes Auswahlkriterium war der Aktenumfang. Die amerikanischen Dossiers reichen von zweiseitigen, rein biographischen Kurzakten bis hin zu mehreren Hundert Seiten umfassenden Konvoluten. Um einen möglichst hohen Erkenntnisgewinn zu ga-

60 Vgl. Römer: Alfred Andersch abgehört, S. 565.

61 Vgl. Römer: Alfred Andersch abgehört, S. 566. Auch gegenüber den amerikanischen Verhöroffizieren äußerten sich die meisten Gefangenen ungewöhnlich offen. Zwar waren sie seitens der Wehrmacht angehalten, lediglich die nach geltendem Völkerrecht vorgesehenen Informationen wie Name, Dienstgrad, Geburtsdatum und Heimatanschrift anzugeben, offenbar plagte die Soldaten aber ein umfangreicheres Mitteilungsbedürfnis, ungeachtet ihrer politischen Gesinnung. Vgl. Zagovec: Gespräche, S. 310-312.

62 Vgl. dazu u. a. Leleu: La Waffen-SS, S. 88-95; Orth: Das System, S. 62-66; Reitlinger: Die SS, passim; Wegner: Hitlers Politische Soldaten, S. 79-117; Rohrkamp: ›Weltanschaulich gefestigte Kämpfer‹, S.155-265.

63 Vgl. hierzu unkritisch Klietmann: Die Waffen-SS, passim; Tessin: Verbände, passim.

64 Freilich können diese drei Topoi nicht den Anspruch einer lückenlosen psychologischen Studie erheben. Stattdessen gewährleisten sie die exemplarische Untersuchung von Denk- und Deutungsmustern anhand konkreter Beispielthemen, die aber konstitutiv für die Persönlichkeitsprofile der Soldaten sind, da sie für die NS-Zeit grundlegende Fragen beleuchten.

65 Ausgewählt wurden ausschließlich so genannte reichs- und volksdeutsche Unteroffiziere und Offiziere. Der herangezogene Aktenbestand umfasst insgesamt 3.492 Seiten. Hauptsächlich zur Kontrolle werden ergänzend die Stammrollen derjenigen Offiziere herangezogen, die über das Bundesarchiv-Militärarchiv in Freiburg und die Bestände des ehemaligen Berlin Document Centers in Berlin-Lichterfelde zugänglich sind. Um den datenschutzrechtlichen Bestimmungen zu entsprechen, werden die Namen dieser Offiziere vollständig anonymisiert verwendet, auch in den amerikanischen Akten.

rantieren, wurden nur die umfangreichsten Akten herangezogen, die untere Grenze liegt bei zehn abgehörten Gesprächen für einen Soldat.

Die Gesamtgröße des Samples, dessen Zusammensetzung im nächsten Schritt knapp erläutert werden sollen, bevor die drei Topoi in den Fokus rücken, bietet für den mentalitätshistorischen Ansatz den Vorteil, dass sie erlaubt, quantitative und qualitative Methoden zu vereinen, da empirische Erkenntnisse auch im Einzelfall immer noch belegbar und damit nachvollziehbar bleiben.

Angesichts des bereits erwähnten Umfangs der Waffen-SS von insgesamt 900.000 Mann kann die vorliegende Arbeit keinen Anspruch auf Repräsentativität erheben. Vielmehr handelt es sich um eine exemplarische Fallstudie, die mit Hilfe von Diskurs- und hermeneutischen Analysen[66] der erwähnten drei Gesprächstopoi das immer noch lückenhafte Bild der Waffen-SS um neue Facetten bereichern soll, die bisher in der Forschung vernachlässigt wurden, zum Verständnis dieser »nationalsozialistischen Elite« jedoch unabdingbar sind.

66 Grundlegend für die historische Diskursanalyse ist die Idee, dass die Wirklichkeit stets eine kommunikativ konstruierte ist. Realität entsteht durch Diskurse, die im Rahmen einer sozialen Ordnung stattfinden. Vgl. Landwehr: Historische Diskursanalyse, S. 92. Vgl. auch Foucault, Michel: Die Archäologie des Wissens. Frankfurt [6]1994; Bourdieu, Pierre: Rede und Antwort. Frankfurt 1992.

Waffen-SS und Fallschirmjäger: Die Stichproben

Vorbemerkung

Im letzten Kriegswinter, zur Jahreswende 1944/45, standen etwa zehn Millionen Mann in deutschen Uniformen unter Waffen, insgesamt durchliefen sogar fast 18 Millionen Menschen während des Zweiten Weltkrieges die deutschen Streitkräfte[1].

Allein angesichts dieser Zahlen von *einer* Mentalität *der* Wehrmacht zu sprechen, verkennt die Komplexität dieser Massenorganisation. Genauso wenig, wie man Homogenität zwischen den funktionalen hierarchischen Ebenen der Wehrmacht von der obersten Führungsebene um das Oberkommando der Wehrmacht (OKW)[2] und den Spitzen der drei Wehrmachtteile[3] über die obere Truppenführung bis hin zur Masse der einfachen Soldaten erwarten kann, so wenig ist das auch innerhalb dieser Teilgruppen möglich: Schon als die Wehrmacht im Juni 1941 mit 153 Divisionen und insgesamt 3,3 Millionen Mann zum Angriffskrieg gegen die Sowjetunion antrat[4], konnte keine Rede davon sein, dass die Rote Armee es mit einem monolithischen Gegner hinsichtlich einheitlicher Kampfkraft, Weltanschauung und Motivation zu tun bekam[5].

Ähnliches gilt für die Waffen-SS: Diese war, ausgehend von einer kleinen Stabswache, ein Projekt Heinrich Himmlers[6], dessen Verdienst es war, sie zur »stärkste[n] Weltanschauungstruppe« geformt zu haben, wie Adolf Hitler ihm attestierte[7].

Himmlers Ziel war der Aufbau einer Gemeinschaft, getragen von der Ordensidee der SS[8], deren Fundament »der Glaube an die nordische Rasse und das ›deutsche Blut‹« sein sollte[9]. Diesem Konzept der »rassischen Auslese« inhärent war ein biologistisches Elite-

---

1 Vgl. Creveld: Die deutsche Wehrmacht, S. 331; Wehler: Der Nationalsozialismus, S. 206; Zimmermann: Die deutsche militärische Kriegführung, S. 277. Kunz: Wehrmacht und Niederlage, S. 151ff.; Overmans nennt insgesamt 17,3 Mio. Vgl. Overmans: Deutsche militärische Verluste, S. 215.

2 Unter Generalfeldmarschall Wilhelm Keitel. Vgl. Hürter: Die Wehrmacht, S. 377. An oberster Stelle ist natürlich Adolf Hitler als Oberbefehlshaber der Wehrmacht zu nennen, der er seit 1938 war. Vgl. Fest: Hitler, S. 747.

3 Dazu gehören das Oberkommando des Heeres (OKH), die Luftwaffenführung und das Oberkommando der Marine (OKM). Zu diesem Komplex siehe Megargee: Hitler und die Generäle, passim.

4 Vgl. dazu u. a. Schmidt: Der Zweite Weltkrieg, S. 104-110. Herf: »Der Krieg und die Juden«, S. 159. Zum militärischen Verlauf des Feldzugs vgl. Cartier: Der Zweite Weltkrieg, S. 355-435. Gleiches gilt auch für die vorherigen Feldzüge, die semantisch eigentlich falsch bezeichneten »Blitzkriege« gegen Polen, in Westeuropa und auf dem Balkan. Vgl. Frieser: Die deutschen Blitzkriege, S. 182-187.

5 Vgl. Hürter: Die Wehrmacht, S. 377.

6 Zum Reichsführer-SS und Chef der deutschen Polizei siehe Longerich: Himmler. Biographie. München 2008.

7 Hitler: Monologe, S. 121. Vgl. auch Cüppers: Wegbereiter der Shoah, S. 13; Dich ruft die SS, S. 6; Buchheim: Die SS in der Verfassung, S. 128; Keegan: Die Waffen-SS, S. 304; Hambrock: Dialektik, S. 85; Leleu: La Waffen-SS, S. 88ff.

8 Das Verständnis der SS als Orden war Himmlers Kernstück der SS-Ideologie, wollte er doch einen »neuen Adel«, eine »Ritterschaft« begründen. Vgl. Wegner: Hitlers Politische Soldaten, S. 38, 54-56.

9 Heinemann: »Rasse, Siedlung, deutsches Blut«, S. 124. Himmler erstellte einen regelrechten Tugendkatalog für SS-Männer, in dem insbesondere die Treue (bezogen auf den »Führer« Adolf Hitler) und eine positivistische »Anständigkeit« entscheidend waren. Vgl. Longerich: Himmler, S. 314; Gross: Anständig geblieben,

denken, das wiederum Homogenität und Exklusivität in ideeller und physischer Hinsicht unter den Männern der Waffen-SS garantieren sollte[10].

Deren Nukleus war die SS-Verfügungstruppe unter Josef Dietrich und die Totenkopfverbände Theodor Eickes, die ab 1933 entstanden. Bis zum Ausbruch des Zweiten Weltkrieges erlebten beide eine überschaubare Expansion, begrenzt durch Widerstände seitens der Wehrmachtführung, die das Entstehen eines Milizheeres verhindern wollte[11]. Als der Krieg im September 1939 ausbrach, dienten etwa 31.000 Männer in den Reihen der bewaffneten SS, zum größten Teil Freiwillige, von denen die meisten eine extensive militärische und weltanschauliche Ausbildung durchlaufen hatten[12].

Die ursprünglich vorhandene strukturelle Homogenität der Truppe ging mit der Entgrenzung des Krieges weitgehend verloren. Weil Himmler dem »Führer« immer wieder die Aufstellung neuer SS-Divisionen abrang, musste die Waffen-SS ihre originären Aufnahmekriterien aufweichen, um den wachsenden Personalbedarf zu decken. So wurde zum Beispiel das von der SS stets propagierte Freiwilligkeitsprinzip spätestens 1943 aufgegeben, als immer mehr insbesondere junge Männer zum Dienst de facto gezwungen wurden, die vor dem Kriege noch aufgrund der strengen physischen Aufnahmebedingungen nicht für die Waffen-SS in Frage gekommen wären[13]. Auch viele der insgesamt ca. 400.000 so genannten »Volksdeutschen« in der Waffen-SS wurden zwangsweise eingezogen[14], eine für die Einsatzmotivation der Männer mehr als zweifelhafte Praxis, die sich im durchwachsenen Kampfwert vieler SS-Divisionen niederschlug[15].

Als die deutschen Streitkräfte im Mai 1945 kapitulierten, bestand die SS-Armee aus nominell 38 Divisionen, die etwa 500.000 Mann in sich vereinten[16].

Die SS-Männer[17]

Die Stichprobe aus den Reihen der Waffen-SS besteht aus insgesamt 40 Männern, jeweils 20 Offizieren und Unteroffizieren. Das Gros der Offiziere stellen Unter- und Obersturmführer, das der Unteroffiziere Unterscharführer.

S. 72f.; Wegner: Hitlers Politische Soldaten, S. 41f.

10 »Der unantastbare Kern der SS-Weltanschauung war die Überzeugung von der kulturellen Überlegenheit einer bestimmten, biologisch definierten Rasse.« Wegner: Hitlers Politische Soldaten, S. 46; Vgl. auch Rohrkamp: ›Weltanschaulich gefestigte Kämpfer‹, S. 57, 383; Longerich: Himmler, S. 265f.

11 Vgl. Wegner: Hitlers Politische Soldaten, S. 84-94; Rohrkamp: ›Weltanschaulich gefestigte Kämpfer‹, S. 155-162.

12 Vgl. Rohrkamp: ›Weltanschaulich gefestigte Kämpfer‹, S. 195-198, 321; Wegner: Hitlers Politische Soldaten, S. 95-111; Cüppers: »... auf eine so saubere und anständige SS-mäßige Art«, S. 94; Cüppers: Wegbereiter der Shoah, S. 98; Förster: Die weltanschauliche Erziehung, S. 93.

13 Vgl. Wegner: Hitlers Politische Soldaten, S. 275.

14 Vgl. Rohrkamp: ›Weltanschaulich gefestigte Kämpfer‹, S. 14.

15 Vgl. Buchheim: Die SS in der Verfassung, S. 130; Wegner: Hitlers Politische Soldaten, S. 277f.; Neitzel: Des Forschens, S. 409; Leleu: La Waffen-SS, S. 530.

16 Vgl. Overmans: Deutsche militärische Verluste, S. 214. Rohrkamp nennt für den Sommer 1944 einen Personalbestand von 594.443 Männern. Vgl. Rohrkamp: ›Weltanschaulich gefestigte Kämpfer‹, S. 488. 13 dieser 38 Divisionen waren erst 1945 aufgestellt worden und hatten jeweils kaum mehr als die Stärke eines Regiments. Eine Auflistung findet sich z.B. bei Keegan: Die Waffen-SS, S. 333-348.

17 Eine tabellarische Auflistung aller Männer aus den zwei Stichproben findet sich im Anhang, VI.2.

Die Dislozierung der Waffen-SS-Divisionen bedingte, dass die meisten Männer an der Westfront in amerikanische Gefangenschaft gerieten. Zwar kam es bereits Mitte 1943 in Italien zu ersten Kämpfen zwischen Verbänden der Waffen-SS und amerikanischen Einheiten[18], doch das Schlachtfeld, auf dem sich die Westalliierten einer massierten Präsenz von SS-Divisionen gegenüber sahen, war die Normandie. In Erwartung einer Landung in Frankreich hatten Adolf Hitler und das OKW große Reserven zusammen gezogen, insbesondere Verbände der Waffen-SS. So kamen von insgesamt zehn motorisierten Divisionen, die in Frankreich zur Abwehr einer Landung bereit standen, vier aus den Reihen der SS[19].

Dementsprechend überrascht es nicht, dass mit 31 von 40 Offizieren und Unteroffizieren 77,5 Prozent der untersuchten SS-Männer in der Normandie und anderswo in Frankreich oder Belgien in amerikanische Kriegsgefangenschaft gerieten, weitere acht innerhalb der deutschen Reichsgrenzen[20]. Das Sample besteht also ausschließlich aus Männern, die zwischen Juni 1944 und April 1945 aus den Kämpfen ausschieden, mithin in einer Kriegsphase, in der erfolgreiche deutsche Offensivoperationen der Vergangenheit angehörten und die deutschen Streitkräfte auf ihrem Rückzug an allen Fronten am Rand des Zusammenbruchs standen. Viele der Soldaten standen direkt unter den für sie katastrophalen Eindrücken der verlustreichen Kämpfe in der Normandie und zumindest indirekt unter denen des Zusammenbruchs der Heeresgruppe Mitte an der Ostfront im Juli 1944[21]. Sieben Männer wurden sogar erst nach der Jahreswende 1944/1945 gefangen genommen, im Zuge der letzten großen deutschen Offensive in den Ardennen und den »Endkämpfen« im »Reich«[22].

18 Am 10. Juli 1943 landeten die Alliierten unter General Dwight D. Eisenhower auf Sizilien (Operation »Husky«), am 9. September 1943 bei Salerno (Operation »Avalanche«). Vgl. Schmidt: Der Zweite Weltkrieg, S. 163-166; Cartier: Der Zweite Weltkrieg, S. 753-773. Im August 1943 war die 1. SS-Panzerdivision nach Italien verlegt worden, um einer Invasion auf dem Festland entgegenzutreten. Vgl. Leleu: La Waffen-SS, S. 562. Zur 16. SS-Panzergrenadierdivision »Reichsführer SS«, die am Längsten auf dem italienischen Kriegsschauplatz eingesetzt war, siehe Gentile: »Politische Soldaten«, S. 536. Zum Kriegsverlauf in Italien siehe Wilhelmsmeyer: Der Krieg in Italien, passim.

19 Dabei handelte es sich um die 1., 2. und die 12. SS-Panzerdivision sowie die 17. SS-Panzergrenadierdivision »Götz von Berlichingen«. Vgl. Keegan, S. 256f. Dass Hitler für die Abwehr der Invasion in derart großem Umfang auf die SS-Divisionen setzte, war Ausdruck seines stetig gewachsenen Misstrauens gegenüber der Wehrmacht seit der Niederlage von Stalingrad und dem seither andauernden, fast kontinuierlichen deutschen Rückzug. Die für ihn bitteren Erfahrungen hatten Hitler veranlasst, dem ständigen Drängen Heinrich Himmlers nach Aufstellung neuer SS-Divisionen nachzugeben und in diese seine Hoffnungen auf das von ihm geforderte »Standhalten um jeden Preis« zu setzen. Vgl. Leleu: La Waffen-SS, S. 546; Neitzel: Des Forschens, S. 415f.

20 Siehe Anhang, Grafik 1(a). Die Orte der Gefangennahmen spiegeln den Frontverlauf der zweiten Jahreshälfte 1944 wider: Allein 16 Mann wurden in der Normandie gefangen genommen, 15 weitere zwischen Normandie und deutscher Grenze. Vgl. z.B. Report of Interrogation Franz Kneipp vom 6.2.1945, in: US National Archives and Records Administration, College Park/Md (künftig: NARA), Record Group (RG) 165, Entry 179, Box 498. Lediglich ein SS-Mann wurde in Italien gefangen genommen.

21 Im Rahmen der sowjetischen Operation »Bagration« gingen 28 Divisionen verloren – ein Sieg der Alliierten, dessen Tragweite ob der parallel stattfindenden Kämpfe in der Normandie lange nicht erkannt wurde. Vgl. Schmidt: Der Zweite Weltkrieg, S. 157; Müller: Der letzte deutsche Krieg, S. 280.

22 Siehe Anhang, Grafik 2(a). Zur Ardennenoffensive vgl. Frieser: Die deutschen Blitzkriege, S. 193f.; Cartier: Der Zweite Weltkrieg, S. 1071-1086. Zu den »Endkämpfen« in Deutschland siehe z.B. Zimmermann: Pflicht zum Untergang, passim.

Um die Denkstrukturen der Soldaten möglichst differenziert untersuchen zu können, ist ihre Unterscheidung nach generationsspezifischen Gesichtspunkten vonnöten[23]. Anlehnend an Christoph Rass und René Rohrkamp erscheint eine Gliederung in Geburtsjahrzehnte sinnvoll, da sie weitgehend deckungsgleich mit den Erfahrungsgemeinschaften ist und die Ergebnisse dieser Studie darüber hinaus mit der vorliegenden Forschung vergleichbar macht[24].

Das Sample weist eine Dominanz der 1911 bis 1920 Geborenen auf, die 57,5 Prozent der Männer stellen. Der Großteil der Soldaten gehörte also einer Altersklasse an, welche den Niedergang der Weimarer Republik und Aufstieg des Nationalsozialismus im Zuge der Weltwirtschaftskrise als prägend erlebte[25].

Die Alterskurve im Sample entspricht insgesamt etwa der Jahrgangsschichtung des Heeres, mit einer Ausnahme: Die Kohorte der Geburtsjahrgänge 1921 bis 1926 ist in der SS-Stichprobe mit 25 Prozent im Vergleich zum Heer deutlich überrepräsentiert[26]. Das kann zwar der Beschaffenheit der Stichprobe geschuldet sein, spiegelt aber das Einstellungs- und Rekrutierungsverhalten der Waffen-SS wider, die stets darauf bedacht war, möglichst junge Männer anzuwerben, und insbesondere auf Angehörige der Hitlerjugend zurückgriff[27]. Dass dabei ab 1942 immer mehr Druck auf die angehenden Soldaten ausgeübt wurde, sich »freiwillig« zu melden, zeigt sich auch an der untersuchten Stichprobe: Während die Männer, die bis einschließlich 1941 ihren Dienst bei der Parteiarmee antraten, zum größten Teil Freiwillige waren, kehrte sich das Verhältnis ab 1942 nahezu um[28], so dass im Gesamtbild ein nahezu paritätisches Verhältnis von 55 Prozent

---

23 Die amerikanischen Behörden entnahmen die biographischen Daten ihrer Gefangenen in der Regel aus deren Soldbüchern. Es kam jedoch vor, dass deutsche Soldaten diese vernichteten, um die eigene Identität zu verschleiern, öfter verloren sie sie im Kampf. Trotzdem finden sich in den amerikanischen Akten umfangreiche lebensgeschichtliche Dossiers zu jedem der Männer, die in den allermeisten Fällen bereitwillig von ihrem Werdegang erzählten. Ein Abgleich der amerikanischen Quellen mit den deutschen Personalakten beweist die hohe Akkuratesse der gewonnenen und freiwillig gegebenen Informationen. So kann in keinem Fall ein bedeutender Irrtum bei Geburtsdaten festgestellt werden, auch die militärischen Laufbahnen stimmen mit den deutschen Akten überein. Vgl. BAMA, Pers 1/91619, Pers 6/158046, 178544166525, 141878, 162375, 185267, 162375; BArch (ehem. BDC) SSO, A., W., 1912, SSO, A., H., 1917, SSO, Schl., W., 1921, SSO, Ho., Ho., 1922, SSO, W., G., 1912, SSO, W., K., 1914, SSO, M., W., 1912, SSO, S., Fra., 1904, SSO, He., He., 1917, SSO, S., Fri., 1913, SSO, G., K., 1920; BArch (ehem. BDC) RS, He., He., 1917, RS, F., A., 1907, RS, Schwe., W., 1912, RS, Schwa., W., 1919, RS, T., E., 1910, RS, W., G., 1912. Siehe Anhang, Grafik 3(a).

24 Freilich sind diese Alterskohorten nicht vollständig deckungsgleich mit den Erfahrungsgemeinschaften. Eine Grenzziehung entlang der so genannten »HJ-Generation« wäre ebenso möglich, ist jedoch nicht weiter gewinnbringend, insofern als die hier zusammengefassten Alterskohorten intern differenzierend untersucht werden. Vgl. Rass: »Menschenmaterial«, S. 90; Rohrkamp: ›Weltanschaulich gefestigte Kämpfer‹, S. 101.

25 Vgl. Rass: »Menschenmaterial«, S. 92.

26 Verstärkt wird die Diskrepanz zum Heer durch die Tatsache, dass z. B. Christian Rass in seiner Untersuchung der 253. Infanteriedivision den kompletten Personalbestand analysiert und die ermittelten 10,9% Angehörigen der jüngsten Alterskohorte auch die tendentiell jüngeren Mannschaftssoldaten beinhalten. Dagegen handelt es sich bei diesem Sample ausschließlich um Unteroffiziere und Offiziere, bei denen ein höherer Altersdurchschnitt zu erwarten wäre. Vgl. Rass: »Menschenmaterial«, S. 92.

27 Genauer gesagt verfolgte die bewaffnete SS insbesondere vor 1939 einen ambivalenten Weg, welcher der Konkurrenzsituation zur Wehrmacht geschuldet war: Einerseits sollte der Mannschaftsbestand aus jungen Männern gewonnen werden, bevor diese ihren Wehrdienst antreten konnten. Andererseits suchte man nach alt gedienten Veteranen, um militärische Professionalität zu gewährleisten. Vgl. Rohrkamp: ›Weltanschaulich gefestigte Kämpfer‹, S. 175f., 193; Sydnor: Soldaten des Todes, S. 23.

28 78,26% (d. h. 18) dieser ersten 23 Männer waren Freiwillige, 13,04% (3) wurden kurz nach Kriegsbeginn aus den Reihen der Allgemeinen SS eingezogen, als Hitler die Aufstellung der ersten SS-Verbände in Divisi-

Freiwilligen zu 45 Prozent Eingezogenen beziehungsweise zur SS versetzten Männer steht.

Um die Eintrittszeitpunkte der Männer zur Waffen-SS systematisch in die Untersuchung einfließen lassen zu können, ist eine chronologische Segmentierung ihrer Entwicklung hilfreich. Für diese Studie ist die Gliederung in drei Phasen geeignet[29]: In der Entstehungszeit der Waffen-SS bis zum 1. September 1939 bestand sie fast durchweg aus Freiwilligen, die hohen körperlichen Ansprüchen genügen mussten[30]. Im Sample gehören zehn Männer zu dieser Gruppe, von denen sechs bis einschließlich 1937 vornehmlich der Verfügungstruppe beigetreten waren[31]. In der nächsten Phase, die bis Sommer 1944 andauerte, folgte die schrittweise Expansion der Waffen-SS, in der das Gros der Männer in ihren Dienst eintrat (25, das heißt 62,5 Prozent)[32]. Die Befehlsübernahme des Ersatzheeres durch Heinrich Himmler im Juli 1944 markiert den Übergang zur dritten Phase, in welcher die Waffen-SS endgültig zum Massenheer anwuchs. Im Sample gibt es nur vier Männer (zehn Prozent), die erst im letzten Kriegsjahr zur Truppe stießen[33]. Entsprechend hoch war die Einsatz- und Kampferfahrung der Männer. Während ihres ersten Einsatzes innerhalb der Waffen-SS wurden nur zehn der SS-Soldaten gefangen genommen, 30 (75 Prozent) sind dagegen als Veteranen zu betrachten. Diese hatten alle Einsatzerfahrung an der Ostfront hinter sich, viele sogar auf mindestens drei Kriegsschauplätzen. Dass es sich dabei vor allem um die diensältesten Soldaten handelt, liegt nahe.

Verteilt sind die Männer des Samples auf insgesamt neun Großverbände, wobei fast die Hälfte der untersuchten Offiziere und Unteroffiziere aus zweien stammt, der aus den Verfügungstruppen hervorgegangenen 2. SS-Panzerdivision »Das Reich«[34] und der 17. SS-Panzergrenadierdivision »Götz von Berlichingen«, welche ab Oktober 1943 zur Ab-

---

onsgröße befahl. Vgl. Rohrkamp: ›Weltanschaulich gefestigte Kämpfer‹, S. 156, 267-309. Von den 17 Männern, die ab einschließlich 1942 zur Waffen-SS kamen, waren nur noch 23,53% Freiwillige.

29 Rohrkamp untergliedert die Geschichte der Waffen-SS in vier Phasen: Die Entstehungszeit (1933-1939), die Zeit der Reorganisation (1939/1940), die Zeit der Expansion *[Denomination des Verf.]* (1940-1944) und schließlich den Einsatz im letzten Kriegsjahr. Die Übernahme dieser Segmentierung würde der Größe des hier zugrunde liegenden Samples nicht gerecht, weswegen davon Abstand genommen wird.

30 Die Männer wurden nach »rassischen« Gesichtspunkten ausgewählt und wiesen im Schnitt eine bessere Physis als Wehrmachtsoldaten auf. Vgl. Rohrkamp: ›Weltanschaulich gefestigte Kämpfer‹, S. 86.

31 Es handelt sich um Obersturmführer G. W. (Beitritt 1934), Hauptsturmführer Fri. S. (1935), Obersturmführer Adam Hugo (1936), Standartenführer Fra. S. (1937), Obersturmführer W. Schwa. (1937), Obersturmführer He. He. (1937), Unterscharführer Josef Andlinger (1938), Unterscharführer Heinrich Gromoll (1939), Unterscharführer Kurt Kretschmer (1939), Hauptsturmführer Horst Läpke (1939)

32 Die Unterscharführer Georg Blunder, Arno Dürner, Manfred Mundinger, Theodor Eichbauer, Alois Kloker, Karl Joerg, Franz Parz, Oswald Schlotzhauer; der Scharführer Franz Kneipp; die Oberscharführer Werner Kirstein, Kurt Naake, Herbert Wegner, Fritz Wurzer; der Hauptscharführer Erwin Schienkiewitz; Untersturmführer Erhard d'Angelo, K. G., Ho. Ho., K. W.; Obersturmführer W. Schl., Sepp Salmutter; Hauptsturmführer W. A., Karl Schrage, W. Schwe., E. T. und der Sturmbannführer W. M.

33 Der Oberscharführer Herbert Birkner; Oberscharführer Erwin Halter; Untersturmführer A. F. und Gino Fischer. Bei einem Mann ist der Beitrittszeitpunkt nicht überliefert. Unterscharführer Adolf Kirchner diente in der 9. SS-Panzerdivision »Hohenstaufen« und geriet am 11.7.1944 in der Normandie in US-Gefangenschaft. Vgl. Basic Personnel Record Adolf Kirchner, ohne Datum, in: NARA, RG 165, Entry 179, Box 496.

34 Zu dieser Division siehe Rohrkamp: ›Weltanschaulich gefestigte Kämpfer‹, S. 112-120, 201f.; Förster: Die weltanschauliche Erziehung, S. 110; Reitlinger: Die SS, S. 168f.; Die deutschen Divisionen, Bd. Bd. 1, S. 153-172; Leleu: La Waffen-SS, S. 733, der dieser »klassischen« SS-Division einen hohen Kampfwert attestiert, damit auch nicht alleine steht. Vgl. Wegner: Hitlers Politische Soldaten, S. 279; Neitzel: Des Forschens, S. 428.

wehr der erwarteten alliierten Invasion aufgestellt wurde[35]. Die restlichen Offiziere und Unteroffiziere kommen aus sieben anderen SS-Divisionen, unter anderem der 1. SS-Panzerdivision »Leibstandarte Adolf Hitler«[36], der 6. SS-Gebirgs-Division »Nord«[37] oder der 12. SS-Panzerdivision »Hitlerjugend«[38].

Abseits der militärischen Hintergründe offenbart das Sample Auffälligkeiten ziviler Natur:

Neben ihrer Zugehörigkeit zur Waffen-SS waren mindestens 27 Männer (das heißt 67,5 Prozent) Mitglied einer Parteiorganisation. Neun kamen direkt aus der Hitlerjugend in den bewaffneten Dienst, zehn Soldaten waren gleichzeitig Mitglied der Allgemeinen SS, 13 der NSDAP. Während für acht Männer nachgewiesen ist, dass sie in keiner anderen Parteiorganisation Mitglied waren, bleibt ein Rest von zehn Prozent, für den die Frage anhand der vorhandenen Akten nicht zu beantworten ist[39].

Dass fast zwei Drittel der Soldaten Mitglieder anderer Partei-Organisationen waren, ist ein erster Hinweis auf eine tief gehende Internalisierung nationalsozialistischer Ideologie. Ein zweiter findet sich in der konfessionellen Zusammensetzung: Katholiken und Protestanten sind zwar zu gleichen Teilen vertreten, stellen gemeinsam jedoch nur 47,5 Prozent des Samples. Die weitaus größte Glaubensgruppe stellen mit 50 Prozent die so genannten »Gottgläubigen« dar[40].

Obwohl die Stichprobe von einer gewissen Heterogenität geprägt ist, weist sie unübersehbare Merkmale gruppenspezifischer Kohäsionskraft auf: Der hohe Anteil alt gedienter Veteranen, die heraus stechende Präsenz einer der ersten und »klassischen« SS-Großverbände (»Das Reich«), die große Anzahl von Mitgliedschaften in Parteiorganisationen und schließlich die bekennenden »Gottgläubigen« zeigen weniger einen Querschnitt der Waffen-SS im letzten Kriegsjahr, sondern vielmehr ihren strukturellen Nukleus der Unteren Führungsebene.

Die Fallschirmjäger

Wie auch das erste Sample besteht die Stichprobe der Luftwaffensoldaten aus 40 Offizieren und Unteroffizieren, paritätisch verteilt. Den höchsten Dienstgrad stellt ein Oberst, den niedrigsten die Unteroffiziere. Anders als die Waffen-SS trafen die Fall-

35 Zur 17. SS-Pz.Gr.Div. siehe Keegan: Waffen-SS, S. 198f.; Rohrkamp: ›Weltanschaulich gefestigte Kämpfer‹, S. 439f., 477; Leleu: La Waffen-SS, S. 267f., 530.

36 Zu diesem Großverband siehe z. B. Buchheim: Die SS, S. 139; Wegner: Anmerkungen, S. 3; Keegan: Die Waffen-SS, S. 180ff.; Leleu: La Waffen-SS, S. 542-546; Die deutschen Divisionen, Bd. 1, S. 69-82; Weingartner: Hitler's Guard, passim.

37 Diese Division war im April 1941 für den Einsatz an der finnisch-sowjetischen Front aufgestellt. Vgl. Ripley: The Waffen-SS at war, S. 73; Rohrkamp: ›Weltanschaulich gefestigte Kämpfer‹, S. 370; Die deutschen Divisionen, Bd. 2, S. 41-46.

38 Vgl. Die deutschen Divisionen, Bd. 3, S. 71-74; apologetisch: Panzermeyer: Grenadiere, passim. Eine vollständige Aufzählung führt an dieser Stelle zu weit. Siehe Anhang, Grafik 4(a).

39 Die Differenz zwischen den insgesamt 27 Männern und 35 Mitgliedschaften (3 Soldaten waren Mitglied der SA) ergibt sich aus Mehrfachnennungen.

40 Zum nationalsozialistischen »Gottglauben« siehe z. B. Dierker, Wolfgang: Himmlers Glaubenskrieger. Der Sicherheitsdienst der SS und seine Religionspolitik 1933-1941. Paderborn 2002 (Veröffentlichungen der Kommission für Zeitgeschichte, Reihe B, 92).

schirmjäger bereits in Afrika und Italien massiert auf die amerikanischen Streitkräfte[41].

Dementsprechend größer ist die Zahl derer, die auf der Apenninhalbinsel in amerikanische Kriegsgefangenschaft gerieten; und dementsprechend verschoben ist die zeitliche Kurve der Gefangennahmen. Nichtsdestotrotz gilt auch für die Fallschirmjäger, dass die verlustreichsten Kämpfe erst nach der Operation »Overlord« am 6. Juni 1944 in Frankreich und später Belgien stattfanden, sodass hier 28 von 40 Offizieren und Unteroffizieren den Weg in die Kriegsgefangenschaft antraten[42].

Wie auch bei der Waffen-SS stellt die Alterskohorte der 1911 bis 1920 Geborenen den Hauptbestandteil der Stichprobe, hier sind es 55 Prozent der Offiziere und Unteroffiziere. Doch in der Jahrgangsschichtung der Fallschirmjäger gibt es eine Verschiebung zugunsten der älteren Jahrgänge. Wo bei den SS-Männern ein Viertel 1921 und später geboren wurde, betrifft das nur 15 Prozent der Luftwaffensoldaten. Dementsprechend stärker vertreten sind die Geburtsjahrgänge 1901 bis 1910, die 25 Prozent des Samples ausmachen[43] und damit Angehörige einer Generation waren, die bereits aktiv an der politischen und kulturellen Entwicklung der Weimarer Republik partizipieren konnten, mithin nicht im »Dritten Reich« sozialisiert worden waren[44].

Größere Unterschiede zur Stichprobe der Waffen-SS gibt es bezüglich der Einsatzerfahrung: Gab es bei dieser nur wenige Männer, die kaum Kämpfe erlebt hatten, bevor sie in Gefangenschaft gerieten, trifft das für die Fallschirmjäger vermehrt zu. Es finden sich nur acht Veteranen der ersten Einsätze der Truppe im Westfeldzug, in dessen Rahmen die Eroberung des belgischen Sperrforts Eben Emael am Albert-Kanal[45] oder die Absprünge am Isthmos von Korinth und auf Kreta[46] einen Mythos mit internationaler Tragweite um die deutschen Fallschirmjäger im Zweiten Weltkrieg schufen[47]. Diese niedrige Zahl überrascht kaum, weil die deutsche Fallschirmtruppe besonders auf Kreta enorme Verluste erlitt und in der ersten Kriegshälfte quantitativ eng begrenzt war[48]. Da die Fallschirmjäger als Truppengattung erst 1936 in der Wehrmacht eingeführt worden waren, standen die nächsten Jahre ganz im Zeichen des Aufbaus und der Erprobung. Bis Anfang 1943 gab es nur einen Großverband, die unter dem Tarnnamen »Fliegerdivision 7« geführte spätere 1. Fallschirmjägerdivision[49]. Kurioserweise begann die Expansion der Truppe erst, als Adolf Hitler, beeindruckt durch die großen Verluste auf Kreta, weitere

41 Vgl. Stimpel: Die deutsche Fallschirmtruppe. Einsätze im Süden, S. 19ff.; Cartier: Der Zweite Weltkrieg, S. 551.

42 Siehe Anhang, Grafiken 1(b) und 2(b).

43 Siehe Anhang, Grafik 3(b).

44 Vgl. Rass: »Menschenmaterial«, S. 91.

45 Vgl. Lucas: Storming Eagles, S. 20-24; Roth: Die deutsche Fallschirmtruppe, S. 70-87.

46 Zum Unternehmen »Merkur« siehe z. B. Golla: Die deutsche Fallschirmtruppe, S. 353-558; Devlin: Paratrooper, S. 102-105; Roth: Die deutsche Fallschirmtruppe, S. 130-163.

47 Die ersten Kampfeinsätze hatten die Fallschirmjäger dennoch in Polen, wo sie infanteristisch eingesetzt wurden. Vgl. Golla: Die deutsche Fallschirmtruppe, S. 59; Lucas: Storming Eagles, S. 12. Zum Einsatz von Fallschirmtruppen im Rahmen des Unternehmens »Weserübung« in Norwegen siehe: Golla: Die deutsche Fallschirmtruppe, S. 84-127.; Lucas: Storming Eagles, S. 13-15.

48 Auf Kreta fielen 3.129 Mann von insgesamt 7.000 eingesetzten Fallschirmjägern aus. Vgl. Stimpel: Die deutsche Fallschirmtruppe. Innenansichten, S. 29. Golla nennt 3.162 Gefallene. Vgl. Die deutsche Fallschirmtruppe, S. 543.

49 Zur Frühzeit der Fallschirmjäger siehe Golla: Die deutsche Fallschirmtruppe, S. 20-59.

luftgestützte Einsätze ablehnte[50]. Von Anfang 1943 bis Juni 1944 wurden fünf weitere Fallschirmjägerdivisionen aufgestellt, die den Elitecharakter des ursprünglichen Verbandes auf den infanteristischen übertragen sollten[51]. Die Fallschirmjäger erlebten nicht nur eine relativ plötzliche quantitative Entgrenzung, vielmehr sollten sie eine immer größer werdende Not der deutschen Kriegführung in eine exemplarische Tugend transformieren: Die Einsatzdoktrin dieser Spezialeinheit bestand darin, einen materiell wie personell überlegenen Feind aus einer unterlegenen Lage heraus zu bekämpfen. Diese Maxime, die für die speziellen Bedingungen des Fallschirmeinsatzes konzipiert war, wurde sukzessive zur alle Fronten bestimmenden, dauerhaften Realität, sodass sich das normative Selbstverständnis der Fallschirmjäger bestens für Adolf Hitlers militärisch sinnlose Haltetaktik eignete und er folgerichtig einem Ausbau dieser Truppe zustimmte[52].

Neben den acht Veteranen der »ersten Stunden« gibt es im Sample noch 13 weitere Soldaten mit längerer Einsatzerfahrung, gesammelt jedoch im Rahmen anderer Verbände. Das bedeutet aber, dass 19 Soldaten innerhalb ihres ersten Kampfeinsatzes in amerikanische Gefangenschaft gerieten – bei der Waffen-SS waren es dagegen nur zehn.

Erneut stammt fast die Hälfte der Männer aus zwei Großverbänden, während sich die anderen beinahe paritätisch auf andere Divisionen verteilen. Zum Sample gehören auch zwei Männer der Fallschirm-Panzer-Division 1 »Hermann Göring« und vier Offiziere aus anderen Luftwaffe-Feldverbänden, die zwar nicht zu den Fallschirmjägern zu rechnen sind, aber als Erdkampfverbände der Luftwaffe eingesetzt wurden[53]. Während die Division »Hermann Göring« einen ähnlichen Elitestatus wie die Fallschirmjäger genoss, trägt die Einbeziehung der anderen vier Männer einem Umstand Rechnung, der sich auch in der Waffen-SS gegen Kriegsende immer mehr bemerkbar machte: Durch die sich verschärfende Kriegslage und exorbitant ansteigenden Verluste[54] war die militärische Führung gezwungen, ad hoc Männer einzuziehen und mitunter ohne jede militärische Ausbildung in so genannten Kampfgruppen oder Alarmabteilungen in den Kampf zu werfen. Gerieten diese Männer in amerikanische Gefangenschaft, rechneten diese sie den Verbänden zu, in deren Rahmen die Soldaten aufgegriffen worden waren.

Hinsichtlich der Konfession zeigen die zwei Stichproben Abweichungen voneinander, so gibt es unter den Fallschirmjägern nur zwei Männer, die sich als »gottgläubig« ausweisen, dagegen steht mit 92,5 Prozent eine Dominanz der beiden christlichen Hauptglaubensbekenntnisse (55 Prozent Protestanten, 37,5 Prozent Katholiken).

Mitgliedschaften in NS-Organisationen sind für 47,5 Prozent der Männer nachweisbar. Dieser Wert liegt deutlich unter dem der Waffen-SS, doch auch höher als jener der

---

50 Vgl. Student: Erinnerungen, S. 337. Im Oktober 1943 wurde noch eine Landung auf der Sporadeninsel Leros durchgeführt. Vgl. Lucas: Storming Eagles, S. 108-110. Der letzte Luftlande-Einsatz war das Unternehmen »Stößer« unter Oberstleutnant Friedrich August Freiherr von der Heydte in der Ardennenoffensive. Vgl. Neitzel: Abgehört, S. 451f.; Roth: Die deutsche Fallschirmtruppe, S. 196-199.

51 Zu Aufstellung und Einsatz dieser Divisionen siehe: Die deutschen Divisionen, Bd. 1, S. 141-146, 239-242, 311-314, 375-378; Bd. 2, S. 33-36.

52 Vgl. Stimpel: Die deutsche Fallschirmtruppe. Innenansichten, S. 55f. Zum infanteristischen Einsatz der Fallschirmjäger an der Ostfront, in Nordafrika und Italien siehe Lucas: Storming Eagles, S. 62-116; Roth: Die deutsche Fallschirmtruppe, S. 174-185.

53 Siehe Anhang, Grafik 4(b).

54 Allein im letzten Kriegsjahr verlor die Wehrmacht genau so viele Männer wie in den fünf Jahren zuvor. Vgl. Overmans: Deutsche militärische Verluste, S. 318.

»normalen« Einheiten des Feldheeres, welcher bei etwa 34 Prozent anzusetzen ist[55]. So zeigt die Stichprobe der Fallschirmjäger in ihrer Konstitution Anzeichen einer höheren Ideologisierung, zumindest eines höheren Inputs nationalsozialistischer Ideologie.

Ob und inwiefern die kurz umrissenen Strukturen der beiden Samples sich in den Denk- und Deutungsmustern der Soldaten widerspiegeln, wird nun Gegenstand der Analyse sein. Im Mittelpunkt stehen soll nicht nur die Frage nach Gemeinsamkeiten und trennenden Elementen zwischen Fallschirmjägern und Waffen-SS, sondern – vor dem Hintergrund der Einbeziehung eigentlich verbandsfremder Männer – auch innerhalb der einzelnen Gruppen, um so festzustellen, inwiefern von einem einheitlichen Korpsgeist *der* Fallschirmjäger und *der* Waffen-SS, von einem ideologischen und militärischen Elitehabitus über die Alters-, Erfahrungs- und Einheitsgrenzen hinweg gesprochen werden kann.

55 Diesen Wert hat Christian Rass für die 253. Infanteriedivision des Heeres nachgewiesen. Vgl. Rass: Menschenmaterial, S. 122f. René Rohrkamp ermittelt für sein Sample einen Wert von 33,82%. Vgl. Rohrkamp: ›Weltanschaulich gefestigte Kämpfer‹, S. 69.

Eliten zwischen Hingabe und Opposition

Vorbemerkung

Der Zweite Weltkrieg war allgegenwärtig in der zeitgenössischen soldatischen (wie auch der zivilen) Lebenswelt und damit in all seinen Facetten Gesprächsgegenstand auch unter den Kriegsgefangenen. Sie unterhielten sich diesbezüglich nicht nur über den Verlauf der Kampfhandlungen und äußerten ihre Meinung zum möglichen Ausgang des Krieges, sondern gaben darüber hinaus vor Mitgefangenen wie Bewachern Auskunft über ihr Selbstverständnis als Soldat[1]. Vor allem der letzte Punkt ist geeignet um zu untersuchen, inwiefern es gruppenspezifisch wirksame Wahrnehmungsweisen bei Fallschirmjägern oder den Männern der Waffen-SS gab und wie diese ausgeprägt waren: Handelte es sich dabei um ein vorrangig militärisches Perzeptionsmuster, war es das einer reinen militärischen Elite, wie es die Veteranen der Waffen-SS nach dem Krieg oft behaupteten[2]? Oder beinhaltete das militärische Selbstbild ein sublimes, eventuell sogar sehr ausgeprägtes ideologisches Segment, das über ein militärisches Pflichtbewusstsein hinaus nationalsozialistisches Gedankengut im soldatischen Selbstbild implementierte?

Der zweite Analysepunkt »Reden über den Nationalsozialismus« führt diesen Ansatz fort, untersucht aber unmittelbare Stellungnahmen zur Person Adolf Hitlers und zu verschiedenen Facetten des NS-Systems. Die Forschung hat anhand von Feldpostbriefen herausgearbeitet, dass viele Soldaten noch bis in das letzte Jahr des »Dritten Reiches« an ihrem Glauben an den »Führer« festhielten und so zur Verlängerung des Krieges beitrugen[3]. Dass die Männer angesichts der Bedrohungen des lebensgefährlichen Fronteinsatzes ihre Überlebenshoffnungen in abstrakt nationaler wie auch unmittelbarer persönlicher Perspektive auf ihren Oberbefehlshaber projizierten, dessen Nimbus als erfolgreicher Feldherr und Stratege immer noch wirksam war, ist ein psychologisch nachvollziehbarer Vorgang[4]. Doch wie dachten die Männer in der nicht mehr unmittelbar lebensbedrohlichen Situation der Gefangenschaft über Hitler, wie über andere Aspekte des NS-Systems, und wie traten sie ihren amerikanischen Bewachern gegenüber?

Im letzten Punkt, »Reden über Verbrechen«, soll die Analyse der soldatischen Denk- und Deutungsmuster mit einem für das »Dritte Reich« definitorischen Aspekt vervollständigt werden: Sprachen die Männer über die zahllosen Kriegsverbrechen und den Holocaust? Wenn sie es taten, wie konnotierten sie ihr Wissen oder aber ihr Nichtwissen beziehungsweise die Gerüchte, welche sie rezipierten?

Aus dem Mosaik dieser drei exemplarischen Perspektiven auf die Perzeptionsmuster der Soldaten ist es möglich, ein Urteil über die innere Haltung der untersuchten Männer zu fällen, wodurch die eingangs gestellten Fragen nach gruppenspezifischen Deutungsmustern bei Waffen-SS und Fallschirmjägern für diese zwei Samples beantwortet werden können[5].

---

1 Vgl. Zagovec: Gespräche, S. 310-313.

2 Vgl. Steiner: Die Armee der Geächteten, S. 140ff.; Hausser: Soldaten wie andere auch, passim.

3 Freilich blieb das Heranziehen von Feldpostbriefen als Quelle nicht ohne Kritik. Vgl. dazu Latzel: Wehrmachtsoldaten, S. 577; Zimmermann: Pflicht zum Untergang, S. 94f.

4 Vgl. Müller: Nationalismus, S. 43; Wehler: Der Nationalsozialismus, S. 191f.

5 Dass die Stichproben kaum repräsentative Aussagekraft haben, ist unbestreitbar. Dennoch bieten sie Hin-

Reden über den Krieg / Soldatenhabitus

Um Unterhaltungen über den Fortgang des Krieges zu ermöglichen, versorgten die amerikanischen Bewacher die Zelleninsassen Fort Hunts mit regelmäßigen Nachrichten und statteten deren Räume mit Kartenmaterial aus – Anregungen, welche die gefangenen Soldaten nur allzu gerne annahmen, um sich den abwechslungsarmen Lageraufenthalt interessanter zu gestalten[6]. So diskutierten sie lebhaft über den Frontverlauf und einzelne Kämpfe, vor allem aber über die gesamtstrategische Lage und die allgemeinen Kriegsaussichten. Die Aussagen der Männer lassen nicht nur Rückschlüsse über ihre strategischen und taktischen Kenntnisse oder ihren Wissensstand bezüglich der Frontverhältnisse zu, sondern geben durch ihre Interpretation des Kriegsgeschehens vielmehr Aufschluss über ihre Deutung desselben. In dieser Beziehung scheint hauptsächlich die Beurteilung der allgemeinen Kriegslage und der deutschen Siegeschancen aufschlussreich zu sein. Es diskutierten diesen Punkt nicht nur die deutschen Soldaten untereinander, auch die Amerikaner fragten jeden Gefangenen danach, sodass darüber ein vollständiges Meinungsbild erstellt werden kann.

Wie bereits erläutert, gerieten die Männer zwischen Juni 1944 und April 1945 in Gefangenschaft, ein begrenzter Zeitrahmen, in dem der Zweite Weltkrieg längst entschieden war und die deutschen Armeen überall den Rückzug angetreten hatten[7]. Nichtsdestotrotz waren Ost- und Westfront im Frühsommer 1944 noch stabil. Im Westen benötigten die Alliierten zwei Monate, um aus ihrem Brückenkopf in der Normandie auszubrechen. Danach gelang es der Wehrmacht erst wieder an der deutschen Grenze, den dann rasanten Vormarsch der Westalliierten zum Stehen zu bringen[8]. Für die Soldaten, die diesen eher als Flucht zu charakterisierenden Rückmarsch durch Frankreich miterlebten, war der Eindruck alliierter Überlegenheit erdrückend. Umso mehr verwundert es den Betrachter, dass viele Landser, die zu dieser Zeit an der Front standen, noch bis zur Ardennenoffensive ihre letzten Siegeshoffnungen nicht aufgaben, wovon insbesondere untersuchte Feldpostbriefe zeugen[9]. Auch in der alliierten Gefangenschaft rückten manche Männer sogar nach der großen Niederlage des Winters 1944/45 entgegen allen Umstän-

weise und erste Ansätze für eine Untersuchung größeren Rahmens. Der hohe Anteil der SS-Veteranen bildet diesbezüglich zwar eine Ausnahme, lässt aber wiederum wertvolle Rückschlüsse auf diese immanent wichtige Kerngruppe der Waffen-SS zu.

6 Vgl. z.B. Room Conversation Hagen – v. Jagow vom 24.3.1945, 17:00-20:00 Uhr, in: NARA, RG 165, Entry 179, Box 478.

7 Es gab lange Forschungsdiskussionen darüber, ab wann das »Dritte Reich« den Krieg endgültig verloren hatte. Inzwischen gilt als gesichert, dass die deutsche Niederlage im Winter 1941 vor Moskau die bedeutende Wende des Krieges war, wenn der Feldzug gegen die Sowjetunion nicht sogar von vornherein zum Scheitern verurteilt war. Vgl. Wegner: Das Ende der Strategie, S. 211.

8 Dass es den Deutschen nach dem für sie katastrophalen Zusammenbruch in der Normandie überhaupt möglich war, für einige Zeit eine stabile Front wiederherzustellen, lag viel weniger am so genannten »Westwall«, der an vielen Stellen kaum mehr als ein Schreckgespenst der deutschen Propaganda war, sondern an der schnellen Überdehnung der alliierten Versorgungslinien und dem fehlgeschlagenen alliierten Landeunternehmen »Market Garden« in den Niederlanden. Vgl. Zimmermann: Die deutsche militärische Kriegführung, S. 279f.

9 Erneut muss an dieser Stelle auf die große Problematik der Feldpost als Quellengattung hingewiesen werden. Dass die Männer sich in ihren Briefen in die Heimat, die immer ein Objekt der militärischen Zensur werden konnten, im Zweifelsfalle optimistischer gaben, um ihre Verwandten und Angehörigen nicht zu beunruhigen, oder aber um sich selbst von ihren Worten zu überzeugen, ist psychologisch erklärbar.

den nicht von dieser Haltung ab, insbesondere jene aus den Reihen der Waffen-SS. So notierten die Amerikaner am 5. April 1945 nach einem Verhör des SS-Unterscharführers Oswald Schlotzhauer, Angehöriger der 12. SS-Panzerdivision »Hitlerjugend«: »PW [Prisoner of War, d. Verf.] is convinced Germany will win the war.«[10] Nun ist es möglich, dass dieser SS-Mann vor den amerikanischen Verhöroffizieren nicht die Wahrheit sagen wollte, beziehungsweise sich zum standhaften deutschen Soldaten stilisierte, ohne seinen eigenen Worten zu glauben[11]. Dagegen spricht, dass Schlotzhauer auch seinen Mitgefangenen gegenüber derart entschlossen auftrat, wie ein abgehörtes Gespräch mit dem Oberfeldwebel Heinrich Bruns vom 2. April 1945 belegt, in dem der SS-Unterführer ein Verhör Revue passieren ließ: »Dann sagt er [der amerikanische Verhöroffizier, d. Verf.] Sie müssen wahrscheinlich in Polen arbeiten. Sag ich es gibt immer noch Deutschland, Deutschland hat den Krieg noch nicht verloren.«[12] Mit einem anderen Zellengenossen teilte Schlotzhauer seine Wut über deutsche Soldaten, die vor dem Krieg »gefressen und gesoffen und umhergehurt [haben] im Reich, und jetzt, wo die Karre ein bisschen verfahren ist, jetzt [...] auf einmal alles andere, bloß keine Deutschen [sind].«[13]

Die Allegorie einer etwas verfahrenen »Karre« für die militärische Lage des »Dritten Reichs« Ende März 1945 kann nur mit Wohlwollen noch als Euphemismus bezeichnet werden. Zu diesem Zeitpunkt waren die Westalliierten aus ihren Brückenköpfen auf der rechten Rheinseite ausgebrochen, um die deutsche Heeresgruppe B unter Generalfeldmarschall Walter Model im Ruhrgebiet einzukesseln und nach Süddeutschland vorzustoßen, während die Rote Armee ihren Angriff auf Berlin vorbereitete[14]. Doch auffälliger als die Wortwahl ist die Verknüpfung von Siegeshoffnung und Nationalität, die hier offenbar wird. Mit der ideellen Umdeutung der Nationalität von einem rein äußerlichen und deskriptiven Charakteristikum zu einer inneren Haltung überschritt Schlotzhauer die Grenze zum Nationalismus, indem er Siegesgewissheit zu einer »deutschen« Eigenschaft erhob. Auf diese Weise entledigte sich der SS-Mann gleichzeitig der Aufgabe, seine Zuversicht durch ein strategisches Konzept zu untermauern. Der einzige Hinweis auf eine Überlegung seinerseits, *wie* denn der Krieg noch zu gewinnen sei, findet sich in einer Unterhaltung mit dem Oberfeldwebel Bruns vom 31. März 1945, während der Schlotzhauer behauptete: »Wenn wir den Amis schwere Verluste beibringen, dann machen sie auch Feierabend. Sie wollen auch nicht kämpfen. Both claim Germany can still win the war.«[15] Der Schlüssel zum Sieg lag nach Auffassung des SS-Unterführers in der

10 Report of Interrogation Oswald Schlotzhauer vom 5.4.1945, in: NARA, RG 165, Entry 179, Box 540.

11 Angesichts der persönlichen Ohnmacht, die Soldaten ob ihrer Situation in Gefangenschaft erlebten, ist es durchaus nachvollziehbar, dass sie ihrer Hilflosigkeit mit einer Flucht in für sie eventuell Sinn und Halt gebende Verhaltensmuster begegneten, um so die militärische Niederlage, die in der Gefangennahme eine persönliche Klimax fand, zu kompensieren. War der Kampf militärisch verloren, so konnte man ihn doch wenigstens ideell fortsetzen. Vgl. Room Conversation zw. Otto Wolf und Günther Meier vom 20.3.1945, 11:50-17:00 Uhr, in: NARA, RG 165, Entry 179, Box 565. Außerdem ist es nicht Aufgabe dieser Arbeit, den Wahrheitsgehalt jeder einzelnen getroffenen Aussage zu überprüfen. Viel wichtiger als die unlösbare Problematik, ob sich die Soldaten in Einzelfällen wahrheitsgetreu äußerten, ist die Frage, *wie* sie sich äußerten, wozu sie sich stilisierten und welches Bild ihrer selbst sie durch ihre Äußerungen produzierten.

12 Room Conversation zwischen [künftig: zw.] Oswald Schlotzhauer und Heinrich Bruns vom 2.4.1945, 12:00-17:00 Uhr, in: NARA, RG 165, Entry 179, Box 540.

13 Room Conversation zw. Oswald Schlotzhauer und Max Voget vom 28.3.1945, 13:00 Uhr, in: NARA, RG 165, Entry 179, Box 540.

14 Vgl. Henke: Die amerikanische Besetzung, S. 120; Cartier: Der Zweite Weltkrieg, S. 1154.

15 Room Conversation zw. Oswald Schlotzhauer und Heinrich Bruns vom 31.3.1945, 14:15-17:00 Uhr, in:

Bekämpfung der Westalliierten, insbesondere der Amerikaner. Damit reproduzierte er einen Topos, den die Forschung oft als Movens für das Weiterkämpfen deutscher Soldaten in der Endphase des Zweiten Weltkrieges nachweisen konnte: Die irrationale Hoffnung, dass »der Amerikaner« ja gar nicht wisse, wofür er kämpfe und sich nach großen Verlusten aus dem Krieg zurückziehen werde[16]. Auch in der Stichprobe ist Schlotzhauer nicht der einzige SS-Gefangene, der in den Amerikanern die vermeintliche Schwachstelle der Alliierten ausmachte. In einem Gespräch am Vormittag des 21. September 1944 zwischen dem SS-Untersturmführer K. G. und dem SS-Obersturmführer W. Schwe. sinnierte ersterer über seine persönliche Zukunft: »Es gibt 3 Möglichkeiten: Entweder komme ich sofort nach Russland, oder wenn ich sehr bereitwillig bin, komme ich nach dem Kriege nach Deutschland oder sie behalten mich noch 4-5 Jahre hier [in den USA, d. Verf.].« Diese Äußerung riss den Obersturmführer Schwe. zur wütenden Erklärung hin, dass die Amerikaner »ja solche Haue kriegen [müssen], dass sie nicht mehr wissen, wo ihnen der Kopf steht. Selbst wenn sie uns vergessen, Deutschland muss gewinnen, das steht fest.«[17] Die Bewertung der amerikanischen Kampfkraft war ein wichtiger Faktor, der den Männern das Festhalten an ihrer Siegeszuversicht erlaubte. Sie führten die Geländegewinne der US-Army ausschließlich auf deren enormen Material- und Personalbestand, sowie die Luftüberlegenheit der Air Force zurück. In den GIs sahen sie dagegen durchweg minder befähigte Soldaten, die mit jenen der Wehrmacht nicht mithalten könnten und sich hinter den unzähligen alliierten Panzern und Flugzeugen »versteckten«[18].

Neben der Fixierung auf den amerikanischen Gegner offenbaren diese und weitere Aussagen der beiden SS-Offiziere den für sie realen Kausalzusammenhang zwischen der Notwendigkeit eines deutschen Sieges und seiner Wahrscheinlichkeit, ein kognitiver

---

NARA, RG 165, Entry 179, Box 540. Der letzte, englische Satz ist eine Anmerkung des so genannten »Monitors«, des amerikanischen Soldaten, der das Gespräch protokollierte. Der unmittelbare Wechsel zwischen direkter Rede und Paraphrasierung ist ein häufiges Phänomen in den Quellen, das oft mit einem Sprachwechsel einhergeht.

16 Vgl. Room Conversation zw. Kurt Naake und Anton Baumann vom 2.11.1944, 19:00-23:00 Uhr, in: NARA, RG 165, Entry 179, Box 520: »Die Amerikaner kämpfen ja nur wo sie verdienen können.« Vor allem der Tod Präsident Franklin D. Roosevelts am 12.4.1945 nährte diese Hoffnung auch auf höchster Regierungsebene in Deutschland und zeugt dabei gleichzeitig von den unflexiblen Denkstrukturen der Betroffenen. Denn hinter dem Gedankengang, dass das amerikanische Engagement in Europa allein an die Person des Staatsoberhauptes (und des Regierungschefs) gebunden war und mit diesem stand und fiel, scheint eher die Übertragung des in Deutschland seit 1933 erlebten Führerprinzips auf die Strukturen eines demokratischen Staates zu stehen denn eine tiefenwirksame Reflexion politischer Grundlagen der USA. So gab es zu keiner Zeit ernstzunehmende Überlegungen der Amerikaner, aus dem Krieg auszuscheiden, auch für den neuen US-Präsidenten Harry S. Truman nicht. Vgl. dazu Cartier: Der Zweite Weltkrieg, S. 1160-1162, 1178.

17 Room Conversation zw. K. G. und W. Schwe. vom 21.9.1944, 7:30-11:50 Uhr, in: NARA, RG 165, Entry 179, Box 546.

18 Interessant ist, dass auch die siegesgläubigen SS-Männer immer vom höheren Wert *des* deutschen Soldaten sprechen und eine Betonung der militärischen Qualitäten der SS-Männer ausbleibt. Vgl. Report of Interrogation Gino Fischer vom 30.11.1944, in: NARA, RG 165, Entry 179, Box 542; Morale Questionnaire W. A. vom 25.8.1944, in: NARA, RG 165, Entry 179, Box 442: »He thinks the Germans are the best soldiers in the world.« In der Aussage scheint durch, dass A. nicht die Wehrmacht als bessere Armee, sondern die Deutschen per se als bessere Soldaten ansah. Morale Questionnaire Karl Schrage vom 29.8.1944, in: NARA, RG 165, Entry 179, Box 543; Morale Questionnaire W. Schle. vom 27.7.1944, in: NARA, RG 165, Entry 179, Box 539; Room Conversation zw. Franz Kneipp und Eberhard Kerle vom 20.10.1944, 18:15 Uhr, in: NARA, RG 165, Entry 17, Box 498.

Konnex, den alle SS-Männer teilten, die noch vorgaben, an einen deutschen Sieg zu glauben.

Natürlich zogen auch diese Männer die Möglichkeit in Betracht, dass Deutschland den Krieg würde verlieren können, doch schoben sie diese Bedenken stets beiseite und bestätigten sich gegenseitig in ihrer Siegeszuversicht, die viel mehr einem Glaubensbekenntnis glich denn einer wohl überlegten Überzeugung[19]. Um diesen Glauben, den die Betroffenen stets als aus ihrer »deutschen Haltung« entspringend erklärten, am Leben zu erhalten, mussten sie jede Information über den Kriegsverlauf, welche sie erreichte, als alliierte Propaganda abtun[20]. Als ein Unterführer der Waffen-SS in der »Lagerpost«[21] las, dass die Amerikaner kurz vor Nürnberg stünden, lachte er schlicht über diese Nachricht[22] und bezeichnete die Zeitung als »Kladderadatsch«[23].

Auffällig ist, dass konkrete Ideen, wie der Krieg noch zu gewinnen sei, nur von jenen Männern vorgebracht wurden, die vor der Ardennenoffensive in Gefangenschaft gerieten. Ausführlich berichtete der SS-Hauptsturmführer Fri. S. am 15. Dezember 1944 in einem Verhör, »that the breathing spell that winter will bring is sufficient to put the Wehrmacht back in shape – replacement of materials, aircraft[s], etc., will be possible from underground factories, for a suicidal counterattack in the spring which will push Allies out of Germany.«[24] Weiter führte er aus, »unshaken in his belief that the German army is the best«, dass die Zerstörungen in deutschen Städten nicht so groß seien wie von den Alliierten propagiert, Russland kurz vor dem Kollaps stehe und der Volkssturm hohen militärischen Wert besitze[25].

---

19 Vgl. Report of Interrogation W. Schl. vom 28.7.1944, in: NARA, RG 165, Entry 179, Box 539: »Q[uestion]: Denken Sie, dass Deutschland noch diesen Krieg gewinnen kann? A[nswer]: Das muss man denken. Q: Was denken Sie? A: Dasselbe«; Room Conversation zw. K. G. und W. Schwe. vom 21.9.1944, 12:00-16:50 Uhr, in: NARA, RG 165, Entry 179, Box 546: »S[chwe]: Sag bloß was kein Kriegsgeheimnis ist. Habe den Glauben in Sieg noch«; Reports of Interrogation K. G. vom 20.9.1944, in: NARA, RG 165, Entry 179, Box 474: »Insists that Germany will win war«; Report of Interrogation W. Schwe. vom 28.9.1944, in: NARA, RG 165, Entry 179, Box 546: »He hasn't yet lost his belief in a German victory.«

20 Vgl. Personalaufnahmebogen Nr.3 Oswald Schlotzhauer, in: NARA, RG 165, Entry 179, Box 540.

21 So der Name der Lagerzeitung. Die Zeitungen wurden den Kriegsgefangenen gegeben, um sie zu Gesprächen zu animieren. Zum Phänomen der deutschen Lagerzeitungen in den US-Gefangenenlagern siehe Smith: Angloamerikanische Umerziehungsprogramme, passim.

22 Vgl. Room Conversation zw. Kurt Kretschmer und Otto Marscholek vom 27.3.1945, 8:00-11:45 Uhr, in: NARA, RG 165, Entry 179, Box 503. Tatsächlich wurde Nürnberg erst Mitte April 1945 von den Amerikanern befreit, Ende März brachen die Amerikaner »erst« aus ihren rechtsrheinischen Brückenköpfen aus. Vgl. Fritsch: Nürnberg im Krieg, S. 98ff. Auch dass der Rhein überschritten worden war, glaubte der SS-Unterscharführer Kretschmer nicht. Vgl. Room Conversation zw. Kurt Kretschmer und Otto Marscholek vom 28.3.1945, 11:50-15:15 Uhr, in: NARA, RG 165, Entry 179, Box 503. Ebenso wenig hielt er es für möglich, dass die Rote Armee auf Berlin zumarschierte. Vgl. Room Conversation zw. Kurt Kretschmer und Ludwig Maschek vom 2.4.1945, 17:15-21:00 Uhr, in: NARA, RG 165, Entry 179, Box 503.

23 Vgl. Room Conversation zw. Kurt Kretschmer und Otto Marscholek vom 27.3.1945, 19:00-21:00 Uhr, in: NARA, RG 165, Entry 179, Box 503. Siehe auch Room Conversation zw. Oswald Schlotzhauer und Hermann Bader vom 27.3.1945, 19:00-21:00 Uhr, in: NARA, RG 165, Entry 179, Box 540.

24 Report of Interrogation Fri. S. vom 15.12.1944, in: NARA, RG 165, Entry 179, Box 543.

25 Report of Interrogation Fri. S. vom 15.12.1944, in: NARA, RG 165, Entry 179, Box 543. Zwar stimmt es, dass die deutschen Fabriken erst im Jahre 1944 ihren höchsten Produktionsstand erreichten, doch viel wirksamer als die Bombardierung der Fabriken zeigten sich die ab August 1944 verstärkten Luftangriffe auf die deutschen Hydrierwerke, die zu einer bedeutenden Treibstoffknappheit führten. Vgl. Rohrkamp: ›Weltanschaulich gefestigte Kämpfer‹, S. 503; Schabel: Wenn Wunder, S. 401. Insgesamt kann in der Retrospektive keine Rede davon sein, dass es Ende 1944 noch Möglichkeiten für das NS-Regime gab, das Kriegsgeschehen

Ähnlich lesen sich die Darlegungen des Untersturmführers Ho. Ho.:

»The possibility that the Russians may some day march on German soil is regarded by the PW as utter folly. He claims that the Germans can muster several additional divisions by calling up the class of 1927 and by replacing men in essential industries with older men and women.«[26]

Die Ardennenoffensive ist eine Zäsur für die Äußerungen zu den Kriegsaussichten unter dem subalternen Führungspersonal der Waffen-SS in Kriegsgefangenschaft. Bereits vor dem Scheitern des letzten deutschen Großangriffs im Westen ist eine deutliche Konzeptlosigkeit in den Siegesbeteuerungen der gefangenen SS-Männer auszumachen, doch bei einigen wenigen entsprang ihre Hoffnung einem strategischen Konzept. Nachdem der deutsche Vormarsch in Belgien zum Stehen gekommen war, hielten viele Soldaten zwar immer noch an ihrem Glauben fest, doch glich er nun eher einer grundsätzlichen Gewissheit.

Auf die Überlegungen seines Zellengenossen, besser in ein so genanntes Anti-Nazi-Lager[27] zu gehen, da man so schneller wieder nach Deutschland komme, antwortete der SS-Oberscharführer Werner Kirstein schlicht: »Yes, if they win the war, but they won't.«[28] Ein anderer Unteroffizier der Waffen-SS, der alleine in einer Zelle war, vertrieb sich die Zeit mit dem »singing [of] SS march songs«, verlieh seiner Wut über die Amerikaner Ausdruck – »[m]öchte denen gerne erzählen, dass sie mich am Arsch lecken können« –, um dann seinen hinzugekommenen Zellengenossen wissen zu lassen, dass der Krieg noch nicht entschieden sei[29].

Auch die amerikanischen Verhöroffiziere bemerkten diese Konzeptlosigkeit, die in der Regel mit der zur Schau gestellten Zuversicht dieser Gefangenen einher ging. So notierte ein US-Lieutenant die Bemerkung des österreichischen SS-Oberscharführers Fritz Wurzer, der meinte, »Germany will surely win the war because – ›we have the Fuehrer‹ – [he] has not [an] intelligent answer however as to how.«[30] Auch der SS-Unterscharführer Joseph Andlinger, der am ersten September 1944 an der Westfront in US-Gefangenschaft geraten war, projizierte seine Hoffnungen auf den »Führer«. Wäh-

zuungunsten der Alliierten zu wenden. Vgl. Wegner: Das Ende der Strategie, passim.

26 Report of Interrogation Ho. Ho. vom 11.8.1944, in: NARA, RG 165, Entry 179, Box 486.

27 Als 1943 Konflikte zwischen politisch gemäßigten und radikalen deutschen Soldaten in den Gefangenenlagern auf US-amerikanischem Festland ausbrachen, versuchte die US-Army, die Kriegsgefangenen nach deren politischer Haltung zu gruppieren und in verschiedenen Stammlagern unterzubringen, den »Nazi-Camps« wie Camp Alva in Oklahoma und »Antinazi-Camps« wie Camp Ruston in Louisiana. In Fort Hunt blieben die Gefangenen in der Regel maximal wenige Wochen, bevor sie in eines der ca. 500 Stammlager verlegt wurden. Vgl. Haase: »Freiheit hinter Stacheldraht«, S. 419-422; Steinbach: »Die Brücke ist geschlagen«, S. 999-1002; Bischof: Einige Thesen, S. 186-189.

28 Vgl. Room Conversation zw. Werner Kirstein und Theodor Schroeder vom 27.12.1944, 12:00-17:00 Uhr, in: NARA, RG 165, Entry 179, Box 496. Diesmal paraphrasierte der »Monitor« die Aussage nicht, sondern übersetzte sie beim Protokollieren direkt, sodass sie nur auf Englisch überliefert ist. Die Mitschriften sind insgesamt von wenig Einheitlichkeit in der Methodik geprägt, sodass sich oft englische und deutsche Sätze abwechseln und die Zahl der grammatikalischen wie orthographischen Fehler insgesamt sehr hoch ist.

29 Vgl. Room Conversation zw. Arno Dürner und Heinrich Dahlems vom 13.11.1944, 14:20-17:00 Uhr, in: NARA, RG 165, Entry 179, Box 462.

30 Report of Interrogation Fritz Wurzer vom 5.10.1944, in: NARA, RG 165, Entry 179, Box 566.

rend einer Unterhaltung mit seinem Zellengenossen Kurt Jörgens am sechsten März 1945 verglich er »this war to the 7 years war. Fred[e]rick the Great lost all battles but the last one, + that is what Hitler is going to do. ›Die Geschichte wiederholt sich.‹ (The speech he makes is just like imitating a Nazi big official.) Andlinger still believes that Germany is going to win the war.«[31]

Der Bezug auf preußische Tradition war nicht erst seit dem so genannten »Tag von Potsdam« ein bevorzugtes Mittel nationalsozialistischer Außendarstellung[32]. Vor allem in den letzten Kriegsmonaten bedienten sich die Nationalsozialisten der preußischen Vergangenheit, um den Durchhaltewillen im Reich zu stärken – eine Vorgehensweise, die sich in der Geschichtsphilosophie des Unterscharführers Andlinger reproduziert[33].

Die Männer wollten den Krieg nicht verloren geben, da sie davon ausgingen, in Adolf Hitler einen Oberbefehlshaber zu haben, der die gesamtstrategische Lage überblicke und verantwortungsbewusst handle – eine fatale Fehleinschätzung dessen totalitärer Kriegskonzeption, die nur Sieg oder Vernichtung kannte[34]. Neben dem Bezug auf die vermeintlichen Fähigkeiten Adolf Hitlers als Feldherr, seine unterstellte Weitsicht und die angebliche Schwäche der Amerikaner nährten die SS-Männer ihre Siegeshoffnungen mit dem erwarteten Einsatz neuer »umwälzende[r] Waffen«, die eine Verlängerung des Krieges »till the last man« in ihren Augen rechtfertigten[35].

---

31 Room Conversation zw. Joseph Andlinger und Kurt Jörgens vom 6.3.1945, 11:45-17:00 Uhr, in: NARA, RG 165, Entry 179, Box 441. Dieser Ausschnitt zeigt exemplarisch die uneinheitliche Arbeitsweise der amerikanischen »Monitors«, er vereint Mitschriften in Übersetzung, Paraphrasierung, wörtliches Zitieren der Gefangenen sowie das Einstreuen von eigenen Werturteilen über die Sprecher.

32 Vgl. Wippermann: Der konsequente Wahn, S. 128; Enzyklopädie des Nationalsozialismus, S. 651f.; Wegner: Hitlers Politische Soldaten, S. 64.Am »Tag von Potsdam« huldigte Hitler dem greisen Reichspräsidenten Paul von Hindenburg und beschwor damit die Einheit zwischen dem traditionellen Preußen und dem revolutionären Deutschland.

33 Geschichte diente den Nationalsozialisten vor allem als Lehrenvermittlung, die klare Erkenntnisse über den voraussichtlichen Ablauf der Zukunft bringen sollte. Vor allem die existentielle Krise des preußischen Staates im Siebenjährigen Krieg und die Lösung derselben durch den plötzlichen Tod der russischen Zarin Elisabeth sowie die Belagerung Kolbergs durch napoleonische Truppen 1807 mussten für die Instrumentalisierung von Geschichte für politische Zwecke seitens der Nationalsozialisten herhalten. Vgl. Kunisch: Das Mirakel, passim; Leiser: »Deutschland, erwache!«, S. 115; Kroll: Geschichte und Politik, S. 352.

34 Der Fallschirmjäger Hermann Abels, der eigentlich sehr pessimistisch über den Fortgang des Krieges dachte, versuchte, sich selbst Hoffnung einzureden, indem er beteuerte, dass Hitler angesichts der unzähligen Opfer sicher Frieden schließen würde, sähe er keine Möglichkeit mehr für einen deutschen Sieg. Eine Fortführung des Krieges angesichts einer sicheren Niederlage sei »ja ein Verbrechen, wie es die Menschheit noch nie [erlebt hätte]«. Room Conversation zw. Hermann Abels, Gustav Goessele und Kurt Schwoch vom 9.1.1945, 18:45 Uhr, in: NARA, RG 165, Entry 179, Box 441. Vgl. auch Room Conversation zw. Otto Wolf und Günther Meier vom 20.3.1945, 17:05-19:00 Uhr, in: NARA, RG 165, Entry 179, Box 565: »Wenn es jetzt so schlecht ist, dass es nicht mehr weiter geht, dann wird er [Hitler, d.Verf.] was Vernünftiges tun.«

35 Room Conversation zw. W. Schwe. und Alfred Börlinghaus vom 30.9.1944, 14:15-17:00 Uhr, in: NARA, RG 165, Entry 179, Box 546. Vgl. auch Room Conversation zw. Erwin Schienkiewitz und Rolf Dietrich vom 5.10.1944, 11:00-22:00 Uhr, in: NARA, RG 165, Entry 179, Box 538; Room Conversation zw. Fri. S. und W. M. vom 19.12.1944, 17:00-20:00 Uhr, in: NARA, RG 165, Entry 179, Box 543; Report of Interrogation Ho. Ho. vom 12.8.1944, in: NARA, RG 165, Entry 179, Box 486.

Insgesamt vertraten 14 Offiziere und Unteroffiziere der Waffen-SS die Ansicht, dass der Krieg noch zu gewinnen sei[36], das bedeutet eine Quote von 40 Prozent[37]. Die bisher zitierten Aussagen offenbaren, dass ihre Zuversicht – wie oben geschildert – zum gröten Teil weniger einer optimistischen Einschätzung der Kriegslage entsprach, sondern eine innere Grundüberzeugung darstellte, ein Glaubensbekenntnis, das der postulierten Notwendigkeit eines deutschen Sieges entsprang und die Realitäten auf dem europäischen Schlachtfeld ausblendete, wie es der Ausschnitt eines Verhörs des Untersturmführers W. Schl. vom 28. Juli 1944 verdeutlicht:

»Q[uestion]: Denken Sie, dass Deutschland noch diesen Krieg gewinnen kann?
A[answer]: Das muss man denken.
Q: Was denken Sie?
A: Dasselbe.«[38]

Bei diesem demonstrativen Bekenntnis zum deutschen Sieg handelte es sich keineswegs um aufgesetztes Gebaren der Gewahrsamsmacht gegenüber, sondern um eine Glaubensnotwendigkeit, die Teil der soldatischen Identität dieser Männer war[39] und in der Stellungnahme des Untersturmführers K. G. kumuliert, der gegenüber seinem Zellengenossen feststellte: »Es ist ja das Wenigste das [sic] man von einem Offizier verlangt, dass er an seinen eigenen Sieg glaubt.«[40]

Unter den Fallschirmjägern gab es ebenfalls Soldaten, die ihre Hoffnungen auf eine Kriegswende nicht fallen ließen, allerdings mit einem gewichtigen Unterschied zum Sample der SS-Männer: Während die Quote der Siegesgläubigen bei diesen 40 Prozent beträgt, beteuerten nur 15,79 Prozent der Luftwaffensoldaten, dass es für Deutschland noch möglich sei, den Krieg zu gewinnen[41]. Die folgende Tabelle zeigt, wie sich die Aussagen der Männer in beiden Stichproben zum möglichen Kriegsausgang insgesamt verteilen[42]:

---

36 Da fünf Offiziere erst nach Kriegsende nach Fort Hunt kamen, reduziert sich die Gesamtgröße der Stichprobe für diese Frage auf 35 Männer. Neben den bereits angeführten Beispielen vgl. auch Room Conversation zw. Fri. S. und W. M. vom 19.12.1944, 11:45 Uhr, in: NARA, RG 165, Entry 179, Box 543; Report of Interrogation Fri. S. vom 22.12.1944, in: NARA, RG 165, Entry 179, Box 543; Report of Interrogation W. Schwa. vom 22.9.1944, in: NARA, RG 165, Entry 179, Box 546; Report of Interrogation Joseph Andlinger vom 8.3.1945, in: NARA, RG 165, Entry 179, Box 441; Report of Interrogation W. Schl. vom 14.7.1944, in: NARA, RG 165, Entry 179, Box 539; Room Conversation zw. Gino Fischer und Gustav Kaufmann vom 27.11.1944, 10:45-12:00 Uhr, in: NARA, RG 165, Entry 179, Box 467; Room Conversation zw. W. A. und A. K. vom 21.8.1944, 17:00-21:00 Uhr, in: NARA, RG 165, Entry 179, Box 442.

37 Die prozentuale Quantifizierung eines Samples mit begrenztem Umfang ist nicht unproblematisch, dient aber der Transparenz und insbesondere der internen Vergleichbarkeit der Ergebnisse.

38 Report of Interrogation W. Schl. vom 28.7.1944, in: NARA, RG 165, Entry 179, Box 539.

39 So auch beim Sturmbannführer W. M.: »Ich kann nicht dran glauben, dass wir den Krieg verlieren. [...] Wenn sie uns aber doch fertig machen wollen, dann haben wir ja nichts zu verlieren und können ruhig bis zum Letzten kämpfen.« Room Conversation zw. W. M. und Fri. S. vom 16.12.1944, 11:45-17:00 Uhr, in: NARA, RG 165, Entry 179, Box 514.

40 Room Conversation zwischen K. G. und W. Schwe. vom 20.9.1944, 11:45-17:00 Uhr, in: NARA, RG 165, Entry 179, Box 474.

41 Das sind sechs der insgesamt 38 Männer, die noch während des Krieges nach Fort Hunt kamen und sich daher zu dieser Frage äußern konnten.

42 Für einen chronologischen Vergleich siehe Anhang, Grafik 5. Dieser zeigt, dass sich die Kurven zum Kriegsende hin einander annähern. Während immer weniger SS-Männer an einen Sieg zu glauben vorgaben,

Tabelle 1: **Prognostizierter Kriegsausgang im Vergleich**				
Kategorien	Sample Waffen-SS		Sample Fallschirmjäger	
	gesamt	relativ	gesamt	relativ
Deutscher Sieg	14	40 %	6	15,79 %
Alliierter Sieg (abwägend/hoffend)[43]	7	20 %	4	10,53 %
Alliierter Sieg	8	22,86 %	23	60,53 %
unbekannt	6	17,14 %	6	15,79 %

Die Diskrepanz zu den Angehörigen der Waffen-SS wird umso bedeutender angesichts der Tatsache, dass die Fallschirmjäger tendentiell früher in Gefangenschaft gerieten, mithin zu Zeitpunkten, an denen die Fronten noch hielten und das Vertrauen in einen eigenen Sieg eher rational zu begründen gewesen wäre[44].

Analysiert man die Aussagen der betroffenen Männer, werden jedoch inhaltliche Parallelen zu jenen der SS-Männer deutlich: Ebenso wenig wie die Angehörigen der Parteiarmee waren die Wehrmachtsoldaten in der Lage oder gewillt, ihre Zuversicht glaubwürdig und rational zu stützen. Erklärungen zum erwarteten Sieg blieben knapp und inhaltsleer wie die Feststellung des Unteroffiziers Adolf Ross, dass Deutschland den Krieg gewinnen werde, denn »Germany is strong enough to win«[45], oder die Beteuerung des Oberfeldwebels Heinrich Bruns der 5. Fallschirmjägerdivision, der am 31. März 1945 nicht glauben wollte, dass die Alliierten den Rhein überschritten hatten[46]. Nur der Oberfeldwebel Otto Wolf, Angehöriger der 3. Fallschirmjägerdivision, erklärte am 15. März 1945 dem Mitgefangenen in seiner Zelle, wie der Krieg noch zu gewinnen sei[47]:

»Die brauchen, dass sie mal anstaendig[48] eins an den Sack kriegen, noch mal so was wie damals mit dem Rundstedt[49]. Und dann aber so, dass sie bis ueber Paris richtig ins Laufen

---

taten das immer mehr Fallschirmjäger.

43 Die Kategorien »abwägende Identifikation« und »abwägende Opposition« bergen ein gewisses Problempotential, da die Zuordnung in die eine oder andere Kategorie subjektiv anders ausfallen könnte als hier geschehen. Das liegt an der schwierigen Unterscheidung von solchen Soldaten, deren Haltung zum Nationalsozialismus grundlegend zustimmend war, jedoch mit Zweifeln behaftet, und solchen, die den Nationalsozialismus im Grunde ablehnten, aber positive Einzelaspekte betonten. Von besonderer Relevanz für diese Studie sind aber die anderen beiden Kategorien, »größte Zustimmung« und »größte Opposition«, deren Zuordnung eindeutig ist.

44 Siehe auch Anhang, Grafik 5, zum chronologischen Vergleich der Aussage »Deutscher Sieg«.

45 Report of Interrogation Adolf Ross vom 12.6.1944, in: NARA, RG 165, Entry 179, Box 533.

46 Vgl. Room Conversation zw. Heinrich Bruns und Oswald Schlotzhauer vom 31.3.1945, 14:15-17:00 Uhr, in: NARA, RG 165, Entry 179, Box 455.

47 Es ist bezeichnend, dass auch dieser Unteroffizier alliierte Gebietsgewinne im Deutschen Reich schlichtweg als Propaganda abtat. Vgl. Room Conversation zw. Otto Wolf und Günther Meier vom 15.3.1945, 19:00-22:00 Uhr, in: NARA, RG 165, Entry 179, Box 565.

48 In den maschinenschriftlichen Protokollen amerikanischer Provenienz kommen keine Umlaute vor. Aus arbeitsökonomischen Gründen wird in künftigen Zitaten verzichtet, darauf hinzuweisen.

49 Gemeint ist die Ardennenoffensive, die auch den Namen ihres Oberbefehlshabers, Generalfeldmarschall Gerd von Rundstedt, trägt.

kommen. Dann haben wir den Krieg im Westen schon entschieden. Nur mit den Scheissrussen; ich glaube es wird auch kommen, dass die erst eins vor den Sack kriegen. Dass wir den Russen meinetwegen erst bis Berlin reinlassen, oder reinlassen muessen, und dann erst –. Wenn der eine Faktor ausgeschaltet ist, dann erst, dann wenden wir unsere ganze Wucht gegen den Russen. Die Amerikaner koennen jedenfalls keine Niederlage vertragen. Weil die naemlich unter ganz anderen Voraussetzungen Krieg fuehren. Die halten sie nich [sic] bei der Stange, wenn der Amerikaner eins vor den Sack kriegt, dann faengt er an zu meutern. Dann wollten die nach Hause. Die wollen sich doch nicht totschiessen lassen, fuer was denn. Den amerikanischen Soldaten ist doch wurst, ob Hitler oder Stalin an der Macht ist.«[50]

Das Zitat offenbart eine frappierende Überschätzung deutscher operativer Kapazitäten im letzten Frühjahr des Krieges. Es ist fraglich, ob Oberfeldwebel Wolf auch so geurteilt hätte, wenn er die Winterkämpfe in den Ardennen und die absolute alliierte Lufthoheit erlebt hätte, aber er geriet bereits im September 1944 in Kriegsgefangenschaft, sodass die Frage spekulativer Natur ist[51]. Dass die Amerikaner erneut als Schwachstelle in der Allianz der deutschen Gegner ausgemacht werden, überrascht angesichts der weiter oben aufgezeigten Gedankenspiele der siegessicheren 14 SS-Männer nicht. Ähnlich wie diese verschlossen die sechs Fallschirmjäger ihre Augen vor der Realität und nahmen eine Haltung an, die den Eindruck entstehen lässt, dass sie eine Trotzreaktion auf die Gefangenschaft zeigten. Ohne Frage spielte die Bewältigung der als persönlich empfundenen Schmach eine Rolle, doch griffe schlichter Starrsinn als Erklärung der zur Schau gestellten renitenten Zuversicht zu kurz, denn dies würde die Implementierung von Siegesvertrauen in das soldatische Selbstbild verkennen, welche diese SS-Männer und Fallschirmjäger demonstrierten.

Die biographische Analyse der Gruppe bestätigt diese Schlussfolgerung. Denn dass sich unter den sechs Offizieren und Unteroffizieren der Luftwaffe, die nicht von ihrer Siegesgläubigkeit abrücken wollten, gleich vier der acht Veteranen des Samples befinden, kann keine zufällige Verteilung sein. So hatte zum Beispiel der soeben zitierte Oberfeldwebel Otto Wolf im Polizeiregiment »General Göring« gedient, das ab 1935 zur Aufstellung der ersten Fallschirmverbände in die Luftwaffe überführt wurde[52]. Mit dem Fallschirmjägerregiment 1 nahm Wolf im Mai 1940 am Westfeldzug und im Frühjahr 1941 an der Eroberung des Balkans teil. Vom September 1942 bis Januar 1943 war er mit seinem Regiment an der Ostfront eingesetzt[53], kam dann nach einem Lazarettaufenthalt im September 1943 nach Italien, wo er an der Volturno-Front und später bei Anzio kämpfte[54]. Anfang 1944 wurde Wolfs Bataillon nach Frankreich verlegt und als Stamm des neuen Fallschirmjägerregiments 5 der 3. Fallschirmjägerdivision zugewiesen, in deren Rahmen Wolf in der Normandie zum Einsatz kam. Nach schwersten Verlusten in den Invasionskämpfen zog sich das Regiment durch Nordfrankreich Richtung Osten

50 Room Conversation zw. Otto Wolf und Günther Meier vom 15.3.1945, 20:00 Uhr, in: NARA, RG 165, Entry 179, Box 565.

51 Vgl. Report of Interrogation Otto Wolf vom 15.3.1945, in: NARA, RG 165, Entry 179, Box 565.

52 Vgl. Golla: Die deutsche Fallschirmtruppe, S. 20f.

53 Zum Einsatz der Fliegerdivision 7, in deren Rahmen das Fsch.Jg.Rgt.1 eingesetzt wurde, an der Ostfront, siehe Stimpel: Die deutsche Fallschirmtruppe. Einsätze im Osten und Westen, S. 23-88, besonders S. 66f.

54 Zu den Einsätzen der Fallschirmjäger in Italien 1943/44 siehe Stimpel: Die deutsche Fallschirmtruppe. Einsätze im Süden, S. 189-246, 335-389.

zurück, bis Otto Wolf am 4. September 1944 bei Mons in amerikanische Gefangenschaft geriet[55].

Eine ähnlich lange Einsatzgeschichte hatte auch der Unteroffizier Adolf Ross vorzuweisen, als er sich am 31. Januar 1944 in Italien amerikanischen Truppen ergab. Als Freiwilliger des Jahres 1940 überlebte er das Unternehmen »Merkur«, bei dem er in der zweiten Welle beim Angriff auf die kretische Inselhauptstadt Chania teilnahm. Er lag im Oktober 1941 an der Ostfront, kämpfte im Juli 1943 auf Sizilien und kurz darauf auf dem italienischen Festland[56].

Neben den vier Veteranen[57] gehört der Leutnant F. W. zur Gruppe der siegesgläubigen Luftwaffensoldaten. Dieser 1900 geborene Militärjurist war Angehöriger der Fallschirm-Panzer-Division 1 »Hermann Göring« und hatte sich 1943 freiwillig zum Fronteinsatz gemeldet, geriet aber bereits während seines ersten Einsatzes in Italien in Gefangenschaft[58].

Der einzige Soldat dieser Gruppe, der unfreiwillig und spät zu den Fallschirmjägern kam, ist der Oberfeldwebel Heinrich Bruns, der von 1935 bis 1944 bei verschiedenen Flak-Einheiten gedient hatte, bevor er im Mai 1944 zur neu aufgestellten 5. Fallschirmjägerdivision versetzt wurde. Zu seinem ersten Kampfeinsatz kam Bruns erst in der Ardennenoffensive, während der er bei Bastogne gefangen genommen wurde[59].

So überrascht es nicht, dass sein Vertrauen in die Fähigkeiten der Wehrmacht eine größere Ambivalenz aufweist als die Haltung der anderen fünf Männer dieser Gruppe. Gewiss war sich jeder der schlechten militärischen Lage bewusst, doch während die fünf anderen ihre Zweifel noch überspielen konnten, war Bruns' Zuversicht durch die Niederlage in den Ardennen, welche er an der Front erlebt hatte, stark erschüttert. Zwar meinte er von zweieinhalb Millionen toten amerikanischen Soldaten zu wissen[60], berichtete aber auch vom ungleichen Kräfteverhältnis zuungunsten der Wehrmacht[61], vom gravierenden Munitionsmangel an der Front, und er fällte ein vernichtendes Urteil über den Einsatz der so genannten Vergeltungswaffen, die in seinen Augen nichts als »Bluff« waren[62].

---

55 Vgl. Report of Interrogation Otto Wolf vom 15.3.1945, in: NARA, RG 165, Entry 179, Box 565.

56 Vgl. Report of Interrogation Adolf Ross vom 14.6.1944, in: NARA, RG 165, Entry 179, Box 533.

57 Neben diesen beiden ausführlicher nachgezeichneten Einsatzgeschichten siehe Report of Interrogation G. S. vom 10.1.1944, in: NARA, RG 165, Entry 179, Box 548: G. S. kam Ende 1938 zu den Fallschirmjägern, nahm an den Einsätzen in Norwegen, auf Kreta, an der Ostfront und in Italien teil. Vgl. auch Golla: Die deutsche Fallschirmtruppe, [die Seite, auf der G. S. erwähnt wird, kann aus datenschutzrechtlichen Gründen nicht genannt werden]. Der Oberst E. P. trat den Fallschirmjägern bereits vor dem Krieg bei.

58 Vgl. Report of Interrogation F. W. vom 9.1.1944, in: NARA, RG 165, Entry 179, Box 560; BAMA, Pers 6/167954.

59 Vgl. Report of Interrogation Heinrich Bruns vom 7.4.1945, in: NARA, RG 165, Entry 179, Box 455.

60 Vgl. Room Conversation zw. Heinrich Bruns und Oswald Schlotzhauer vom 31.3.1945, 17:00-22:15 Uhr, in: NARA, RG 165, Entry 179, Box 455. Vgl. auch Room Conversation zw. Heinrich Bruns und Oswald Schlotzhauer vom 1.4.1945, 11:45-17:05 Uhr, in: NARA, RG 165, Entry 179, Box 455. Diese Zahl war maßlos übertrieben, die Amerikaner hatten insgesamt ca. 200.000 Kriegstote zu beklagen.

61 Vgl. Room Conversation zw. Heinrich Bruns und Johannes Fritsche vom 31.3.1945, 11:45 Uhr, in: NARA, RG 165, Entry 179, Box 455: »Had orders to hold a height with 16 men against 300 US troops backed by arty [artillery, d.Verf.].«

62 Vgl. Room Conversation zw. Heinrich Bruns und Johannes Fritsche vom 4.4.1945, 8:00-12:45 Uhr, in: NARA, RG 165, Entry 179, Box 455.

In der Altersschichtung dieser Gruppe gibt es dagegen keine Besonderheiten. Mit drei von sechs Soldaten ist die Kohorte der zwischen 1911 und 1920 Geborenen am stärksten vertreten, entsprechend ihrer Größe im Gesamtsample der Fallschirmjäger. Auffällig ist aber, dass jede Alterskohorte mindestens einmal in der Gruppe der Siegesgläubigen vertreten ist. Es scheint daher bei den Fallschirmjägern keine Korrelation zwischen Alter und der soldatischen Haltung zu geben. Allerdings ist diese Gruppe mit sechs Mann so klein, dass die Verteilung der Männer auf die Alterskohorten durchaus eine zufällige sein kann und der fehlende Zusammenhang lediglich für diese sechs Männer Gültigkeit besitzt.

Einfacher ist der Nachweis einer Kohärenz zwischen Alter und soldatischem Selbstbild für das Sample der Waffen-SS, da die Siegesgläubigen dort bedeutend zahlreicher sind. Die Verteilung der 14 Soldaten dieser Gruppe auf die Alterskohorten zeigt eine Schwerpunktbildung auf die jüngsten Jahrgänge. Während keiner der sechs SS-Männer, die vor 1911 geboren worden waren, sich positiv über einen möglichen deutschen Sieg äußerte, wird die Wahrscheinlichkeit einer solchen Aussage größer, je jünger die Betroffenen waren. Aus der Alterskohorte der 1911 bis 1920 Geborenen glaubten 39,13 Prozent (das heißt neun von 23 Soldaten) an einen deutschen Sieg, aus der Gruppe der nach 1921 Geborenen sogar 45,45 Prozent (fünf von elf). Zumindest für die Stichprobe der Waffen-SS ist ein Zusammenhang zwischen Alter und dem oben umrissenen Siegesbekenntnis damit evident.

Angesichts der Tatsache, dass von den 40 Soldaten des SS-Samples 30 langjährig gediente Veteranen waren, überrascht es kaum, dass sich unter den 14 Siegesgläubigen niemand findet, der erst nach 1942 zur Waffen-SS kam. Bemerkenswert ist dagegen, dass von den insgesamt 22 Männern, die freiwillig zur Waffen-SS gingen, zwölf zu dieser Gruppe gehören. Das bedeutet, dass die SS-Männer viel eher dazu neigten, den Krieg nicht verloren zu geben, wenn sie erstens schon lange in den Reihen der Waffen-SS gekämpft hatten und sich zweitens freiwillig gemeldet hatten.

Dabei handelte es sich um Soldaten wie den Unterscharführer Kurt Kretschmer, der sich aus dem Reichsarbeitsdienst im August 1939 freiwillig zum Dienst in den SS-Verfügungstruppen[63] meldete und mit der Verfügungsdivision (der späteren 2. SS-Panzerdivision »Das Reich«) am Westfeldzug von 1940, an der Eroberung des Balkans und am Unternehmen »Barbarossa« teilnahm. Nach einer Erholungsphase 1942 kam Kretschmer wieder an die Ostfront, wo er an den Frühjahrskämpfen um Charkow partizipierte und später am Rückzug zum Dnjepr. Nach einem Lazarettaufenthalt erreichte er seine inzwischen in den Westen verlegte Division am 10. Juni 1944[64], nahm aber erst ab Au-

63 Die Verfügungstruppe war einer der zwei bewaffneten Arme der SS vor dem Krieg, der andere waren die Totenkopfverbände. Für den Ausbau der Verfügungstruppe benötigte Adolf Hitler die Zustimmung der Wehrmachtführung, welche diese nach der Ermordung der SA-Führungsriege um Ernst Röhm bewilligte. Seitens der Wehrmacht versuchte man aber bis in den Krieg hinein, die Aufstellung bewaffneter SS-Verbände quantitativ und qualitativ zu begrenzen. Vgl. Rohrkamp: ›Weltanschaulich gefestigte Kämpfer‹, S. 156-163; Wegner: Hitlers Politische Soldaten, S. 86f., 112-117; Reitlinger: Die SS, S. 78; Müller: Armee und Drittes Reich, S. 208-210; Wegner: Anmerkungen, S. 5; Buchheim: Die SS, S. 130; Cüppers: »...auf eine so saubere und anständige SS-mäßige Art«, S. 91f.; Leleu: La Waffen-SS, S. 29-53; Weinberg: Rollen- und Selbstverständnis, S. 68f.

64 Dieser Lazarettaufenthalt kann durchaus eine Lüge des SS-Mannes sein. Es erscheint zumindest merkwürdig, dass er seine Division gerade an dem Tag erreicht haben will, an dem Männer des Großverbandes das Massaker von Oradour-Sur-Glane verübten, bei dem 642 unschuldige Zivilisten ermordet wurden. Aufklä-

gust wieder an Kämpfen teil. In Gefangenschaft geriet er schließlich am 16. September 1944 bei Prüm in der Eifel[65]. Weitere Beispiele aus dieser Gruppe sind der Hauptsturmführer Fri. S., der 1935 der Verfügungstruppe beigetreten war und bereits im Feldzug gegen Frankreich als Offizier diente, während des Unternehmens »Barbarossa« im Südsektor der Ostfront eingesetzt war und im Spätsommer 1944 in den Westen versetzt wurde, wo er am 29. November 1944 bei Metz in Gefangenschaft ging[66]; oder der Obersturmführer W. Schwa., seit 1937 bei den Verfügungstruppen, der am 30. Juli 1944 den Weg in die Kriegsgefangenschaft antrat[67].

Es waren diese Männer, viele bereits vor dem Krieg in den Reihen der bewaffneten SS oder der Fallschirmjäger[68], die in amerikanischer Gefangenschaft entschieden auftraten und trotz aller Hiobsbotschaften von der Front in ihrem Siegesglauben unerschütterlich blieben und auch in anderen militärischen Fragen sehr einheitlich dachten. So kam es für sie auf keinen Fall in Frage, mit den Alliierten zu kooperieren, immer wieder ermahnten sie ihre Zellengenossen, keine militärischen Geheimnisse zu verraten, um den Kampf in Europa nicht zu sabotieren. Untereinander prahlten diese Soldaten geradezu mit ihrer Weigerung, militärisch relevante Informationen preiszugeben und verdammten Männer, die sie als vermeintliche Verräter ausgemacht hatten[69]. Der bereits erwähnte SS-Hauptsturmführer Fri. S. versicherte seinem Zellengenossen, »wenn ich tatsächlich wüsste, dass ich über militärische Dinge ausgeplaudert habe [sic], die ich nicht verantworten kann, dann möchte ich nie mehr zurück ins Reich. Da würde ich mich nicht wohl fühlen.«[70] Der ebenfalls schon zitierte Oswald Schlotzhauer verfluchte einen nicht näher identifizierten Soldaten, der als Spitzel für die Alliierten gearbeitet haben soll[71], und fühlte einem Mitgefangenen auf den Zahn, da er auch ihn für einen Spion hielt, wie diverse Gespräche vom 28. März 1945 dokumentieren:

---

ren ist diese Problematik nicht. Vgl. Blood: Hitler's Bandit Hunters, S. 266-269; Fouché: Oradour, S. 129-184; Leleu: La Waffen-SS, S. 794; Mackness: Oradour, passim; Stein: Geschichte der Waffen-SS, S. 248.

65 Vgl. Report of Interrogation Kurt Kretschmer vom 5.4.1945, in: NARA, RG 165, Entry 179, Box 503.

66 Vgl. Report of Interrogation Fri. S. vom 15.12.1944, in: NARA, RG 165, Entry 179, Box 543.

67 Vgl. Report of Interrogation W. Schwa. vom 22.9.1944, in: NARA, RG 165, Entry 179, Box 546.

68 René Rohrkamp misst dem Nukleus der frühen SS-Männer hohe Bedeutung in der mentalen Konditionierung des nachfolgenden Personals bei. Die Männer verteilten sich ab 1939 auf die neu aufgestellten Divisionen und prägten das Weltbild der jungen Rekruten, die nachrückten. Vgl. Rohrkamp: ›Weltanschaulich gefestigte Kämpfer‹, S. 262.

69 Vgl. z.B. Room Conversation zw. Heinrich Gromoll und Georg Rissmann vom 15.9.1944, Uhrzeit unbekannt, in: NARA, RG 165, Entry 179, Box 475; Room Conversation zw. Walter Rehkopf und Otto Jahn vom 23.4.1945, 14:00-17:00 Uhr, in: NARA, RG 165, Entry 179, Box 529. Personalaufnahmebogen Nr.3, K. D., ohne Datum, in: NARA, RG 165, Entry 179, Box 460; Report of Interrogation Arno Dürner vom 5.12.1944, in: NARA, RG 165, Entry 179, Box 462: »He states with pride he destroyed all his papers including his soldbook [sic].« Room Conversation zw. E. P., Günther Gurcke und Herbert Siercke vom 25.10.1944, 8:00-17:00 Uhr, in: NARA, RG 165, Entry 179, Box 526; Room Conversation zw. W. M. und Fri. S. vom 16.12.1944, 7:30-11:50 Uhr, in: NARA, RG 165, Entry 179, Box 514: »M: [Der Verhöroffizier] hat mir dolle Sachen erzählt, ist ja unmöglich. In Mannheim sollen Frauendemonstrationen gewesen sein gegen den Krieg ... Ankündigung, dass man Kriegsgefangene erschießen will, ist doch Unsinn ... Überläufer müssen erschossen werden.«

70 Room Conversation zw. Fri. S. und W. M. vom 19.12.1944, 15:30 Uhr, in: NARA, RG 165, Entry 179, Box 543.

71 Vgl. Room Conversation zw. Oswald Schlotzhauer und Hermann Bader vom 28.3.1945, 7:30-12:00 Uhr, in: NARA, RG 165, Entry 179, Box 540.

»V[oget]: Die haben das ganze linke Rheinufer genommen.
S[chotzhauer]: Du glaubst also das Zeug was sie hier schreiben.
V: Nein, ich muss [Hervorhebung im Original] es glauben, weil ich's selbst gesehen habe.
S: Ich glaub es nicht.
V: describes our ›Kesseltreiben‹ in taking Rhine territory.
S: Haben wir denn wirklich keine Panzer eingesetzt?
V: Nein, war nichts da. Du musst es dir vorstellen, der Transport funktioniert nicht mehr. Keine Eisenbahn mehr. Nur noch LKW.
S: Du glaubst also, der Krieg ist verloren.
V: Militärisch ja. Technisch weiß ich nicht: Da müsste noch was ganz Besonderes eingesetzt werden.
S: Ich wollte bloß mal so deine Meinung hören.«[72]

Am frühen Abend ging die Unterhaltung wie folgt weiter:

»V: Du hältst mich für einen Amerikaner.
S: Ja, du bist gut informiert.
V: Du irrst dich.«[73]

Von 23 Uhr in derselben Nacht ist schließlich die letzte Auseinandersetzung der beiden knapp protokolliert:

»V: Kennst du die alten französischen Gewehre mit dem langen dicken Lauf? Mit diesem Gewehr ist der Volkssturm hauptsächlich ausgerüstet.«
S: Also, du erzählst mir noch Löcher in den Bauch. Ich glaube dir doch kein Wort.«[74]

Wahrscheinlich führte die angespannte Situation zwischen den beiden Soldaten dazu, dass sie ihre Gespräche reduzierten, sodass die Amerikaner den Unterscharführer Schlotzhauer kurzerhand mit dem Fallschirmjäger Heinrich Bruns zusammen brachten, den der SS-Mann auch gleich über seinen früheren Zellengenossen informierte: »His former fellow PW ›hat sich mehrere Male widersprochen, der ist angeblich [Hervorhebung im Original] Uffz. [Unteroffizier]‹ – did not trust him.«[75]

Aus den Akten geht nicht hervor, dass der beschuldigte Unteroffizier Max Voget tatsächlich als Spitzel für die Amerikaner gearbeitet hätte. Entscheidend ist aber das Misstrauen, welches der SS-Mann seinem Kameraden entgegenbrachte. Ohne die eigene

72 Room Conversation zw. Oswald Schlotzhauer und Max Voget vom 28.3.1945, 11:45-17:05 Uhr, in: NARA, RG 165, Entry 179, Box 540. Vgl. auch Room Conversation zw. Oswald Schlotzhauer und Max Voget vom 28.3.1945, 13:00 Uhr, in: NARA, RG 165, Entry 179, Box 540. Das Protokoll fällt zeitlich zwar in den Rahmen des vorigen, enthält aber einen dort nicht erfassten Gesprächsausschnitt.

73 Room Conversation zw. Oswald Schlotzhauer und Max Voget vom 28.3.1945, 21:00-23:15 Uhr, in: NARA, RG 165, Entry 179, Box 540.

74 Room Conversation zw. Oswald Schlotzhauer und Max Voget vom 28.3.1945, 23:00 Uhr, in: NARA, RG 165, Entry 179, Box 540.

75 Room Conversation zw. Oswald Schlotzhauer und Heinrich Bruns vom 31.3.1945, 14:15-17:00 Uhr, in: NARA, RG 165, Entry 179, Box 540. In derselben Unterhaltung prahlte Schlotzhauer, dass er in dem anderen Zimmer die »ganze Heizung kaputt geschlagen« habe und mahnte Bruns, einen bestimmten »small black Austrian PW« nicht zu vergessen, denn dieser sei »strongly AN [Anti-Nazi]«.

Meinung preiszugeben, versuchte er, Voget aus der Reserve zu locken, um dessen Beurteilung der Kriegslage zu hören. Interessant ist die Begründung des Spitzelvorwurfs mit dem Argument, dass Voget »gut informiert« sei – angesichts der Tatsache, dass alle Gefangenen regelmäßig mit Nachrichten versorgt wurden und der Beschuldigte erst am 1. März 1945 in Kriegsgefangenschaft geraten war[76], eine willkürliche Fundierung. Schlotzhauer ging es darum, mögliche Verräter unter den deutschen Gefangenen zu identifizieren. Obschon er sich in Fort Hunt nicht in der Lage sah, seinen Investigationen unmittelbare Konsequenzen folgen zu lassen, ließ er keinen Zweifel daran, wie mit diesen Männern umzugehen sei: »They should be hanged«[77].

Eine weitere Gemeinsamkeit im Denken dieser Männer lag in der Beurteilung der eigenen Situation: Während die Gefangenschaft im letzten Kriegsjahr objektiv in den allermeisten Fällen das persönliche Überleben sicherte und die Soldaten in eine sichere Distanz zum Kriegsgeschehen brachte[78], bedeutete sie subjektiv für manche eine große Schmach, die für den Betrachter teilweise unverständliche Reaktionen auslöste: Von einem Verhöroffizier gefragt, wie er in Gefangenschaft geraten sei, antwortete Hauptsturmführer Karl Schrage, er habe sich verirrt und sei in eine englische Kompanie gelaufen – »another chip on his shoulder«[79].

Obersturmführer W. Schwe. konstatierte »that he considered it the only duty for Germans to fight until death[,] if he was released he would fight to defend the highly soil of Aachen and Köln«[80]. Der Fallschirmjäger Adolf Ross ging sogar noch weiter, indem er die Gefangenschaft als »the heaviest fate that can befall a soldier« beklagte[81]. Daher kündigten auch manche der Soldaten, wie der Oberst E. P.[82], an, flüchten zu wollen, was aber keinem gelang[83].

---

76 Vgl. Report of Interrogation Max Voget vom 25.3.1945, in: NARA, RG 165, Entry 179, Box 557.

77 Room Conversation zw. Oswald Schlotzhauer und Heinrich Bruns vom 31.3.1945, 17:00-22:15 Uhr, in: NARA, RG 165, Entry 179, Box 540. Die Gewalt gegen vermeintliche Verräter in amerikanischen Gefangenenlagern war weit verbreitet. Von sozialer Ächtung bis hin zum Mord, oft getarnt als angeblicher Suizid, reichten die Maßnahmen regimetreuer Soldaten. Insgesamt begingen in US-Lagern 72 deutsche Soldaten Selbstmord, ohne dass die genauen Hintergründe geklärt werden konnten. Vgl. Overmans: Das Schicksal, S. 398f.; Steinbach: »Die Brücke ist geschlagen«, S. 1002.

78 Die Lager in den USA waren teilweise geradezu luxuriös. Es gab in der Regel ausgezeichnete Verpflegung, komfortable Barracken, warme Duschen und sogar Freizeitaktivitäten. Vgl. Bischof: Einige Thesen, S. 187. Mitunter mussten gewisse Luxusgegenstände wie Eismaschinen aus den Lagern entfernt werden, wenn die umliegende Bevölkerung erfuhr, wie gut die deutschen Gefangenen versorgt wurden. Nahrungstechnisch waren die Gewahrsamsmächte durch die Genfer Konventionen verpflichtet, die Gefangenen wie eigene Soldaten zu verpflegen. Vgl. Overmans: Das Schicksal, S. 396.

79 Der Ausdruck bedeutet, besonders empfindlich auf etwas zu reagieren. Der erste »chip on his shoulder« für Schrage war der Umstand »that he doesn't have any combat medals to show when he comes home.« Morale Questionnaire Karl Schrage vom 29.8.1944, in: NARA, RG 165, Entry 179, Box 543.

80 Room Conversation zw. W. Schwe. und K. G. vom 20.9.1944, 9:50-12:00 Uhr, in: NARA, RG 165, Entry 179, Box 546.

81 Documents of Adolf Ross, ohne Datum, in: NARA, RG 165, Entry 179, Box 533. Angesichts von Millionen zivilen und militärischen Toten wirkt dieses Pathos in der Retrospektive äußerst deplatziert.

82 Vgl. Room Conversation zw. E. P. und Herbert Siercke vom 21.10.1944, 11:45-17:00 Uhr, in: NARA, RG 165, Entry 179, Box 526. Vgl. auch Room Conversation zw. E. G. und Helmut Günther vom 21.12.1944, 7:30-12:00 Uhr, in: NARA, RG 165, Entry 179, Box 475; Room Conversation zw. Kurt Kretschmer und Ludwig Maschek vom 2.4.1945, 15:10-17:15 Uhr, in: NARA, RG 165, Entry 179, Box 503.

83 Insgesamt gelang nur wenigen eine erfolgreiche Flucht aus der Kriegsgefangenschaft in Nordamerika. Der berühmteste Fall war der des Jagdfliegers Franz von Werra, der im Frühjahr 1941 aus kanadischer Gefan-

Die Amerikaner notierten zu jedem Gefangenen, wie kooperativ oder »security conscious« dieser jeweils war – unter den 14 SS-Männern und sechs Fallschirmjägern der Gruppe findet sich keiner, dem die Verhöroffiziere eine aufgeschlossene Haltung den Alliierten gegenüber attestierten[84]. Ganz im Gegenteil, obwohl die Soldaten stets betonten, dass sie keine grundlegende Feindschaft gegenüber den USA empfanden, verloren sie sich, angestachelt durch das Frustpotential ihrer Situation, aber auch im Angesicht der großen Zerstörungen in Deutschland durch die alliierten Luftangriffe, teilweise in regelrechten Rachephantasien und erwarteten Vergeltungsangriffe auf amerikanische Städte[85]. Die folgende Unterhaltung zwischen dem SS-Unterscharführer Joseph Andlinger und seinem Zellennachbarn spiegelt diese renitente Einstellung den Westalliierten gegenüber exemplarisch wieder:

»A[ndlinger] tells B[rey] he told IO [Interrogation Officer, d. Verf.] ›Ich bin Soldat, genau so wie Sie, ich sag nichts usw.‹ – ›Ein junger Kerl war es, aber schon ein Hauptmann. Er hat auf meinen Zettel geschrieben, daß ich bei der Götz v. Berl. Div.[86] war – obwohl ich nie dabei gewesen bin. Hab' ihm gesagt, daß ich am 3-10-38 eingerückt bin, in Graz; Besondere Schulen besucht? Nein. Ausbildung? Ausbildung eines Soldaten. In welchem Abschnitt in Rußland? Das hab' ich nicht gesagt. Repeats IO's query – how does he think that a SS-Bursch [sic] would be received in Bregenz after war – and says he answered he was a man, not a Bursch. [...] Na, der hat dumm geschaut!«[87]

In diesem Statement scheint ein soldatisches Selbstbild durch, das auch bei den anderen Männern dieser Gruppe nachzuweisen ist[88]. Dabei handelt es sich um ein Selbstver-

genschaft floh und über Südamerika und Afrika zurück nach Europa gelangte. Vgl. Meichtry: Du und ich, passim.

84 Vgl. z.B. Report of Interrogation Kurt Kretschmer vom 4.4.1945, in: NARA, RG 165, Entry 179, Box 503: »he is very security conscious«; Report of Interrogation K. G. vom 20.9.1944, in: NARA, RG 165, Entry 179, Box 474: »extremely security conscious«; Room Conversation zw. W. Schwe. und K. G. vom 21.9.1944, 12:00-16:50 Uhr, in: NARA, RG 165, Entry 179, Box 546: »G. [...] says he'll stubbornly refuse to cooperate«; Room Conversation zw. Joseph Andlinger und Kurt Jörgens vom 4.3.1945, 16:00-17:00 Uhr, in: : NARA, RG 165, Entry 179, Box 441; »A. takes pride in refusing to talk«; Report of Interrogation Fri. S. vom 15.12.1944, in: NARA, RG 165, Entry 179, Box 543: »extremely security conscious«; Report of Interrogation W. Schwa. vom 22.9.1944, in: NARA, RG 165, Entry 179, Box 546: »very security conscious«; Report of Interrogation Fritz Wurzer vom 5.10.1944, in: NARA, RG 165, Entry 179, Box 566: »very security conscious«; Report of Interrogation Adolf Ross vom 14.6.1944, in: NARA, RG 165, Entry 179, Box 533: »He is intelligent, careful in answering questions, and always on the alert.«

85 Vgl. Room Conversations zw. Otto Wolf und Günther Meier vom 17.3.1945, 20:00-21:15 und vom 20.3.1945, 17:05-19:00 Uhr, in: NARA, RG 165, Entry 179, Box 565; Room Conversation zw. Adolf Ross und Eduard Hermann vom 16.6.1944, Uhrzeit unbekannt, in: NARA, RG 165, Entry 179, Box 533; Room Conversation zw. Joseph Andlinger und Kurt Jörgens vom 6.3.1945, 11:45-17:00 Uhr, in: NARA, RG 165, Entry 179, Box 441.

86 Die 17. SS-Panzergrenadierdivision »Götz von Berlichingen« wurde im Spätherbst 1943 zur Abwehr der erwarteten alliierten Invasion im Westen aufgestellt. Vgl. Keegan: Die Waffen-SS, S. 198; Rohrkamp: ›Weltanschaulich gefestigte Kämpfer‹, S. 439f.

87 Room Conversation zw. Joseph Andlinger und Heinrich Brey vom 2.3.1945, 11:45-17:00 Uhr, in: NARA, RG 165, Entry 179, Box 441.

88 Vgl. z.B. Room Conversation zw. W. M. und Fri. S. vom 15.12.1944, 12:00-17:05 Uhr, in: NARA, RG 165, Entry 179, Box 514: »M.: Ich werde sagen, ich werde mich als deutscher Offizier benehmen.«

ständnis, das vor allem persönlicher Natur ist und seinen Wert primär aus dem eigenen Auftreten als Soldat und Offizier bezieht[89].

Diese Erkenntnis vermag für Angehörige des Militärs auf den ersten Blick nicht zu überraschen. Es erstaunt aber die fehlende Integration eines militärischen Elitehabitus in dieses Selbstbild, was man bei Männern der Waffen-SS und den Fallschirmjägern zu erwarten geneigt ist[90]. Wenn ein solcher Gedankengang in den Gesprächen der Soldaten auftaucht, dann nur sporadisch, zumeist mit Blick auf die Vergangenheit und in einem insgesamt negativen Kontext: Die Männer waren sich bewusst, Angehörige von Eliteeinheiten *gewesen zu sein*, doch die erdrückende alliierte Überlegenheit nivellierte in ihren Augen qualitative Unterschiede zwischen einzelnen deutschen Divisionen und Truppengattungen. Nur selten gaben sie Hinweise auf ihren eigenen besonderen militärischen Status oder den ihrer Stammverbände im Präsens. Der Fallschirmjäger Adolf Ross zum Beispiel merkte seinem Zellengenossen gegenüber an, er sei »a member of a ›spezielle Truppe‹«[91] und Hauptsturmführer Fri. S. konstatierte, »the SS was and is a very brave and disciplined (›schneidige‹) unit«[92]. Am Deutlichsten liest sich die Feststellung des Unterscharführers Arno Dürner, der am 14. November 1944 in einem abgehörten Gespräch ein Verhör Revue passieren ließ: »Ich sagte [dem Verhöroffizier, d. Verf.], ich war bei der SS - ich habe kein Interesse, das zu verstecken, dass ich bei einer der besten Einheiten Deutschlands war.«[93]

Mehr Aussagen dieser Natur sind kaum zu finden[94]. Auffälliger sind dagegen Bemerkungen, die dezidiert einen vergangenen Elitestatus thematisieren, der in der schlechten Kriegslage unterging. So berichtete der Unteroffizier Stefan Graf, Angehöriger der 1. Fallschirmjägerdivision, von seinem Einsatz auf der Apennin-Halbinsel:

---

89 Auffällig bei den SS-Männern sind der Gebrauch militärischer Termini und die explizite Einbeziehung der eigenen Person in den Wehrmachtskontext. Vgl. Room Conversation zw. K. G. und W. Schwe. vom 21.9.1944, 7:30-11:50 Uhr, in: NARA, RG 165, Entry 179, Box 474.

90 Vgl. Ripley: The Waffen-SS, S. 214; Kreta. Sieg der Kühnsten, S. 16: »Soldaten fallen vom Himmel, deutsche Fallschirmjäger. Aus der Not um Großdeutschland geboren, im Opfermut erzogen und gestählt, des Reiches kühnste Elitetruppe.«

91 Room Conversation zw. Adolf Ross und Eduard Hermann vom 12.6.1944, 20:00 Uhr, in: NARA, RG 165, Entry 179, Box 533.

92 Room Conversation zw. Fri. S. und W. M. vom 15.12.1944, 17:00-19:30, in: NARA, RG 165, Entry 179, Box 543.

93 Room Conversation zw. Arno Dürner und Heinrich Dahlems vom 14.11.1944, 7:30-11:45 Uhr, in: NARA, RG 165, Entry 179, Box 462.

94 Eine Bemerkung des Hauptsturmführers Fri. S. kann nicht zeitlich eingeordnet werden. In einem Verhör gab er als Grund für seinen Beitritt zur bewaffneten SS im Jahre 1935 an, dass er zum »Elite Korps [sic]« der »Nazis« gehören wolle. Vgl. Report of Interrogation Fri. S. vom 20.12.1944, in: NARA, RG 165, Entry 179, Box 543. Der Untersturmführer Ho. Ho. berichtete seinem Zellgenossen, dass sich der Regimentsstab seiner Einheit »tadellos« geschlagen habe, ohne aber ihre SS-Zugehörigkeit hervorzuheben. Vgl. Room Conversation zw. Ho. Ho., K. W. und Heinrich Kleiböcker vom 10.8.1944, 9:15 Uhr, in: NARA, RG 165, Entry 179, Box 561. Oberfeldwebel Otto Wolf sorgte sich um die Haltung der deutschen Gefangenen in den USA: »Das wäre ja traurig[,] wenn die Deutschen so weit heruntergekommen sind, dass sie alle jetzt aussagen oder umschwenken. Die müssen doch ne gute Zahl SS und alter Fallschirmjäger hier haben.« Damit attestierte er der Waffen-SS und den Fallschirmjägern zwar keinen expliziten Elitestatus, unterstellte diesen aber, eher eine soldatische Haltung einzunehmen, die eine Kooperation mit den Amerikanern verbot. Vgl. Room Conversation zw. Otto Wolf und Günther Meier vom 20.3.1945, 17:05-19:00 Uhr, in: NARA, RG 165, Entry 179, Box 565. Vgl. auch Report of Interrogation Franz Parz vom 23.2.1945, in: NARA, RG 165, Entry 179, Box 524.

»In Italien, da haben sie sich teilweise tadellos geschlagen, aber es war doch ueberhaupt [sic] nichts mehr vorhanden. Die ganze Division hat vielleicht 10 Fahrzeuge gehabt. Eine ganze Fallschirmjaeger-Division vielleicht 10 Fahrzeuge, ein ganzes Bataillon 3 Fahrzeuge im ganzen – und da will man kaempfen. Nicht mal eine Wasch-Schuessel war vorhanden, nichts, nichts. Nicht mal komplette Ausruestung. Kein Panzer, nichts. Ein paar Ofenrohre und eventuell noch Panzerfaust. Drei verschiedene Waffen, drei verschiedene Karabiner in einer Kompanie; deutsche Karabiner, belgische Karabiner, die haben eine andere Munition, und italienische, diese kleinen italienischen Stutzen. Diese drei Dinger hatten wir in einer Kompanie als Waffen.«

Diese Schilderung scheint Grafs Zuhörer, den Sonderführer Gustav Sondermann, erschüttert zu haben. Er antwortete: »Und da waren Sie als Fallschirmjäger doch noch eine Elite-Truppe. Wie mag es da erst bei andern Einheiten ausgesehen haben.«[95] Es ist bezeichnend, dass der Verweis auf den Elitestatus der Fallschirmjäger hier vom Sonderführer Sondermann kam und nicht vom vermeintlichen Elitekämpfer selbst. Den Materialmangel beklagte auch der SS-Obersturmführer W. A in einem Verhör im August 1944[96]. Fast verzweifelt liest sich die Unterhaltung, welche er mit seinem Zellengenossen, dem Hauptmann Joachim Krug, am 27. August 1944 über das Thema führte:

»A: Sagen Sie mir, warum kann man denn da nichts tun? Das waren doch unsere besten Divisionen gewesen in der Normandy [sic]. Sagen Sie mir eine bessere Division, als die Division ›Reich‹ oder ›Wiking‹[97]. [...] Wir waren froh als Division ›Reich‹ kam, [...] und wie ist sie eingesetzt worden, Division ›Reich‹? Ein Bataillon nach dem anderen und jeden Tag [ging] ein Bataillon flöten ... man kann nicht die besten Menschen opfern.
K: Nein, das können Sie nicht beurteilen. Ich, von meinem kleinen Standpunkt aus als Hauptmann und Sie als Kompaniekommandant können ja nicht die großen Zusammenhänge sehen. In der Führung, beim Führer, da läuft zusammen die politische, die militärische und die wirtschaftliche Lage, die haben jede ihren Referenten, die tragen vor und aus dieser gesamten Lage ergibt sich dann das Bild und die Entscheidung dafür.
A: Das ist mir klar. Aber der Führer weiß nicht Alles, das ist mir auch klar. ... dass da was mit dem Nachschub nicht stimmte, war klar. .... – Fahrzeuge standen in Paris, wir konnten sie nicht kriegen, wurden dann kaputt geschmissen, - haben uns Pferdefuhrwerke versorgt. damit wir weg können, nächsten Morgen war die Feldgendarmerie da[,] die hatte den Befehl, auch wenn nötig mit Waffengewalt, zu erzwingen, dass die Fahrzeuge nicht weg... Musste Fahrzeuge unterwegs requirieren, da die anderen kaputt waren.«[98]

95 Room Conversation zw. Stefan Graf und Gustav Sondermann vom 25.2.1945, 19:45 Uhr, in: NARA, RG 165, Entry 179, Box 475.

96 Vgl. Report of Interrogation W. A. vom 31.8.1944, in: NARA, RG 165, Entry 179, Box 442.

97 Die 5. SS-Panzerdivision »Wiking« war eine der frühen SS-Großverbände und wurde Ende 1940 teilweise aus Freiwilligen eroberter Länder zusammengestellt. Vgl. Keegan: Die Waffen-SS, S. 156f.; Leleu: La Waffen-SS, S. 88-93, 564; Reitlinger: Die SS, S. 156f.; Rohrkamp: ›Weltanschaulich gefestigte Kämpfer‹, S. 97f., 360.

98 Room Conversation zw. W. A. und Joachim Krug vom 27.8.1944, Uhrzeit unbekannt, in: NARA, RG 165, Entry 179, Box 442. Der Obersturmführer W. A. diente in der 17. SS-Panzergrenadierdivision Götz von Berlichingen, die in der Normandie neben der 2. SS-Panzerdivision »Das Reich« eingesetzt wurde. Dass er seinen eigenen Großverband nicht zu den »besten Divisionen« zählte, ist ein Hinweis auf das militärische Leistungsgefälle zwischen den klassischen Divisionen der Waffen-SS und denen der späteren Aufstellungsjahre. Vgl. dazu Ripley: The Waffen-SS, S. 210; Rohrkamp: ›Weltanschaulich gefestigte Kämpfer‹, S. 474-483; Leleu:

Weitere Offiziere und Unteroffiziere von Fallschirmjägern und Waffen-SS beklagten den Qualitätsverfall der eigenen Einheiten und äußerten, wie der Hauptsturmführer W. A., auch Kritik an der militärischen Führung, die dafür verantwortlich gemacht wurde, schlossen Adolf Hitler jedoch explizit aus[99].

Die bisherige Analyse wirft nun die Frage auf, wie es diesen Männern möglich war, sich einerseits der vollständigen alliierten Materialüberlegenheit und den chaotischen Verhältnissen in den eigenen Streitkräften bewusst zu sein, andererseits aber unerschütterliche Siegesgewissheit zu demonstrieren. Denn untersucht man die kriegsbezogenen Schilderungen derjenigen Soldaten, die den Glauben an einen deutschen Sieg offen aufgegeben hatten, stößt man auf gewisse Parallelen zur ersten Gruppe. Die militärischen Kräfteverhältnisse bewerteten beide Gruppierungen sehr ähnlich, hatten sie doch derselben alliierten Übermacht gegenübergestanden. Beispiele für solche Schilderungen gibt es viele[100], an dieser Stelle sei exemplarisch auf eine Unterhaltung zwischen dem Rudolf Müller, Unteroffizier in der 5. Fallschirmjägerdivision, und dem Sonderführer Franz Reimbold verwiesen, welche die beiden im März 1945 über den Verlauf der Ardennenoffensive führten:

»M[üller]: In 7 Tagen sollten wir in Antwerpen sein. Wir wären auch glänzend hingekommen, wenn das Wetter geblieben wäre. Aber am 21. kam Sonnenschein und blauer Himmel. Da war's aus. Wenn [Hervorhebungen im Original, d. Verf.] wir eine Luftwaffe gehabt hätten, wäre es anders gekommen. So haben die Amis alles zusammengeschossen. Am 1. Januar hatten wir Kompagniestärke 14 Mann, Bataillonsstärke 89 Mann, Regimentsstärke 342, Divisionsstärke 751 ... Wir haben 80% aller Leute verloren ... war alles weg ... Mussten uns von der 14. Komp. ein MG borgen ... Die haben mit Granatwerfern und Ari [Artillerie, d. Verf.] einfach in die Wälder reingeknallt.
R: In der Zeit haben sie hier in den Kriegsgefangenenlagern Sieg gefeiert, ›Rundstedts Sieg‹.
M: Uns haben sie erzählt, U-Boote sind im Kanal, Paris gefallen, Lüttich gefallen, Antwerpen vor dem Fall ... Wir wussten ja nichts.«[101]

Die Ausführungen unterscheiden sich von ihrer Natur her nicht von jenen der Siegesgläubigen. Doch wo jene nicht in der Lage oder nicht gewillt waren, in ihren Erlebnissen mehr zu sehen als Momentaufnahmen eines wechselhaften Krieges, zogen Männer

La Waffen-SS, S. 530. Dazu passt auch die Klage W. As., dass seiner Division nichts »geboten wurde [...]. Mot[orisiert] waren wir, aber ein Fahrzeug hatten wir nicht. Ich musste Fahrzeuge suchen.« Room Conversation zw. W. A. und Joachim Krug vom 24.8.1944, 17:00-21:00 Uhr, in: NARA, RG 165, Entry 179, Box 442.

99 Vgl. Room Conversation zw. Arno Dürner und Heinrich Dahlems vom 14.11.1944, 7:30-11:45 Uhr, in: NARA, RG 165, Entry 179, Box 462: »Erst hat uns die Führung verraten, dann die Terroristen und die Flieger«; Report of Interrogation Oswald Schlotzhauer vom 5.4.1945, in: NARA, RG 165, Entry 179, Box 540; Report of Interrogation W. Schl. vom 25.7.1944, in: NARA, RG 165, Entry 179, Box 539; Room Conversation zw. He. He. und Werner Ploetz vom 13.11.1944, 18:05-19:45 Uhr, in: NARA, RG 165, Entry 179, Box 482; Morale Questionnaire W. A. vom 25.8.1944, in: NARA, RG 165, Entry 179, Box 442. Vgl. auch Kershaw: Der Hitler-Mythos, S. 300f.

100 Vgl. z.B. Room Conversation zw. Eugen Krauss und Max Negele vom 22.3.1945, 17:45-19:15, in: NARA, RG 165, Entry 179, Box 502; Room Conversation zw. Heinrich Krauss und Richard Konopatzki vom 23.1.1945, 19:15-22:00 Uhr, in: NARA, RG 165, Entry 179, Box 502.

101 Room Conversation zw. Rudolf Müller und Franz Reimbold vom 22.3.1945, 9:50-11:50 Uhr, in: NARA, RG 165, Entry 179, Box 519.

wie Rudolf Müller aus ihren Erfahrungen auf dem Schlachtfeld und ihrer Kritik an der militärischen Führung[102] die Konsequenz und waren bereit offen einzugestehen, dass der Zweite Weltkrieg für das »Dritte Reich« verloren war.

Größere Unterschiede zwischen den »Optimisten« und den »Realisten« finden sich in der Frage der Kooperationsbereitschaft mit den Alliierten. Doch diesbezüglich ist festzuhalten, dass für die Gruppe der »Realisten« nicht entscheidend war, wie sie die Kriegsaussichten bewerteten. Wäre dem so gewesen, hätten alle 27 Fallschirmjäger und 15 SS-Männer, welche die kommende Niederlage akzeptierten, bereitwillig mit den Alliierten kooperieren müssen. Das taten aber nur 15 der 42 Betroffenen, vor allem Fallschirmjäger, die erst 1944 zur kämpfenden Truppe versetzt worden waren. Aus den Reihen der Waffen-SS waren nur fünf Männer gewillt, die Amerikaner mit relevanten Informationen zu versorgen[103].

Die »Realisten«, die sich weigerten zu kooperieren, bewerteten eine Zusammenarbeit mit den Alliierten als Verrat an ihren Kameraden oder der Heimat und konnten eine solche daher nicht mit ihrem soldatischen Selbstbild vereinbaren, solange der Krieg nicht beendet war. So berichtete der SS-Oberscharführer Kurt Naake in seiner Zelle von einem Verhör, in dem er »dem IO [Interrogation Officer, d. Verf.] gesagt [habe,] das[s] ich nichts verrate[, denn] ich habe meinen Eid gegeben, er soll mich an die Wand stellen, von mir kriegt er nichts!«[104]

Während die Demonstration von Siegesgläubigkeit also konsequenterweise voraussetzte, nicht mit den Alliierten kooperieren zu wollen, bedeutete das im Umkehrschluss keine automatische Kooperationsbereitschaft bei den Männern, die einen alliierten Sieg prognostizierten. Die Beantwortung der Frage, was die Soldaten veranlasste, mit dem eigentlichen Kriegsgegner zu kollaborieren, führt über die Untersuchung des rein militärischen Selbstbildes hinaus und ist daher Bestandteil des nächsten Kapitels.

Bisher hat die Analyse gezeigt, dass es für die Ausprägung des soldatischen Selbstbildes und den erwarteten Kriegsausgang eine gewichtige Rolle spielte, ob die Männer – Waffen-SS wie Fallschirmjäger – erstens Freiwillige waren und zweitens auf eine lange Einsatzerfahrung im Rahmen dieser Eliteverbände zurückblicken konnten. Es liegt auf der Hand, dass die alt gedienten Soldaten der beiden Stichproben auch in der Lage sein konnten, die Niederlage einzugestehen.

Doch dass die 14 siegesgläubigen SS-Männer allesamt und von den sechs Fallschirmjäger immerhin vier Veteranen waren und die Freiwilligenquote derart hoch ist, offenbart, dass diese Männer eher bereit waren, sich mit dem Krieg zu identifizieren und in seiner siegreichen Beendigung eine Notwendigkeit sahen, die ihnen weit mehr als ein einfaches persönliches Anliegen gewesen zu sein scheint. Eindrücklich belegt wird

102 Vgl. dazu z.B. Room Conversation zw. Manfred Kneipp und Eberhard Kerle vom 19.10.1944, 17:00-20:00 Uhr, in: NARA, RG 165, Entry 179, Box 498; Report of Interrogation Karl Liecke vom 19.8.1944, in: NARA, RG 165, Entry 179, Box 508: »The defeat is taking place in higher commands which was indicated by the lack of sufficient ammunition mainly«; Room Conversation zw. Theodor Eichbauer und Hermann Jacob vom 27.12.1944, 7:30-10:45 Uhr, in: NARA, RG 165, Entry 179, Box 464; Room Conversation zw. Erwin Halter und Wolf Kaubisch vom 5.12.1944, 19:00 Uhr, in: NARA, RG 165, Entry 179, Box 479.

103 Dabei handelt es sich um den Obersturmführer Sepp Salmutter, den Untersturmführer A. F., den Sturmscharführer Herbert Birkner sowie die Unterscharführer Alois Kloker und Alfred Mundinger. Vgl. auch Zagovec: Gespräche, S. 347.

104 Room Conversation zw. Kurt Naake und Max Seltmann vom 4.11.1944, 15:45-17:00 Uhr, in: NARA, RG 165, Entry 179, Box 520.

dieses Urteil durch den Monolog, welchen der Obersturmführer W. Schwe. am Abend des 21. September 1944 in seiner Zelle führte:

»G. [K. G., der Zellengenosse, d. Verf.] out during this time.
S[chwe.] is vehemently talking to himself in whispering tone, as if making a speech: Ich bin ein guter Deutscher, ich liebe mein Volk ... Ich muss an den Sieg glauben, sonst gehe ich zugrunde, meine Herren ... Blutherrschaft ... Wenn Deutschland zugrunde geht, geht Europa zugrunde.«[105]

Der unterstellte Kausalzusammenhang zwischen dem Wohle Deutschlands und dem Europas weist auf eine enge Verknüpfung des soldatischen Selbstbildes mit politisch-ideologischen Perzeptionsmustern, die auch in einem Verhörprotokoll des Unterscharführers Kretschmer durchscheint, der erklärte, warum er der Waffen-SS beigetreten sei[106]:

»Q[uestion]: Und Sie haben sich vor 5 Jahren freiwillig zur SS gemeldet? Aus Ueberzeugung?
K[retschmer]: Es war Krieg und es war eine schoene Truppe.
Q: Was war denn Ihr Eindruck von dieser Truppe?
K: Das waren alles grosse Menschen, sportlich, und so weiter.
Q: Gute Truppe.
K: Ja, eine gute Truppe. Und man hatte ja auch gewisse Ideale.«[107]

Um festzustellen, welche Ideale Kretschmer meinte, ob diese gruppenspezifischer Natur waren und wie sie in den Männern wirkten, müssen nun diejenigen Aussagen und Unterhaltungen der Soldaten in den Fokus der Analyse gerückt werden, die sich nicht um eng militärische Fragen drehen, sondern das weite Feld politisch-ideologischer Theoreme betreffen.

Reden über den Nationalsozialismus

»Ich schwöre dir, Adolf Hitler, als Führer und Kanzler des Reiches Treue und Tapferkeit. Ich gelobe dir und den von dir bestimmten Vorgesetzten Gehorsam bis in den Tod, so wahr mir Gott helfe.«[108]

---

105 Room Conversation zw. W. Schwe. und K. G. vom 21.9.1944, 20:00-21:00 Uhr, in: NARA, RG 165, Entry 179, Box 546.

106 Die Angst vor einer sowjetischen Besetzung war ein wirkmächtiges Moment, um die Notwendigkeit eines deutschen Sieges zu betonen. Vgl. auch Morale Questionnaire W. Schl. vom 27.7.1944, in: NARA, RG 165, Entry 179, Box 539; Report of Interrogation W. M. vom 20.12.1944, in: NARA, RG 165, Entry 179, Box 514; Room Conversation zw. Arno Dürner und Heinrich Dahlems vom 13.11.1944, 17:00-18:05 Uhr, in: NARA, RG 165, Entry 179, Box 462: »Du [d. h. Dürner, d.Verf.]: Wenn wir diesen Krieg verlieren, dann gibt es keinen Frieden für 100 Jahre – starts explaining his ›Weltanschauung‹, fears Bolshevismus [sic] and general chaos.« Die Angst vor dem »Bolschewismus« ist ein wichtiger Hinweis auf die mögliche Internalisierung nationalsozialistischer Ideologie, freilich kein zwingender, da der Anti-Bolschewismus ein weit verbreitetes Phänomen war. Vgl. Kershaw: Der Hitler-Mythos, S. 278.

107 Report of Interrogation Kurt Kretschmer von 30.3.1945, in: NARA, RG 165, Entry 179, Box 503.

108 Dich ruft die SS, S. 18.

Während die Rekruten der Wehrmacht ihren Fahneneid auf den »Führer des Deutschen Reiches und Volkes« ableisteten, mithin Adolf Hitler in seiner Funktion als Staatsoberhaupt und Oberbefehlshaber der Wehrmacht[109], schworen die Männer der Waffen-SS den oben zitierten Eid, welcher sie an Hitler *persönlich* band[110].

Doch dieser Schwur war nicht das einzige Mittel, die Truppe vollständig auf den »Führer« zu fixieren. Darüber hinaus hatte Heinrich Himmler in seiner Funktion als Reichsführer-SS[111] einen regelrechten Tugendkatalog für die SS erstellt, in dem Treue und Gehorsam zentrale Elemente darstellten. Treue bedeutete für Himmler die bedingungslose Unterwerfung unter den »Führer« und entsprang in seinem rassistisch-biologistischen Denken einer inneren Haltung, welche nur »echte Germanen« einzunehmen in der Lage seien[112]. Ihre Aufgabe, »den Führer und seine Mitarbeiter vor dem Zugriff roher Gewalt zu schützen«[113], nahm die SS erstmals während des Stennes-Putsches von 1930 wahr. Als SA-Männer um Walter Stennes gegen die Parteiführung aufbegehrten, um größeren Einfluss für die SA-Spitze zu erkämpfen, profilierte sich die SS als Schutzmacht der NSDAP-Leitung vor diesen Bestrebungen und damit als Gegenmacht zur SA[114]. Die maßgebliche Beteiligung bewaffneter SS-Verbände an der Ausschaltung der SA-Führung unter Ernst Röhm im Sommer 1934 verlieh der SS endgültig den Nimbus, dem »Führer« in besonderer Loyalität verbunden zu sein[115].

Die SS-Führung betrieb sehr früh großen Aufwand, um Führertreue und »Ideale« des Nationalsozialismus im Denken und Handeln ihrer Untergeben zu verankern und dabei auch den Ordensgedanken der SS auszuprägen. Die erste zentrale Dienstanweisung zur weltanschaulichen Erziehung der bewaffneten SS lässt sich schon auf den Oktober 1934 datieren. Darin heißt es, das Ziel von abzuhaltenden Schulungen sei »die Erziehung der SS-Männer zu einer gefestigten weltanschaulichen Haltung auf nordisch-rassischer Grundlage. Die SS-Männer sollen nicht vom Nationalsozialismus ›wissen‹[,] sondern ihn ›leben‹. Jedes Wort und jeder Vortrag des Schulungsleiters hat nur dann Sinn und Wert, wenn der SS-Mann dadurch im Geist der SS-Gemeinschaft gefestigt wird«[116].

Während die schulungstechnische Zuständigkeit im Laufe der Jahre, korrespondierend mit der für den NS-Staat charakteristischen Polykratie[117], durch die verschiedenen SS-Ämter wanderte[118], blieben die Lehrinhalte weitgehend unverändert: Die Männer

---

109 »Ich schwöre bei Gott diesen heiligen Eid, dass ich dem Führer des Deutschen Reiches und Volkes, Adolf Hitler, dem Oberbefehlshaber der Wehrmacht, unbedingten Gehorsam leisten und als tapferer Soldat bereit sein will, jederzeit für diesen Eid mein Leben einzusetzen.« Stimpel: Die deutsche Fallschirmtruppe. Innenansichten, S. 43. Vgl. auch Bullock: Hitler und Stalin, S. 459; Müller: Das Heer und Hitler, S. 134.

110 Vgl. Buchheim: Die SS, S. 150; Wilke: Organisierte Veteranen, S. 154; Lange: Der Fahneneid, S. 23.

111 Den Titel führte er seit Januar 1929. Vgl. Longerich: Heinrich Himmler, S. 122.

112 Vgl. Wegner: Hitlers Politische Soldaten, S. 41f.; Longerich: Heinrich Himmler, S. 314; Ackermann: Heinrich Himmler als Ideologe, S. 149.

113 Dich ruft die SS, S. 6.

114 Zu diesem Anlass soll Hitler den Ausspruch geprägt haben: »SS-Mann, deine Ehre heißt Treue.« Obwohl dieser Spruch in keiner publizierten Quellensammlung in diesem Zusammenhang zu finden ist, wurde er zum Credo der SS. Vgl. Longerich: Heinrich Himmler, S. 127f.; Buchheim: Die SS, S. 130; Gross: Anständig geblieben, S. 71.

115 Vgl. Longerich: Heinrich Himmler, S. 183.

116 Dienstanweisung des Chefs des Rasse- und Siedlungsamtes (Darré) für die Schulungsleiter der SS, 16. Oktober 1934. In: Ausbildungsziel Judenmord?, Dokument 1, S. 143.

117 Vgl. dazu Broszat: Der Staat Hitlers, S. 363-402; Hildebrand: Monokratie, S. 80.

118 Zunächst war das Rasse- und Siedlungshauptamt zuständig, ab Sommer 1938 das SS-Hauptamt unter

wurden in diversen Hauptthemen unterrichtet, darunter »Blut und Boden«, »Judentum«, »Bolschewismus« und »Geschichte des deutschen Volkes«[119]. Das »Endprodukt« der umfassenden Schulungsmaßnahmen sollte der »politische Soldat« sein, ein im Sinne des NS-Herrschaftsideals definierter Charakter, gefestigt im Glauben an die nationalsozialistische Volksgemeinschaft und den »Führer«.

Die weltanschauliche Schulung zielte darauf ab, den Männern das Feindbild des »universalen Judentums« als die Weltherrschaft anstrebende Macht einzuimpfen – ein Prinzip, welches die Unterschiede zwischen inneren und äußeren Feinden nivellierte, da es hinter beiden denselben Urheber voraussetzte[120].

Die hohe Einsatzfreude der SS-Divisionen während des Feldzuges gegen die Benelux-Staaten und Frankreich sowie später gegen die Sowjetunion schienen die schulungstechnischen Bemühungen zu rechtfertigen[121]. Zwar ist noch nicht restlos geklärt, inwieweit die Propaganda die militärische Leistungsfähigkeit der Waffen-SS überhöhte[122], doch avancierte sie durch ihren Ruf im Laufe des Krieges zu einem vorbildhaften Modell für die Wehrmacht, die ab 1943 die weltanschauliche Schulung ihrer eigenen Einheiten intensivierte. Grund dafür war die Wende des Krieges; insbesondere die Niederlagen von Stalingrad und Tunis[123] bekräftigten die Wehrmachtführung in dem Glauben, dass das Fehlen ideologischer Standhaftigkeit zu den horrenden Verlusten und dem Stillstand der Offensivbemühungen beigetragen hatte[124].

Die Vorbildfunktion der Waffen-SS war dabei in besonderem Maße geeignet, auf die Fallschirmjäger abzufärben, denn auch sie waren ein im Vergleich zum Heer sehr kleiner Verband mit dem Anspruch militärischer Spezialisierung und hoben sich allein schon

---

Gottlob Berger und schließlich das 1940 neu geschaffene SS-Führungshauptamt. Vgl. Förster: Die weltanschauliche Erziehung, S. 94.

119 Vgl. Anweisung des Rasse- und Siedlungs-Hauptamts zur Durchführung der »weltanschaulichen Schulung« in der SS, 17. Februar 1936. In: Ausbildungsziel Judenmord?, Dokument 3, S. 149-152. Unterrichtet wurde mithilfe von Schulungsschriften, Kurzlehrgängen und während des Krieges auch im Rahmen der Einheiten an der Front. Besonders hohe Bedeutung für die Schulung wurde der Vorbildfunktion alt gedienter Soldaten beigemessen. Vgl. Förster: Ausbildungsziel Judenmord?, S. 102-106; Cüppers: Wegbereiter, S. 98-100; Longerich: Heinrich Himmler, S. 323; Wegner: Hitlers Politische Soldaten, S. 149-171, 201f.

120 Vgl. Dienstanweisung des Kommandoamts der Waffen-SS im SS-Führungshauptamt, 14. September 1940. In: Ausbildungsziel Judenmord?, Dokument 10, S. 185-187; Unter Sigrune und Adler, S. 94; Wegner: Hitlers Politische Soldaten, S. 56, 69f.; Hambrock: Dialektik, S. 95f.; Leleu: La Waffen-SS, S. 88; Rohrkamp: ›Weltanschaulich gefestigte Kämpfer‹, S. 207f.; Dich ruft die SS, S. 19: »Der SS-Mann ist nicht allein Soldat, er ist vorbildlicher Träger der Idee Adolf Hitlers.«

121 Einsatzfreude ist nicht mit Kampfkraft gleichzusetzen. Nicht alle SS-Verbände besaßen militärischen Elitestatus, es waren vor allem die klassischen Divisionen »Leibstandarte Adolf Hitler«, »Das Reich«, »Totenkopf« und »Wiking«, die sich auf dem Schlachtfeld besonders hervortaten. Das galt aber ebenso für bestimmte Verbände der Wehrmacht wie die Division »Großdeutschland«, die Panzerlehrdivision oder die 1. Fallschirmjägerdivision. Vgl. Neitzel: Des Forschens, S. 411; Wegner: Hitlers Politische Soldaten, S. 279-281; Leleu: La Waffen-SS, S. 519, 524-526.

122 Vgl. Leleu: La Waffen-SS, S. 322, 774. Zur Propaganda der Waffen-SS entsteht gerade die Dissertation Jochen Lehnhardts.

123 Am 13. Mai 1943 kapitulierten das deutsche Afrikakorps und verbündete italienische Truppen vor den Westalliierten. Über 120.000 Wehrmachtsoldaten gingen in alliierte Gefangenschaft. Vgl. Stimpel: Die deutsche Fallschirmtruppe. Innenansichten. S. 31; Overmans: Das Schicksal, S. 392; Cartier: Der Zweite Weltkrieg, S. 718f.

124 Vgl. Förster: Die weltanschauliche Erziehung, S. 107-109.

optisch von ihren Heereskameraden ab[125]. Dagegen lehnt der Verfasser der bisher einzigen mentalitätshistorischen Studie zu den Fallschirmjägern eine besondere nationalsozialistische Prägung der Truppe weitgehend ab[126]. Vielmehr sieht Hans-Martin Stimpel in den Männern, die den Fallschirmjägern den Ruf einbrachten, eine ähnlich führertreue Elitetruppe wie die Waffen-SS zu sein, archetypische Abenteurer, »Rabauken«, die dem NS-Regime höchstens insofern zugeneigt waren, »als es Merkmale harter und entschiedener kämpferischer Haltung bejahte und entsprechende Wertvorstellungen propagierte und vermittelte (auch schon ›Pimpfen‹ im 10. Lebensjahr).«[127] Das bedeutet, dass für die Systemtreue und den besonderen Durchhaltewillen der Fallschirmjäger primär die ideologische Überhöhung des Kampfes prägend war und weniger andere Aspekte der NS-Ideologie. Der Nationalsozialismus hätte »sich in den Streitkräften bevorzugt derjenigen Truppengattungen [bedient], die [er] als kampfbereite Elite erbarmungslos für seine düsteren Zwecke nutzen konnte, bis sie zerrieben und ausgeblutet waren.«[128]

Ähnlich bewertet Günther Roth die Einsatzfreude deutscher Fallschirmjäger im Zweiten Weltkrieg: »Die hohe Kampfmoral, der Mut bis an die Grenze des Möglichen, darf als Ausdruck der Bewährung und identitätsstiftend und und [sic] vor allem auch als Dienst am Vaterland angesehen werden.«[129]

An dem Punkt stellt sich die Frage, inwiefern diese umrissenen Denkmuster und Mentalitäten sich in den zwei Stichproben widerspiegeln: War ihr Einsatz »Dienst am Vaterland« oder an der nationalsozialistischen Bewegung? Wie sahen die Soldaten selbst ihr Engagement an den Fronten des Zweiten Weltkrieges? Sahen sie sich als patriotische Verteidiger ihrer Heimat, oder als Speerspitze einer revolutionären Weltanschauung?

Um das beantworten zu können, sind sämtliche Aussagen zu berücksichtigen, die unmittelbar und mittelbar Rückschlüsse darüber zulassen, wie die 80 Offiziere und Unteroffiziere über den Nationalsozialismus dachten. Angesichts deren Facettenreichtum und Heterogenität kann an dieser Stelle keine tiefenpsychologische Analyse erfolgen, wie die Soldaten das Gesamtphänomen »Nationalsozialismus« bewerteten[130]. Stattdessen sollen drei ideologische Teilaspekte dieses Phänomens im Vordergrund stehen, die beispielhaft beleuchten, wie sich die Männer zum Nationalsozialismus positionierten.

---

125 Sofort ins Auge fiel der spezielle Helm, dem der für die Wehrmacht charakteristische Nackenschutz fehlte. Vgl. Golla: Die deutsche Fallschirmtruppe, S. 25; Leleu: La Waffen-SS, S. 759. Zur weltanschaulichen Schulung in der Fallschirmtruppe siehe Stimpel: Die deutsche Fallschirmtruppe. Innenansichten, S. 53-86.

126 Stimpel, Hans-Martin: Die deutsche Fallschirmtruppe 1936-1945. Innenansichten von Führung und Truppe. Mentalitätsgeschichtliche Studie. Hrsg. mit der Unterstützung der Division Spezielle Operationen in Regensburg. Hamburg 2009. Stimpel selbst betont die problematische Aussagekraft seiner dennoch wertvollen Arbeit, da die große Quellenknappheit empirische Forschungen zu den Fallschirmjägern stark erschwert. Vgl. Stimpel: Die deutsche Fallschirmtruppe. Innenansichten, S. 8.

127 Stimpel: Die deutsche Fallschirmtruppe. Innenansichten, S. 22. Die letzte Anmerkung weist auf die Argumentationsweise Stimpels, der zur Erklärung des besonderen Images der Fallschirmjäger auf die Sozialisationsinstanzen des NS-Staates, vor allem die Schulen, verweist. Diese durchliefen aber alle späteren Soldaten der Wehrmacht gleichen Alters in gleichem Maße, sodass ihre Beeinflussung keine befriedigende Antwort auf den besonderen ideologischen Ruf bietet, welcher den Fallschirmjägern der Wehrmacht anhaftet.

128 Stimpel: Die deutsche Fallschirmtruppe. Innenansichten, S. 30.

129 Roth: Die deutsche Fallschirmtruppe, S. 162.

130 Eine solche Analyse würde den Rahmen einer Examensarbeit deutlich sprengen.

Dabei handelt es sich um die Haltung zur Person Adolf Hitlers, zum NS-System[131] und schließlich zum Antisemitismus[132].

Die Frage nach der Haltung zum Nationalsozialismus stellt sich für die 80 untersuchten Soldaten vor dem Hintergrund des Niedergangs dieses Systems. Auch wenn manche Männer zu einem Zeitpunkt in Gefangenschaft gerieten, als die Alliierten die deutschen Grenzen noch nicht erreicht hatten, waren Symptome der militärischen wie der Systemkrise Mitte 1944 bereits erkennbar: Die Wehrmacht war seit einem Jahr konstant auf dem Rückzug, die materiellen und personellen Ressourcen erschöpften sich langsam und die Alliierten besaßen die absolute Luftüberlegenheit nicht nur auf dem Schlachtfeld, sondern auch über Deutschland – das »Dritte Reich« wehrte sich in einem existentiellen Kampf gegen seinen Untergang[133].

Schon das letzte Kapitel deutete an, dass viele Soldaten trotz dieser krisenhaften Situation keine Kritik an Adolf Hitler selbst zu üben bereit waren. Zwar erkannten sie das militärische Ungleichgewicht der Kräfte und prangerten Missstände an, die sie an der Front und in der Heimat erlebt hatten, doch der »Führer« war in den meisten Fällen nicht das Ziel der Beschuldigungen[134]. Von den 80 Männern äußerten sich nur 13 explizit negativ über Adolf Hitler, vier SS-Männer und neun Fallschirmjäger – eine auffällige Diskrepanz, vor allem, da sich dieses Verhältnis nicht in den positiven Werturteilen über den »Führer« widerspiegelt: Insgesamt gibt es 30 Soldaten, die ein solches fällen, 17 Fallschirmjäger und 13 SS-Männer[135]. Diese rein numerische Erkenntnis gibt erste Hinweise auf rezeptionelle Unterschiede zwischen Fallschirmjägern und Soldaten der Waffen-SS, bedeutet aber keineswegs, dass die Fallschirmjäger größere Anhänger des Nationalsozialismus gewesen seien. Vielmehr drücken die Zahlen aus, dass die Luftwaffensoldaten ihre positive wie auch negative Bewertung des NS-Systems tendentiell eher an die Person Adolf Hitlers koppelten als die SS-Männer[136].

Qualitativ unterscheiden sich positiv konnotierte Kommentare in den beiden Stichproben nicht. Bereits im letzten Kapitel wurde deutlich, dass die siegesgläubigen Soldaten von Fallschirmjägern und Waffen-SS ihre Zuversicht teilweise auf das vermeintliche

---

131 Der Begriff ist bewusst vage gehalten, da die überlieferten Aussagen und Unterhaltungen keine engere Definition zulassen. Darunter fällt die Beurteilung der NSDAP und ihrer Unterorganisationen, des Nationalsozialismus auf staatlicher Ebene sowie anderer nationalsozialistischer Führungspersönlichkeiten neben Adolf Hitler.

132 Die Kategorien sind Kernelemente nationalsozialistischer Ideologie. Unabhängig von der langjährigen Diskussion zwischen »Intentionalisten« und »Funktionalisten« um die Rolle Hitlers als starkem oder schwachem Diktator ist festzuhalten, dass der Nationalsozialismus immer auch eine »Hitler-Bewegung« war. Vgl. Wehler: Der Nationalsozialismus, S. 12-14; Müller: Nationalismus, S. 41; Herbst: Hitlers Charisma, passim. Auch darf nicht vernachlässigt werden, inwiefern die Soldaten antisemitische Stereotype reproduzierten, da der radikale Antisemitismus einen wesentlichen Bestandteil der NS-Ideologie ausmachte. Vgl. Wehler: Der Nationalsozialismus, S. 12, 212-214.

133 Vgl. Zimmermann: Pflicht zum Untergang, S. 82f.

134 Vgl. Wehler: Der Nationalsozialismus, S. 197; Bischof: Einige Thesen, S. 182f.; Zagovec: Gespräche, S. 334; Kershaw: Der Hitler-Mythos, S. 256f.

135 Dass nur 43 Männer überhaupt eine explizite Meinung über den »Führer« äußerten, bedeutet nicht, dass ihm die anderen 37 indifferent gegenüberstanden. In dieser Aufzählung sind nur solche Aussagen berücksichtigt, die unmittelbar der Einschätzung Hitlers dienten.

136 Für die Loyalität der Soldaten zum NS-System galt den Amerikanern das Vertrauen in Hitler als wichtigster Indikator. Man sollte in einem solchen Urteil aber vorsichtig sein und auch andere Aspekte in die Beurteilung mit einbeziehen. Vgl. Zagovec: Gespräche, S. 347.

Genie Adolf Hitlers gründeten. Dazu gehört zum Beispiel der in diesem Zusammenhang bereits zitierte Oberscharführer Fritz Wurzer[137], geboren in Österreich und seit dessen »Anschluss« ans Deutsche Reich Mitglied der Nationalsozialistischen Deutschen Arbeiterpartei (NSDAP)[138], der Hitler attestierte, sein Heimatland gerettet zu haben. Vor seinem Mitgefangenen, dem Oberscharführer Karl Boldt[139], dozierte Wurzer, dass der »Führer« den Krieg nicht begonnen habe, dass Adolf Hitler »der grösste [sic] Staatsmann der Welt« sei, »that all real Germans stand behind Hitler«, um dann mit dem Bekenntnis zu schließen: »Ich glaube nicht, dass Deutschland den Krieg am Ende verlieren wird.«[140]

Ähnlich äußerte sich Joseph Andlinger, der ebenfalls bereits bei der Gruppe siegesgläubiger Soldaten in Erscheinung getreten ist. Hatte er beim Beschwören der von ihm erwarteten Kriegswende schon den Vergleich Adolf Hitlers mit Friedrich dem Großen bemüht, monierte er an anderer Stelle, »how in his Ostmark (A[ndlinger] always refers to it as Ostm.)[141] people voted 99.5% per Hitler and were enthusiastic for regime even 3 years after war, but here they say ›Wir sans keine Deutsche – wir sans Oesterreicher [sic]‹. Considers it disgraceful.«[142]

Das Zitat belegt, dass sich die Zustimmung zu Adolf Hitler nicht auf den militärischen Sektor beschränkte, sondern, wie für manche Soldaten der erwartete Kriegsausgang, ebenfalls Ausdruck einer grundlegenden inneren Haltung war. Es überrascht nicht, dass es vor allem die siegesgläubigen Männer waren, die eine umfassende Zustimmung zur Person und Politik Adolf Hitlers zum Ausdruck brachten, welche die Grenze zur Idealisierung überschreiten konnte. So betonte der Sturmbannführer W. M., der Kommandeur einer Kampfgruppe gewesen war: »Für mich ist mein Führer mein Führer. Es war der schönste Augenblick in meinem Leben[,] wie ich den Eid geleistet habe. – Er ist ein ganz hervorragender Mann.«[143] Auch der besonders siegessichere Fallschirmjäger Adolf Ross unterstrich, dass Adolf Hitler für ihn »the greatest man of all times« sei, dementsprechend beurteilten die Amerikaner den Unteroffizier als »neurotic Hitler-worshipper«, »deeply indoctrinated with ›Hitler ideas‹«[144]. Hervorstechend ist die Einschätzung des Hauptsturmführers Fri. S., der »Hitler [...] to a deity«[145] erhob, oder die

137 siehe Kapitel *Reden über den Krieg / Soldatenhabitus*, Fußnote 151.

138 Vgl. Report of Interrogation Fritz Wurzer vom 5.10.1944, in: NARA, RG 165, Entry 179, Box 566.

139 Ein SS-Unterführer, der zwar in Fort Hunt war, aber nicht Teil der Stichprobe ist, da dessen Akte zu kurz ist, um verwertbare Schlüsse aus ihr zu ziehen.

140 Room Conversation zw. Fritz Wurzer und Karl Boldt vom 7.10.1944, 7:30-12:30 Uhr, in: NARA, RG 165, Entry 179, Box 566.

141 Der regelmäßige Gebrauch nationalsozialistischer Terminologie deutet darauf, dass sich dieser Mann auch über die Person Adolf Hitlers hinaus mit dem NS-System identifizierte. Weitere Äußerungen untermauern diese Annahme. Vgl. auch Room Conversation zw. Erhard d'Angelo und Josef Hadraba vom 30.5.1945, 15:35 Uhr, in: NARA, RG 165, Entry 179, Box 458; Room Conversation zw. Stefan Graf und Gustav Sondermann vom 25.2.1945, 19:20-22:30 Uhr, in: NARA, RG 165, Entry 179, Box 475: »G[raf]: Ich habe als Ostmärker Hoffnung früher nach Hause zu kommen.«

142 Room Conversation zw. Joseph Andlinger und Heinrich Brey vom 1.3.1945, 17:00-23:00 Uhr, in: NARA, RG 165, Entry 179, Box 441.

143 Room Conversation zw. W. M. und Fri. S. vom 19.12.1944, 17:05-19:15, in: NARA, RG 165, Entry 179, Box 514.

144 Morale Questionnaire Adolf Ross vom 12.6.1944, in: NARA, RG 165, Entry 179, Box 533; Report of Interrogation Adolf Ross vom 14.6.1944, in: NARA, RG 165, Entry 179, Box 533.

145 Report of Interrogation Fri. S. vom 15.12.1944, in: NARA, RG 165, Entry 179, Box 543. Vgl. auch Room Conversation zw. Fri. S. und W. M. vom 15.12.1944, 12:00-17:05 Uhr, in: NARA, RG 165, Entry 179, Box 543:

Beteuerung des Fallschirmjäger-Offiziers Rolf Herzig, Hitler sei eine »heroic historical figure«[146].

Lobpreisungen auf den »Führer« finden sich sogar häufiger mit Verweis auf dessen politische Erfolge als auf seine militärischen. Die Soldaten beteuerten, dass es Adolf Hitler gewesen sei, der Deutschland »from chaos to law and order«[147] geführt oder der in seiner Friedensliebe vor dem Krieg einen Ausgleich mit Polen[148] und anderen europäischen Staaten gesucht habe:

»He tried hard not to get Germany into war. He asked France and England to return the German colonies to his country. This was refused. He asked England to allow Germany to increase her navy. He asked France to permit Germany to increase her army. Germany was surrounded with a ring of countries heavily armed. The Polish corridor was a festering sore in the side of Germany. All these things Hitler tried to remedy.«[149]

Es gibt zahlreiche weitere Belege in den Quellen dafür, dass Adolf Hitler insbesondere von den siegesgläubigen (aber auch den anderen) Fallschirmjägern und SS-Männern positiv beurteilt wurde. Friedensliebe und militärische wie politische Kompetenz wurden ihm zugeschrieben, und das Wiedererstarken Deutschlands erkannte man als sein Verdienst an[150].

Bis auf manche qualitative Details handelt es sich bei den positiven Bewertungen Hitlers jedoch um keine, die ein Merkmal von besonders ideologisierten Eliteeinheiten darstellen. Der Führerglaube hielt sich in der gesamten Wehrmacht bis in die letzten Monate des Krieges beharrlich als Projektionsfläche der letzten Hoffnungen auf ein Abwenden der sich abzeichnenden Katastrophe[151]. Deswegen ist es essentiell, auch die Aus-

---

»Meiner Ansicht nach fällt der Nat.Soz. [sic] mit dem Führer.«

146 Morale Questionnaire Rolf Herzig vom 11.8.1944, in: NARA, RG 165, Entry 179, Box 483.

147 Morale Questionnaire Karl Werner Schrage vom 29.8.1944, in: NARA, RG 165, Entry 179, Box 543.

148 Vgl. Report of Interrogation Dr. Fr. W. vom 12.1.1944, in: NARA, RG 165, Entry 179. W. bezog sich auf den so genannten »polnischen Korridor« durch Westpreußen. Er behauptete, Hitler hätte den Polen statt einer Inkorporation des Gebiets ins Deutsche Reich eine exterritoriale Straßenverbindung zwischen Ostpreußen und dem deutschen Kernland angeboten. Das stimmt zwar, diente aber keineswegs einer Entspannung des Konflikts, den Hitler sukzessive, aber zielstrebig eskalieren ließ. Vgl. Taylor: Die Ursprünge, passim._

149 Report of Interrogation E. S. vom 7.8.1944, in: NARA, RG 165, Entry 179, Box 542.

150 Vgl. Deckblatt Otto Wolf, in: NARA, RG 165, Entry 179, Box 565; Room Conversation zw. Erhard d'Angelo und Kay Nieschling vom 1.6.1945, 9:00-11:45 Uhr, in: NARA, RG 165, Entry 179, Box 458; Report E. P. vom 12.3.1945, in: NARA, RG 165, Entry 179, Box 526; Room Conversation zw. Stefan Graf und Gustav Sondermann vom 25.2.1945, 7:30-11:45 Uhr, in: NARA, RG 165, Entry 179, Box 475; MOrale Questionnaire W. B. vom 18.8.1944, in: NARA, RG 165, Entry 179, Box 454; Room Conversation zw. H. P. und K. D. vom 1.11.1944, 12:00-17:00 Uhr, in: NARA, RG 165, Entry 179, Box 524; Morale Questionnaire W. A. vom 25.8.1944, in: NARA, RG 165, Entry 179, Box 442; Morale Questionnaire W. Schl. vom 27.7.1944, in: NARA, RG 165, Entry 179, Box 539; Report of Interrogation Hermann Abels vom 4.1.1945, in: NARA, RG 165, Entry 179, Box 441: In diesem Dokument bezeichnet Abels das Stauffenberg-Attentat vom 20.7.1944 als Schande und Hochverrat. Diese Aussage ist das einzige Werturteil über den misslungenen Anschlag auf Hitlers Leben, das in den Quellen zu finden ist.

151 Vgl. Kershaw: Der Hitler-Mythos, S. 256f.; Wehler: Der Nationalsozialismus, S. 193-196, der die Mobilisierungsfähigkeit Hitlers als zentral für das Durchhaltevermögen der Wehrmacht gegen die alliierte Übermacht bewertet. Diese Beurteilung greift sicherlich etwas zu kurz, vernachlässigt sie doch andere Faktoren, welche die Soldaten zum Weiterkämpfen bewegte. In der Schlussphase des Krieges waren das vor allem der Schutz der Heimat und in den letzten Monaten auch der massive Einsatz von fliegenden Standgerichten, die

sagen in die Untersuchung einzubeziehen, die andere Aspekte nationalsozialistischer Ideologie behandeln; und zu untersuchen, in welcher Weise sie bei Fallschirmjägern wie SS-Männern wirkten, und inwiefern sie quantitativ und qualitativ korrelierten.

Viele der Luftwaffensoldaten berichteten von ihrer Furcht vor dem »Bolschewismus« und konstruierten das Bild eines deutschen Kulturstaates, der als Schutzwall Europas vor den anstürmenden Rotarmisten fungiere. Dieser Gedanke war, wie die Führergläubigkeit, kein exklusives Merkmal besonders ideologisierter Militärs, sondern weit verbreitet in den gesellschaftlichen Eliten Deutschlands. Und doch ist diese Furcht ein Hinweis auf die Internalisierung nationalsozialistischer Perzeptionsmuster, insofern sie eine rassistische Komponente aufweist. Die Angst vor dem Kommunismus, die vor allem nationalkonservative Kreise geradezu pflegten, war eine kulturelle und politische, ausgehend von den Erfahrungen der deutschen Revolution am Ende des Ersten Weltkrieges und den bürgerkriegsähnlichen Zuständen in den ersten Jahren der Weimarer Republik. Erst der Nationalsozialismus fügte dieser Angst eine rassistisch-biologistische Komponente hinzu, verband das Schreckgespenst »Bolschewismus« mit dem »Weltjudentum«, kreierte und institutionalisierte auf diese Weise das Feindbild des »jüdischen Bolschewismus«[152].

Die amerikanischen Offiziere in Fort Hunt protokollierten Anfang März 1945 einen Brief des Obristen E. P., Angehöriger der 2. Fallschirmjägerdivision und seit dem 18. September 1944 in US-Gefangenschaft, an dessen Frau in Schlesien:

«He has expressed strong anti-Russian sentiments. He wrote his wife that the Russian advance was the hardest and heaviest blow, not only to Germany, but to the whole of Europe and was part of Russia's plan to dominate the entire world. He knew the Russians. Those whom they did not slay, they would send to slow death in Siberia. He hoped God would give the German people the power to stem this flood, otherwise Europe and afterwards the whole world would be lost. Salvation could only come from the German people and the Führer.«[153]

Die Sorge, welche P. in seinem Brief ausdrückte, war natürlich zum großen Teil persönlich motiviert, da er um seine Frau und seine Heimat fürchtete. Dass er darüber hinaus aber eine Dystopie sowjetischer Weltherrschaft entwarf, die nur durch den »Führer« und Deutschland aufzuhalten sei[154], offenbart einen Ansatz von Furcht über das eigene, persönliche Schicksal hinaus, und dazu die Verinnerlichung eines vermeintlichen deutschen Sendebewusstseins als Europas Schutzmacht.

Eindeutiger als dieser Oberst, für dessen Äußerungen auch der briefliche Kontext beachtet werden muss, äußerte sich F. W., Leutnant der Fallschirm-Panzer-Division 1

---

wahllos versprengte Soldaten als vermeintliche Deserteure zum Tode verurteilten und exekutierten. Vgl. Messerschmidt: Wehrmachtjustiz, S. 410-414.

152 Diese Beschreibung ist selbstredend stark verkürzend. Vgl. dazu Hürter: Hitlers Heerführer, S. 200f., 515; Piper: Alfred Rosenberg, S. 49; Traverso: Moderne und Gewalt, S. 104f.; Förster: Die weltanschauliche Erziehung, S. 99; Das Russlandbild, passim.

153 Report E. P. vom 12.3.1945, in: NARA, RG 165, Entry 179, Box 526.

154 Vgl. auch Room Conversation zw. E. P., Herbert Siercke und Günther Gurcke vom 23.10.1944, 17:05-20:00 Uhr, in: NARA, RG 165, Entry 179, Box 526.

»Hermann Göring«: Für ihn bedeutete »der Kommunismus [...] das Ende von dieser Geschichte – die Organisierung des Untermenschen«[155]. Damit korrelierte sein Unverständnis über die in seinen Augen widernatürliche Allianz zwischen Sowjetunion und den Westmächten, die »ja schliesslich [sic] unsere Verwandten« seien[156]. Seine rassistische Diffamierung gipfelte während eines Verhörs in der Feststellung, dass er seine Frau und Kinder erschießen wolle, sollte Russland zukünftig Europa beherrschen. In dieser Befragung vom 12. Januar 1944 legte W. dem amerikanischen Verhöroffizier seine Weltsicht ausführlich dar, berichtete vom deutschen »Volk ohne Raum«, der »degenerierte[n] Rasse in Frankreich durch Mischheiraten« und kommunistischer Misanthropie[157].

Mit seinen Aussagen demonstriert der Leutnant F. W. eine weit reichende Verinnerlichung nationalsozialistischer Denkmuster, die in ihrem qualitativen Ausmaß heraus sticht[158], auch wenn er sich selbst als »best type of German« bezeichnete[159]. Doch er ist nicht der einzige Luftwaffensoldat aus der Stichprobe, der sich in diesem Maße NS-Ideologie zu eigen machte. Ein weiterer ist der Unteroffizier Karl Flormann, der den Nationalsozialismus ausdrücklich lobte, der deutschen Kultur eine europaweite Strahlkraft bescheinigte und auch rassistisch abfällige Bemerkungen über Osteuropäer machte[160]. In der Akte des Leutnants Rolf Herzig finden sich dessen Aussagen, dass das NS-Regime »very good work in Germany« getan habe und der »National Socialism [...] the ideal conception of life for the German people« sei[161]. Ähnlich schien das der Oberleutnant G. S., 1. Fallschirmjägerdivision, zu sehen, da er sich weigerte, irgendetwas Schlechtes »against the Nazis« zu sagen[162].

Ein anderes eindringliches Beispiel weit reichender Zustimmung zum Nationalsozialismus unter den Fallschirmjägern ist der inzwischen schon häufiger erwähnte Oberfeldwebel Otto Wolf. In einem Gespräch klärte er seinen Zellengenossen, den Gefreiten Günther Meier, über seine Einstellung den amerikanischen Verhöroffizieren gegenüber auf:

»W[olf]: Wenn sie wieder mit dem militärischen Kram anfangen, dann sage ich es ihnen wieder, ich werde nicht ein Verräter, sie können mich nicht zwingen über militärische Sachen Auskunft zu geben, das ist gegen die Genfer Konvention. Aber wenn ich ihnen sage[,]

155 Room Conversation zw. F. W. und Herbert Müller-Jena vom 25.1.1944, 20:00-23:00 Uhr, in: NARA, RG 165, Entry 179, Box 560.

156 Room Conversation zw. F. W. und Herbert Müller-Jena vom 26.1.1944, 11:50-15:15 Uhr, in: NARA, RG 165, Entry 179, Box 560.

157 Vgl. Report of Interrogation F. W. vom 12.1.1944, in: NARA, RG 165, Entry 179, Box 560. Siehe auch Report of Interrogation F. W. vom 30.1.1944, in: NARA, RG 165, Entry 179, Box 560. »Wenn ich nach der Ostfront gekommen – hätte ich Gift mitgenommen. Ich wäre nicht in denen ihrer Hände [sic] gefallen.«

158 Dazu passt auch die Behauptung, dass die Juden »zu viele Positionen« in Deutschland inne gehabt hätten. Vgl. Report of Interrogation F. W. vom 1.8.1944, in: NARA, RG 165, Entry 179, Box 560.

159 Report of Interrogation F. W. vom 9.1.1944, in: NARA, RG 165, Entry 179, Box 560.

160 Vgl. Room Conversations zw. Karl Flormann und Kurt Ohm vom 19.1.1945, 19:00-21:45 Uhr, 20.1.1945, 19:00-22:00 Uhr, in: NARA, RG 165, Entry 179, Box 468. Karl Flormann war im August 1944 zur 4. Fallschirmjägerdivision versetzt worden und geriet am 15.9.1944 in Italien in Gefangenschaft. Vgl. Report of Interrogation Karl Flormann vom 25.1.1944, in: NARA, RG 165, Entry 179, Box 468.

161 Morale Questionnaire Rolf Herzig vom 11.8.1944, in: NARA, RG 165, Entry 179, Box 483.

162 Report of Interrogation G. S. vom 9.1.1944, in: NARA, RG 165, Entry 179, Box 548.

dass ich für den National Sozialismus [sic], für das Deutschtum eintrete, kann es nur gut für Deutschland sein. Es zeigt ihnen, dass es noch viele anständige Deutsche gibt.
M. Es gibt jetzt nicht mehr viele überzeugte Deutsche!
W. Ja, leider, leider. Aber ich habe die Zeit vor 1933 gekannt, es war furchtbar, dann mit Hitler ging es mir und meiner Familie recht gut, das haben wir dem National-Sozialismus zu verdanken, der hat uns ein schönes Leben ermöglicht, ich könnte es mir nicht besser vorstellen!«[163]

Es wirkt fast skurril, dass ein Mann, der sieben von 14 Jahren nationalsozialistischer Herrschaft als Soldat an allen Fronten gestanden hatte, eben jener Herrschaft bescheinigte, ihm »ein schönes Leben« ermöglicht zu haben. Doch zog er wohl wie viele seiner Kameraden eine klare Trennlinie zwischen dem Krieg und Hitlers Politik bis 1939, welche für ihn folgerichtig keinen Krieg determinierte. Diesen bewerteten die Männer als Unglück, das über Deutschland hereingebrochen sei, oder aber als von den Alliierten ausgegangene Aggression[164].

Besonders auffällig ist die Gleichsetzung von »Deutschtum« und »Nationalsozialismus«, die implizit auch der Leutnant W. vornahm. Zwar gibt es unter den 80 Offizieren und Unteroffizieren aus den Stichproben keinen, der nicht von sich behauptete, ein »guter Deutscher« zu sein. Doch sagt dieser Anspruch, der zunächst nicht mehr als eine Phrase ist, nichts aus, sofern die Gefangenen ihn nicht definierten[165]. Wolf unterstellte geradezu, dass sich Anständigkeit und nationalsozialistische Haltung gegenseitig bedingten und sein Glaube, dass eine solche Haltung auch den Amerikanern imponieren müsse, ist ein weiterer Beleg, wie sehr manche Soldaten die Kriegsrealität schlicht ausblenden konnten. Die US-Offiziere waren vom Oberfeldwebel Wolf keineswegs beeindruckt, vielmehr beurteilten sie ihn als »fanatic Nazi with no power of independent thought or judgment«[166].

Auch in ihrem Urteil über den Feldwebel Fritz Weis waren die Amerikaner eindeutig, klassifizierten sie ihn doch als »Nazi, 1933 vintage« und als »slippery fellow«[167]. Der einzige Fehler, den der Unteroffizier Friedrich Jopp aus der 3. Fallschirmjägerdivision an Hitlers Politik erkennen konnte, war, dass sie zum Krieg geführt habe. Ohne die militärische Konfrontation »he could really have reached something wonderful«[168]. Neben den angeführten Beispielen belegen viele weitere Aussagen eine unverkennbare Nähe von

163 Room Conversation zw. Otto Wolf und Günther Meier vom 20.3.1945, 7:30-12:00 Uhr, in: NARA, RG 165, Entry 179, Box 565.

164 Vgl. Room Conversation E. P. und Herbert Siercke vom 21.10.1944, 7:30-11:45 Uhr, in: NARA, RG 165, Entry 179, Box 526; Report of Interrogation Hans Karcher vom 2.8.1944, in: NARA, RG 165, Entry 179, Box 493.

165 Vgl. Römer: Alfred Andersch abgehört, S. 580.

166 Deckblatt Otto Wolf, in: NARA, RG 165, Entry 179, Box 565. Dazu passt seine trotzige Feststellung seinem Zellennachbarn gegenüber: »Na ja, dann sollen sie mich erschiessen [sic]. Das NS [sic] soll (IO) ausgerottet werden – na ja da gehöre ich zu!« Room Conversation zw. Otto Wolf und Günther Meier vom 16.3.1945, 7:30-12:00 Uhr, in: NARA, RG 165, Entry 179, Box 565. Darüber hinaus reproduzierte er antisemitische Ressentiments. Vgl. Room Conversation zw. Otto Wolf und Günther Meier vom 17.3.1945, 12:00-17:00 Uhr, in: NARA, RG 165, Entry 179, Box 565.

167 Report of Interrogation Fritz Weis vom 24.4.1945, in: NARA, RG 165, Entry 179, Box 560.

168 Room Conversation zw. Friedrich Jopp und Hubert Hadinger vom 7.5.1945, 20:00 Uhr, in: NARA, RG 165, Entry 179, Box 492. Vgl. auch Room Conversation zw. Friedrich Jopp und Hubert Hadinger vom 7.5.1945, 7:30-12:00 Uhr, in: NARA, RG 165, Entry 179, Box 492.

insgesamt 21 Fallschirmjägern zum nationalsozialistischen System, die aber in verschiedenen Gedankenfiguren ausgeprägt war und nicht bei jedem Soldat in gleichem Maße zu erkennen ist[169]. Ein auftretender Bezugspunkt ist die Identifizierung mit dem »Führer«, aber darüber hinaus demonstrieren viele Fallschirmjäger explizite Zustimmung auch zu anderen Aspekten nationalsozialistischer Ideologie, elf in besonders signifikantem Ausmaß.

Trotzdem sollte diesen Offizieren und Unteroffizieren nicht einfach der Stempel »Nationalsozialist« aufgedrückt werden. Solche absoluten Urteile in der Retrospektive sind problematisch. Angemessener zur Klassifizierung der 80 Soldaten in den Stichproben sind Kategorien, welche die Nähe der Männer zum NS-System *relativ* abbilden. Zwar ist jede Kategorienbildung mit dem Nachteil verbunden, einzelnen Personen womöglich nicht gerecht zu werden, sie ist jedoch notwendig, um Vergleichbarkeit zwischen Fallschirmtruppe und Waffen-SS herzustellen. Durch das Erstellen relativer Kategorien in vereinfachter Form ist die Gefahr einer ungerechtfertigten Zuordnung freilich nicht gebannt, sie ist jedoch minimiert. Die Fehlerquote für folgende Tabelle, welche die quantitative Auswertung von Aussagen der SS-Männer zum Themenkomplex Adolf Hitler und NS-System zeigt, kann als sehr gering eingestuft werden.

Die Auswertung zeigt bereits für die Fallschirmjäger eine größere Nähe zum Nationalsozialismus als der Wehrmachtsschnitt. Die Amerikaner schätzten den Kern hochgradig nationalsozialistisch geprägter Soldaten in den deutschen Streitkräften auf etwa fünf bis 15 Prozent, etwas höher in den Verbänden, die sie als Wehrmachtelite ausgemacht hatten: Fallschirmjäger und Waffen-SS[170].

Aus den Stichproben offenbarten elf Fallschirmjäger eine hochgradige Indoktrination, das bedeutet 27,5 Prozent der Gesamtmenge. Damit liegt die Quote doppelt so hoch wie das Maximum des Gesamtwertes der Wehrmacht. Selbst wenn man eine gewisse Fehlertoleranz berücksichtigt, muss man also für die 40 Fallschirmjäger des Samples eine insgesamt hohe Verinnerlichung nationalsozialistischer Denkmuster konstatieren.

169 Vgl. z. B. Room Conversation zw. Werner Metzler und Werner Gaweron vom 23.9.1944, 7:30-12:00 Uhr, in: NARA, RG 165, Entry 179, Box 516; Room Conversation zw. Anton Schmidt und Helmut Günther vom 24.2.1945, 14:45-15:00 Uhr, in: NARA, RG 165, Entry 179, Box 540; Morale Questionnaire Adolf Ross vom 12.6.1944, in: NARA, RG 165, Entry 179, Box 533; Room Conversation zw. Adolf Ross und Eduard Hermann vom 12.6.1944, 20:00 Uhr, in: NARA, RG 165, Entry 179, Box 533; Room Conversation zw. Hermann Abels, Felix Richter, Gerhard Krienke und Horst Krapoth vom 16.1.1945, Uhrzeit unbekannt, in: NARA, RG 165, Entry 179, Box 441; Room Conversation zw. Hermann Abels, Felix Richter und Gerhard Krienke vom 13.1.1945, 7:45-11:50 Uhr, in: NARA, RG 165, Entry 179, Box 441; Morale Questionnaire A. K. vom 26.8.1944, in: NARA, RG 165, Entry 179, Box 556; Report W. B. vom 7.6.1945, in: NARA, RG 165, Entry 179, Box 454: »He is a strong pro-Nazi. The German surrender shocked him deeply. His son Ernst who died in action near Orel is to be envied, he writes. Ernst needs [to] suffer no longer. ›Our heart bleeds when we wake up and continues to until tiredness closes our eyes.‹« Vgl. auch BAMA, Pers 6/163889, Pers 15/2745.

170 Vgl. Bischof: Einige Thesen, S. 182; Overmans: Das Schicksal, S. 400; Steinbach: »Die Brücke ist geschlagen«, S. 993; Zagovec: Gespräche, S. 344f.; Stimpel: Die deutsche Fallschirmtruppe. Innenansichten, S. 33, der diese Zahl dahingehend relativiert, dass »Zweifel am guten Kriegsausgang [...] ohnehin nicht gezeigt werden [durften].« Das galt zwar für den Einsatz an der Front, aber nicht im gleichen Maße für die Gefangenschaft. Gerade im Lager Fort Hunt erlebten die Soldaten eine sehr sichere Umgebung, in der sie frei sprechen konnten, wenn sie dies wollten. Dass von den 38 Fallschirmjägern, die während des Krieges befragt wurden, 27 einen alliierten Sieg prophezeiten, ist ein eindrucksvolles Zeugnis dieser Sicherheit.

Noch größer allerdings ist der Wert bei den Soldaten der Waffen-SS:

Tabelle 2: **Haltung zum NS-System im Vergleich**				
Kategorien	Sample Waffen-SS		Sample Fallschirmjäger	
	gesamt	relativ	gesamt	relativ
größte Identifikation	22	55 %	11	27,50 %
abwägende Identifikation	6	15 %	10	25 %
abwägende Opposition[171]	5	12,5 %	6	15 %
größte Opposition	7	17,5 %	10	25 %
unbekannt	0	0 %	3	7,5 %

Die Zahlen zeigen eine deutlich größere Nähe zum Nationalsozialismus als bei den Fallschirmjägern. Mehr als die Hälfte der SS-Männer demonstrierte explizite Zustimmung zum NS-System auf verschiedenen Ebenen, eine Anzahl, die das Bild des »politischen Soldaten« eindrucksvoll bestätigt. Doch sie zeigt nicht, worauf diese Zustimmung beruhte und welche qualitativen Aspekte für die SS-Männer sinngebend waren. [171]

Im ersten Teil des Kapitels wurde diesbezüglich bereits die Bedeutung des Führerglaubens herausgearbeitet, die in beiden Stichproben signifikant ist, in höherem Maße jedoch bei den Fallschirmjägern. In den Aussagen der SS-Männer dagegen ist eine viel breitere Zustimmung empirisch nachweisbar. Während mehr Fallschirmjäger sich positiv über den »Führer« äußerten als über den Nationalsozialismus insgesamt, ist das Verhältnis bei der Waffen-SS umgekehrt.

Ihre extensivere Rezeption nationalsozialistischer und totalitärer Deutungsmuster transportierten die Parteisoldaten auch mittelbar. So echauffierte der Unterscharführer Schlotzhauer sich über die Kooperationsbereitschaft mancher deutscher Soldaten in Gefangenschaft: »Da wollen sich viele beim Ami Liebkind machen. Nie. Was ich gewesen bin, bin ich gewesen, da sollen sie mich erschießen. Ich wäre ja so wie so beinahe verreckt.«[172]

171 Zu dieser Gruppe gehören Soldaten, die sich zu dieser Frage widersprüchlich äußerten, insgesamt aber eine negativere Haltung einnahmen. Der Oberfeldwebel Hermann Abels setzte seine letzten Hoffnungen in den massierten Einsatz von V-Waffen im Frühjahr 1945. Vgl. Room Conversation zw. Hermann Abels, Gustav Goessele und Kurt Schwoch vom 9.1.1945, 18:45 Uhr, in: NARA, RG 165, Entry 179, Box 441; Report of Interrogation Hermann Abels vom 4.1.1945, in: NARA, RG 165, Entry 179, Box 441; Morale Questionnaire K. W. vom 15.8.1944, in: NARA, RG 165, Entry 179, Box 561; Room Conversation zw. Gino Fischer und Gustav Kaufmann vom 24.11.1944, 11:50 Uhr, in: NARA, RG 165, Entry 179, Box 467; Room Conversation zw. Herbert Militz und Willi Meyer vom 22.9.1944, 12:00-16:00 Uhr, in: NARA, RG 165, Entry 179, Box 517.Room Conversation zw. Karl Joerg und Fritz Koppermann vom 10.2.1945, 20:00-23:00 Uhr, in: NARA, RG 165, Entry 179, Box 491; Room Conversation zw. Herbert Birkner und Alfred Mertens vom 1.4.1945, 7:30-12:00 Uhr, in: NARA, RG 165, Entry 179, Box 449: »Wir müssen hier alles glauben was sie uns sagen. Vielleicht setzen wir neue Waffen ein... und schmeissen [sic] die Amis aus Europa heraus und wir werden weiter über die amerikanischen Siege in Paderborn usw. lesen; scheint unwahrscheinlich aber doch möglich!«

172 Room Conversation zw. Oswald Schlotzhauer und Max Voget vom 28.3.1945, 13:00 Uhr, in: NARA, RG 165, Entry 179, Box 540.

Kurz darauf entwickelte sich ein kurzer Dialog mit seinem Zellengenossen Max Voget:

»V: Bei der Waffen-SS waren es begeisterte Parteigenossen. Hier sind sie begeisterte Sozialdemokraten.
S: Weil ich Deutscher bin, denke ich national. Bin ich deswegen ein Nazi?
V: Ich verachte nur die, welche sich umschwenken nach der Gefangenschaft.
S: Ja, sie können mich erschießen, wenn sie wollen.«[173]

In dem Gespräch scheint Schlotzhauer eine Divergenz zwischen »Deutschtum« und »Nationalsozialismus« zu bekräftigen, welche er aber drei Tage später wieder negierte:

»S: Ob ich Demokratie will! Wenn das so eine Scheiße ist, wie es früher war in Deutschland, dann können sie einpacken! ... Ich spiel den Dummen mit ihm [dem Verhöroffizier, d. Verf.], gebe ihm blöde Antworten ... Von der amerikanischen Demokratie habe ich nur Stacheldraht gesehen. Ich habe Adolf Hitler die Treue geschworen! Ich bin Nationalsozialist von Überzeugung! Wenn sie Verräter wollen, können sie sich an die Österreicher wenden. [...] Mich kriegen sie nicht!«[174]

Auch in Schlotzhauers Denkstrukturen gab es eine weitgehende Identität von Nationalsozialismus und Deutschsein. Dass die Amerikaner diese Kongruenz in seinem Denken erkannten, zeigt sich in ihrer Einschätzung dieses SS-Unterführers als »hopeless case«[175], als jungen Mann »without educational background, except for some distorted Nazi ideas«[176].

In seinen Äußerungen klingt eine nachvollziehbare Verbitterung über die Gefangenschaft durch, doch interessant in diesem Aussagenkomplex ist vor allem die fatalistische Haltung in Bezug auf seine Weigerung zu kooperieren und politische Unbeirrbarkeit. Die Ansage, dass die Amerikaner ihn doch erschießen sollten, allein aus seinem Trotz heraus zu erklären, greift zu kurz. Sicherlich spielt die Renitenz des Unterscharführers, der ob seiner Situation sichtlich frustriert war, eine gewisse Rolle für das Erklären seines Auftretens, doch darüber hinaus offenbart Schlotzhauer auch die Internalisierung einer totalitären Alles-oder-Nichts-Haltung, mithin einer existentiellen Philosophie, welche auch dem Nationalsozialismus eigen war. Noch deutlicher als bei Schlotzhauer tritt diese Haltung bei Joseph Andlinger zu Tage, der sich wiederholt weigerte, einen Fragebogen auszufüllen, sofern er nicht vorher einen amerikanischen Offizier dazu konsultieren könne. Als der Sergeant, dem Andlinger diese Bedingung vorgetragen hatte, gegangen war, bemerkte der SS-Unterscharführer: »Vielleicht wird das mein Todesurteil sein ...«[177]

Aus einer solchen Situation Lebensgefahr abzuleiten, dazu noch in US-amerikanischen Lagern, in denen deutschen Soldaten zumindest von ihren Bewachern in der

173 Room Conversation zw. Oswald Schlotzhauer und Max Voget vom 28.3.1945, 11:45-17:05 Uhr, in: NARA, RG 165, Entry 179, Box 540.

174 Room Conversation zw. Oswald Schlotzhauer und Heinrich Bruns vom 31.3.1945, 14:15-17:00 Uhr, in: NARA, RG 165, Entry 179, Box 540.

175 Deckblatt Oswald Schlotzhauer, ohne Datum, in: NARA, RG 165, Entry 179, Box 540.

176 Report of Interrogation Oswald Schlotzhauer vom 5.4.1945, in: NARA, RG 165, Entry 179, Box 540.

177 Room Conversation zw. Joseph Andlinger und Kurt Jörgens vom 5.3.1945, 11:45-17:00 Uhr, in: NARA, RG 165, Entry 179, Box 441.

Regel äußerst gut behandelt wurden, entbehrt einer rationalen Grundlage. Doch in den Augen des SS-Mannes schien die zumindest potentielle Gefahr zu existieren, dass die Amerikaner ihn für Bagatellen in aller Härte bestrafen könnten. Ähnlich drastisch schätzte der Untersturmführer Erhard d'Angelo nach Kriegsende das zu erwartende Vorgehen der US-Army als Besatzungsmacht in Deutschland ein. Er war fest überzeugt, dass »für jeden Amerikaner, der erschossen wird, 10 Deutsche erschossen [werden]«[178].

Damit rekurrierte er auf eine Praxis in der Besatzungspolitik, wie sie vor allem Osteuropa unter deutscher Besetzung erlebt hatte. Im Rahmen des so genannten Partisanenkrieges trafen die Gegenschläge deutscher Besatzungstruppen statt der eigentlichen Gegner allzu oft die Zivilbevölkerung der eroberten Länder[179]. In der Meinung des SS-Offiziers, nun eine ähnliche Politik in Deutschland erwarten zu müssen, spiegelt sich die Inflexibilität seines habituellen Rahmens. Dass die Amerikaner nicht dieselbe repressive Vorgehensweise anwenden würden wie die Deutschen in Osteuropa, kam ihm schlichtweg nicht in den Sinn.

Die hier aufgezeigten totalitären Denkmuster und gedankliche Inflexibilität waren ebenfalls für den Nationalsozialismus prägend, aber nicht ausschließlich mit ihm verbunden. Doch die Soldaten vermittelten auch über diesen mittelbaren Weg hinaus ihre offene Zustimmung zur NS-Ideologie in vielen Aspekten:

D'Angelo zum Beispiel, einer der jüngsten Männer aus den Stichproben, hatte eine Nationalpolitische Lehranstalt (NAPOLA) besucht und sich 1942 freiwillig zur Waffen-SS gemeldet. Nach seiner Ausbildung zum Panzerführer kam er zur 10. SS-Panzerdivision »Frundsberg«, mit der er an den Kämpfen in der Normandie teilnahm[180]. In der Gefangenschaft trat er als entschiedener Befürworter Adolf Hitlers auf und kritisierte eidbrüchige Soldaten aufs Schärfste[181]. Dass ihm von einem Mitgefangenen vorgeworfen wurde, während seiner Unterbringung im Camp Ruston, Louisiana, einen Landser in einem Femegericht wegen angeblichen Defätismus zu Tode verurteilt zu haben, vervollständigt das Bild eines Soldaten, der zu Recht als »weltanschaulicher Kämpfer« klassifiziert werden kann[182].

Explizit legte der Regimentskommandeur W. M. diese Weltanschauung in einem Bericht für die Amerikaner dar, in dem er die Leistung der NSDAP beim »Aufbau Deutschlands« und Erhalt des »völkischen Eigenlebens« der Deutschen würdigte: »Die Verwässerung des deutschen Volkes in rassischer Beziehung« sei gestoppt worden, ein wirtschaftlicher Aufschwung »ohne fremdes Kapital« habe Deutschland wieder zu einem Großmachtstatus verholfen, der nun im Krieg verteidigt werden müsse.

---

178 Room Conversation zw. Erhard d'Angelo und Kay Nieschling vom 1.6.1945, 9:00-11:45 Uhr, in: NARA, RG 165, Entry 179, Box 458.

179 Vgl. Hartmann: Verbrecherischer Krieg, S. 24f.; Römer: Der Kommissarbefehl, S. 226-250; Brakel: Unter Rotem Stern, S. 279-376, zum Widerstand gegen die deutsche Besatzungsherrschaft in Baranowicze; Büchler: »Unworthy Behaviour«, S. 414.

180 Er war am 28.7.1924 geboren worden. Vgl. Report of Interrogation Erhard d'Angelo vom 31.5.1945, in: NARA, RG 165, Entry 179, Box 458.

181 Vgl. Room Conversation zw. Erhard d'Angelo und Kay Nieschling vom 1.6.1945, 9:00-11:45 Uhr, in: NARA, RG 165, Entry 179, Box 458.

182 Vgl. Report F. K., ohne Datum, in: NARA, RG 165, Entry 179, Box 502.

»[I]ch bin überzeugt, dass nach einer Entscheidung dieses Krieges für Deutschland die Ideale des Nationalsozialismus, da sie typisch deutsch sind und durch die Erfolge als richtig erkannt wurden, weiterhin maßgebend sein werden.«[183]

Wie der Sturmbannführer W. M., der seine nationalsozialistischen Überzeugungen gar nicht zu verbergen suchte, gaben viele SS-Männer ihre Identifikation mit dem NS-System expressis verbis zu und traten vor den Amerikanern wie Mitgefangenen als eifrige Verfechter ihrer Ideale auf, welche sie ihren Bewachern mitunter sogar näher zu bringen versuchten. So berichtete der SS-Hauptscharführer Erwin Schienkiewitz seinem Zellengenossen, wie er es geschafft habe, einen Verhöroffizier von der Existenz einer »Russengefahr« wie einer »Negergefahr« zu überzeugen[184]. Richtiggehend verwundert zeigte sich der Obersturmführer W. Schwe. angesichts der Uneinsichtigkeit seines Verhöroffiziers: »Immer wieder dieselben Fragen. Warum Deutschland Amerika hasst. Verstehe ich nicht. Als ob in unserem Hass für den Bolschewismus noch Platz für einen anderen Hass übrig bleibt.«[185] Kurze Zeit später sinnierte er immer noch über die scheinbar antideutsche Haltung der Amerikaner und stellte empört fest: »Man macht uns einen Vorwurf[,] dass man national denkt!«[186]

Doch was der Obersturmführer als »national« bezeichnete, erkannten die Amerikaner zu Recht als nationalistisches Gedankengut. Auch wenn sich die Urteile der Verhöroffiziere mitunter plakativ lesen, waren sie durchaus in der Lage, differenzierende Denkstrukturen ihrer Gefangenen zu erkennen – sofern diese sie zu zeigen bereit waren[187]. Soldaten, die freimütig und stolz ihre nationalistische und/oder nationalsozialistische Gesinnung zur Schau stellten, konnten – selbst wenn sie diese Haltung als eigentümlich deutsch darlegten – nicht mit einem Entgegenkommen der Amerikaner rechnen. Äußerungen wie die des Oberscharführers Fritz Wurzer, der das »Deutsche Gesetz [als] dem Natur-Gesetz [sic] ähnlich« sah und das mit den Worten »what is not strong enough to live must die« präzisierte[188], führten zu einer eindeutigen Einstufung seitens der Ge-

---

183 Report of Interrogation W. M. vom 20.12.1944, in: NARA, RG 165, Entry 179, Box 514.

184 Vgl. Room Conversation zw. Erwin Schienkiewitz und Max Boehm vom 17.10.1944, 14:00-17:00 Uhr, in: NARA, RG 165, Entry 179, Box 538.

185 Room Conversation zw. W. Schwe. und K. G. vom 20.9.1944, 9:50-12:00 Uhr, in: NARA, RG 165, Entry 179, Box 546.

186 Room Conversation zw. W. Schwe. und K. G. vom 20.9.1944, 11:45-17:00 Uhr, in: NARA, RG 165, Entry 179, Box 546.

187 Vgl. z. B. Report of Interrogation H. A. vom 15.5.1945: »However, [t]his innate intelligence had a reverse action for as he became older, his experiences, travels, etc., helped him to formulate opinions of his own which heretofore had been curbed Nazism. It made him realize that he was a very narrow-minded individual in relationship with life surrounding him.« Siehe auch Room Conversation zw. Fra. S. und Kurt Riede vom 30.6.1945, 7:30-11:45 Uhr, in: NARA, RG 165, Entry 179, Box 543: »S. repeats the AN [Anti-Nazi, d. Verf.] sentiments he expressed to IO. He has shifted from Nazi to AN«; Report of Interrogation Franz Kneipp vom 24.10.1944, in: NARA, RG 165, Entry 179, Box 498: »Has no very outspoken Nazi ideas.«; Report of Interrogation G. W. vom 29.6.1945, in: NARA, RG 165, Entry 179, Box 558. Report of Interrogation Herbert Wegner vom 16.3.1945, in: NARA, RG 165, Entry 179, Box 559; Report of Interrogation Helmuth Wallendorf vom 19.2.1945, in: NARA, RG 165, Entry 179, Box 558.
Es ist bezeichnend, dass drei der sechs hier angeführten Sinneswandel erst nach Kriegsende verzeichnet wurden, ein weiterer Beleg für die tiefe Verankerung nationalsozialistischen Gedankenguts in den SS-Männern.

188 Room Conversation zw. Fritz Wurzer und Helmut Steinig vom 8.10.1944, 11:45 Uhr, in: NARA, RG 165, Entry 179, Box 566.

wahrsamsmacht. Über den Obersturmführer Schwe. findet sich in den Akten der Vermerk, er sei »100% Nazi. [...] He very obviously portrays the effect of Nazi propaganda in his thinking. But it can't really be said he ›thinks‹ he is but a parrot«[189].

Auch im Denken des Unterscharführers Andlinger, SS-Mann seit 1938 und stets mit der 2. SS-Panzerdivision »Das Reich« im Felde[190], offenbaren sich Überzeugungen, die dieses Urteil für ihn rechtfertigen: Ebenfalls ambitionierter Befürworter des »Führers«, verhehlte er seine politische Überzeugung als »National-Sozialist« nicht[191] und titulierte die Amerikaner despektierlich als »Mischvolk, nicht rein wie Deutsche«[192]. Dass die so Gescholtenen ihn daraufhin als »Nazi and as bad as they come« einstuften, ist nur folgerichtig[193], auch angesichts der folgenden Tirade des Unterscharführers:

»[Andlinger] says he will not let his ›Ueberzeugung‹ be taken from him – ich werde nicht das Deutschtum verraten. Has observed that for a cigarette which a Jew held out other PsW became traitors. Declares he is strong eater but would go without food rather than betray Deutschtum [o]r have Amis say with contempt: Das sind die Deutschen.«[194]

Auch in Andlingers mentalem Rahmen existierte eine Kongruenz von Nationalsozialismus und Deutschsein, doch verweisen seine Worte darüber hinaus auf eine weitere ideologische Komponente, die untrennbar mit dem NS-System verbunden ist:

Die Rolle »des Juden« als heimtückischer Verführer war ein von der NS-Propaganda stets betontes Klischee und Schreckgespenst[195], das die Soldaten der Waffen-SS anscheinend derart verinnerlicht hatten, dass sie auch in Gefangenschaft darauf zurückgriffen. Andlinger war nicht der einzige, der hinter den Maßnahmen der Gewahrsamsmacht sinistre Juden am Werk wähnte. In den Gesprächen der SS-Männer tritt immer wieder das Bild vermeintlicher Juden in amerikanischer Uniform in Erscheinung, welche als Verhöroffiziere die Gefangenen der SS peinigten[196]. Auf die Bemerkung des Hauptsturmführers W. A., ihn habe in den ersten vier Tagen in Fort Hunt ein Jude verhört, entgegnete Hauptmann Helmut Krug von der 709. Infanteriedivision des Heeres: »Wie können Sie das erkennen? Ich mute mir nicht zu, dass ich das sofort erkenne. Außerdem ist es mir scheißegal, ob Jude oder nicht. Ich spreche als Offizier zu Offizier, und wenn die Amerikaner nicht dieselben Grundsätze haben wie wir, ist das ihre Sache. Für mich ist er amerikanischer Offizier.« Diese Zurechtweisung veranlasste Hauptsturmführer A. sich hastig zu rechtfertigen: »Dieser Jude war aber furchtbar. Hat mir entsetzlich zugesetzt.«[197]

---

189 Report of Interrogation W. Schwe. vom 28.9.1944, in: NARA, RG 165, Entry 179, Box 546.

190 Vgl. Report of Interrogation Joseph Andlinger vom 8.3.1945, in: NARA, RG 165, Entry 179, Box 441.

191 Vgl. Room Conversations zw. Joseph Andlinger und Kurt Jörgens vom 1.3.1945, 17:00-23:00 Uhr, 5.3.1945, 11:45-17:00, in: NARA, RG 165, Entry 179, Box 441.

192 Room Conversation zw. Joseph Andlinger und Kurt Jörgens vom 6.3.1945, 11:45-17:00, in: NARA, RG 165, Entry 179, Box 441.

193 Report of Interrogation Joseph Andlinger vom 8.3.1945, in: NARA, RG 165, Entry 179, Box 441.

194 Room Conversation zw. Joseph Andlinger und Kurt Jörgens vom 1.3.1945, 17:00-23:00, in: NARA, RG 165, Entry 179, Box 441.

195 Vgl. Cüppers: Wegbereiter der Shoah, S. 101; Unter Sigrune und Adler, passim.

196 Vgl. Room Conversation zw. Oswald Schlotzhauer und Heinrich Bruns vom 1.4.1945, 17:00-19:30 Uhr, in: NARA, RG 165, Entry 179, Box 540: »Die Mehrzahl sind hier Juden.«

197 Room Conversation zw. W. A. und Helmut Krug vom 25.8.1944, 9:00-12:00 Uhr, in: NARA, RG 165, Entry 179, Box 442.

Auch der Sturmbannführer W. M. war sich sicher, einem jüdischen Verhöroffizier gegenübergestanden zu haben und klagte seinem Zellengenossen dieses Schicksal: »Ich habe mir alles gewünscht, nur nicht Gefangenschaft. Dann Vernehmung von Juden, ausgerechnet von Juden; Können [sic] sich vorstellen[, ich] blieb stur, nie zugesagt [sic].«[198]

Dagegen schien dem Obersturmführer W. Schwe. dieses Los erspart geblieben zu sein, zumindest berichtete er, dass es »anständig [ist,] dass sie uns SS-Führer nicht von Juden vernehmen lassen. Der Hauptmann war bestimmt kein Jude, ein reiner Amerikaner, und arbeitslos in 1929. Mit diesen Leuten könnte ich mich vertragen.«[199]

Die ständige Präsenz des nationalsozialistischen Klischees »des Juden« in den Gesprächen der SS-Männer und seine Funktion aggregieren in einem Brief des Unterscharführers Arno Dürner an seine Eltern. Dürner wurde 1925 im Schwarzwald geboren. Sein Vater, selbst glühender Anhänger Erich Ludendorffs[200], brachte ihn in die Hitlerjugend. Im Alter von 17 trat er der SS bei »and became one of Hitler's best poisoned young minds«, kämpfte 1940 gegen Frankreich, später in Russland, Italien und 1944 wieder in Frankreich, wo er am 18. August 1944 in Kriegsgefangenschaft geriet[201].

Anlässlich der Weihnachtstage 1944 verfasste Dürner einen Brief an seine Eltern, welchen die Amerikaner für ihre Akten übersetzten und archivierten. Darin beschrieb der junge SS-Führer, wie er ob seiner Weigerung, Informationen preiszugeben, in Isolationshaft gekommen und misshandelt worden sei[202].

»Then I was brought into a camp and kept on bread and water for two weeks in the State of Maryland. On Dec 24 I was transferred from there to Okla. So I spent my holidays on the train. That again was typical Jewish capitalistic ways, because that way they could keep the Xmas gifts of the Red Cross ... Nevertheless we were all very happy because the highest, most beautiful and best that one can give us is the offensive in the West ... Long live Germany, its Führer, and his National-Socialistic idea.«[203]

Im Transfer zu einem anderen Camp über die Feiertage sah Dürner den Vorsatz, den Gefangenen ihre Weihnachtsgeschenke vorzuenthalten und wertete dies als »typical Jewish capitalistic ways«. Explizit heißt dieser Vorwurf nicht, dass hier Juden *unmittelbar* am Werk gewesen sein müssen, in den Augen des SS-Mannes aber war das Verhalten

198 Room Conversation zw. W. M. und E. G. vom 22.12.1944, 14:05-17:15 Uhr, in: NARA, RG 165, Entry 179, Box 514. Vgl. auch Report of Interrogation W. M. vom 18.12.1944, in: NARA, RG 165, Entry 179, Box 514: »This IO was Jewish and acted accordingly«; Room Conversation zw. W. M. und Fri. S. vom 19.12.1944, 11:45 Uhr, in: NARA, RG 165, Entry 179, Box 514.

199 Room Conversation zw. W. Schwe. und K. G. vom 20.9.1944, 9:50-12:00 Uhr, in: NARA, RG 165, Entry 179, Box 546.

200 Zu Ludendorff siehe Pöhlmann: Der moderne Alexander, passim.

201 Vgl. Report of Interrogation Arno Dürner vom 5.12.1944, in: NARA, RG 165, Entry 179, Box 462.

202 Diese Vorwürfe finden in den Unterlagen keine Bestätigung, zumindest die Isolationshaft hätte vermerkt werden können. Dennoch ist es möglich, dass Dürner die Wahrheit sagte, da die Geschehnisse in einem anderen Camp stattgefunden haben sollen. Unabhängig von dieser Frage stilisiert sich der Unterscharführer dadurch zum standhaften Märtyrer, der sämtliche Vorurteile der NS-Propaganda über den Kriegsgegner bestätigt: »This is the personification of the highest American soldiership.« Report Arno Dürner, ohne Datum, in: NARA, RG 165, Entry 179, Box 462.

203 Report Arno Dürner, ohne Datum, in: NARA, RG 165, Entry 179, Box 462.

der Amerikaner Ausdruck einer jüdisch-kapitalistischen Beeinflussung. Darin spiegelt sich das von der nationalsozialistischen Propaganda konstruierte Zerrbild des »jüdischen Kapitalismus«. Dieser war Kennzeichen des Versuchs, den Krieg gegen die Westmächte zu ideologisieren und mit dem weltanschaulichen Vernichtungskrieg, welchen das »Dritte Reich« in Osteuropa führte, auf eine Ebene zu stellen. Spätestens seit der deutschen Kriegserklärung an die USA im Dezember 1941 versuchte die nationalsozialistische Propagandamaschine, eine weltanschauliche Verbindung zwischen den ideologisch inkompatiblen Gegnern zu knüpfen. Als Brücke diente ihr das »internationale Judentum«, welches seine Strippenzieher nicht nur in der kommunistischen Sowjetunion, sondern auch im kapitalistischen Westen platziert habe, um das Deutsche Reich von zwei Seiten her anzugreifen und zu vernichten[204].

Die Ideologisierung des Krieges gegen die Westmächte gelang der NS-Führung aber nur begrenzt. Die Soldaten der Wehrmacht sahen insbesondere in den Engländern und Amerikanern weniger die Marionetten jüdischer Vernichtungspolitik, sondern eher potentielle Verbündete im Kampf gegen den eigentlichen Hauptfeind, die Sowjetunion[205]. Diese Hoffnung hegten ebenfalls einige Männer aus den Stichproben, auch aus den Reihen der Waffen-SS. Es ist vereinzelt die Rede von einer rassischen »Blutsverwandtschaft« mit den Angloamerikanern. Doch die oben angeführten Zitate offenbaren, dass die Soldaten die nationalsozialistische Propaganda über die Westmächte zumeist bereitwillig in ihre Deutungsmuster übernahmen[206]. Dabei ist es unerheblich, ob es sich bei den amerikanischen Verhöroffizieren tatsächlich so oft um Juden handelte – das scheint zumindest unwahrscheinlich – denn worauf diese SS-Männer rekurrierten, war der *Typus* eines gehässigen Feindes, der omnipräsent seine Fäden zog und ihnen (wie dem gesamten deutschen Volk) schaden wollte[207].

---

204 Vgl. Herf: »Der Krieg und die Juden«, S. 159-169.

205 Vgl. Lieb: Konventioneller Krieg, S. 131-140; Leleu: La Waffen-SS, S. 776.

206 Auch wenn sie die Amerikaner unter jüdischer Beeinflussung wähnten, galt ihnen die Sowjetunion als Epitom jüdischer Agitation und damit als Hauptfeind des Krieges. Vgl. Report of Interrogation Ho. Ho. vom 12.8.1944, in: NARA, RG 165, Entry 179, Box 486: »France and Russia are not capable of bringing any ›Kultur‹ to Germany and therefore it isn't so bad to be at war with them. But to fight against England and America, practically against ones own blood, is really a shame.« Siehe auch Room Conversation zw. E. T. und Sepp Salmutter vom 28.4.1945, 20:00-22:00 Uhr, in: NARA, RG 165, Entry 179, Box 554; Room Conversation zw. Theodor Eichbauer und Hermann Jacob vom 27.12.1944, 7:30-10:45 Uhr, in: NARA, RG 165, Entry 179, Box 464; Room Conversation zw. Herbert Wegner und Johann Giermindl vom 19.3.1945, 18:00-21:00 Uhr, in: NARA, RG 165, Entry 179, Box 559; Room Conversation zw. Josef Herberhold und Emil Wagner vom 10.2.1945, 17:00 Uhr, in: NARA, RG 165, Entry 179, Box 482; Room Conversation zw. W. A. und A. K. vom 21.8.1944, 17:00-21:00 Uhr, in: NARA, RG 165, Entry 179, Box 442; Room Conversation zw. Heinrich Bruns und Oswald Schlotzhauer vom 31.3.1945, 17:00-22:15 Uhr, in: NARA, RG 165, Entry 179, Box 455; Room Conversation zw. Karl Flormann und Kurt Ohm vom 22.1.1945, 11:45-17:00 Uhr, in: NARA, RG 165, Entry 179, Box 468; Morale Questionnaire H. T. vom 1.9.1944, in: NARA, RG 165, Entry 179, Box 554; Report of Interrogation F. W. vom 14.1.1944, in: NARA, RG 165, Entry 179, Box 560; Report of Interrogation G. S. vom 9.1.1944, in: NARA, RG 165, Entry 179, Box 548; Room Conversation zw. Franz Parz und Anton Schmidt vom 22.2.1945, 17:30-21:00 Uhr, in: NARA, RG 165, Entry 179, Box 524; Room Conversation zw. Hugo Adam und Wilhelm Pernert vom 16.5.1945, 19:00 Uhr, in: NARA, RG 165, Entry 179, Box 441.

207 Vgl. auch Room Conversation zw. Heinrich Gromoll und Karl Gans vom 18.9.1944, 11:50-17:00 Uhr, in: NARA, RG 165, Entry 179, Box 475; Room Conversation zw. He. He. und Franz Wambacher vom 20.11.1944, 12:00-16:30 Uhr, in: NARA, RG 165, Entry 179, Box 482; Room Conversation zw. Oswald Schlotzhauer und Hermann Bader vom 27.3.1945, 11:45-17:00 Uhr, in: NARA, RG 165, Entry 179, Box 540: »Schuld am Krieg hat der Jude mit dem Kapital«; Room Conversation zw. Oswald Schlotzhauer und Heinrich Bruns vom 31.3.1945,

Dieser radikale Antisemitismus entsprach en detail dem nationalsozialistischen Judenbild. Dass dieses, freilich in verschiedenen Schattierungen, im Denken von insgesamt 30 Prozent der SS-Soldaten nachweisbar ist, belegt die hohe Konformität ihrer Deutungsmuster mit nationalsozialistischen Theoremen, die in großer Vielfalt im Denken der Männer wirkten.

Das Spektrum reichte, ausgehend von der Bewunderung Adolf Hitlers über die Adaption eines disparaten Totalitarismus und die Identifikation des Nationalsozialismus als urtümlich deutsch bis hin zur Internalisierung antisemitischer Stereotype[208]. Diese sind in der Stichprobe der SS-Männer weit präsenter als bei den Fallschirmjägern, unter denen sie bei etwa 13 Prozent der Soldaten in zumeist abgeschwächter Form auftreten[209].

Obschon die Untersuchung bislang zeigte, dass die Luftwaffensoldaten einen für die Wehrmacht überdurchschnittlich hohen Internalisierungsgrad nationalsozialistischer Ideale aufweisen, belegt dieses Ergebnis ein qualitatives Gefälle auch zwischen Fallschirmjägern und SS-Männern. Der radikale Antisemitismus stellte ein Kernelement nationalsozialistischer Ideologie dar und besitzt damit eine besondere Eigenqualität für die Einschätzung der Nähe zum NS-System[210].

Doch abgesehen davon befindet sich die Wirksamkeit nationalsozialistischen Impetus' in den Denkmustern der Fallschirmjäger auf einem ähnlichen qualitativen Niveau[211] und umfasst wie bei den SS-Männern neben Führerglauben, Akzeptanz des NS-Staates und Gleichsetzung des Nationalsozialismus mit Deutschland eine empirisch erkennbare rassistisch-biologistische Komponente, die vor allem auf Osteuropa abzielt.

Tatsächlich offenbaren die Quellen also in wichtigen Bereichen homogene Tendenzen innerhalb beider Stichproben, welche auf die Existenz eines ideologisch verwurzelten gruppenspezifischen Habitus im Kern der Eliteverbände weisen.

17:00-22:15 Uhr, in: NARA, RG 165, Entry 179, Box 540: »[S:] And who is the gainer in this whole war – the Jew. (B agrees.)«

208 Vgl. auch Room Conversation Fritz Wurzer und Helmut Steinig vom 8.10.1944, 19:00-23:00 Uhr, in: NARA, RG 165, Entry 179, Box 566; Report of Interrogation Arno Dürner vom 5.12.1944, in: NARA, RG 165, Entry 179, Box 462; Room Conversation zw. Georg Blunder und Friedrich Wilhelm Doell vom 22.1.1945, 17:15 Uhr, in: NARA, RG 165, Entry 179, Box 450; Morale Questionnaire W. A. vom 25.8.1944, in: NARA, RG 165, Entry 179, Box 442; Report of Interrogation Werner Kirstein vom 23.12.1944, in: NARA, RG 165, Entry 179, Box 496; Report of Interrogation Fra. S. vom 30.6.1945, in: NARA, RG 165, Entry 179, Box 543; Report of Interrogation W. Schwa. 22.9.1944, in: NARA, RG 165, Entry 179, Box 546; Deckblatt Herbert Läpke, ohne Datum, in: NARA, RG 165, Entry 179, Box 506; Room Conversation zw. Karl Joerg und Ernst Kling vom 27.1.1945, 17:00-20:00 Uhr, sowie zw. Karl Joerg und Fritz Koppermann vom 10.2.1945, 11:45-17:00 Uhr, in: NARA, RG 165, Entry 179, Box 545; Report of Interrogation Kurt Kretschmer vom 4.4.1945, in: NARA, RG 165, Entry 179, Box 503; Room Conversation zw. Kurt Naake und Reinhold Weyl vom 1.11.1944, 11:45-17:05 Uhr, in: NARA, RG 165, Entry 179, Box 520.

209 Dieser Wert beinhaltet nicht die zahlreicher vorhandenen rassistisch-biologistisch motivierten Klassifizierungen verschiedenster Couleur. Vgl. z.B. Room Conversation zw. Otto Wolf und Günther Meier vom 17.3.1945, 12:00-17:00 Uhr, in: NARA, RG 165, Entry 179, Box 565; Report of Interrogation F. W. vom 1.8.1944, in: NARA, RG 165, Entry 179, Box 560; Report of Interrogation E. P. vom 12.3.1945, in: NARA, RG 165, Entry 179, Box 526; Room Conversation zw. Heinrich Bruns und Johannes Fritsche vom 19.3.1945, 17:00-19:30 Uhr, in: NARA, RG 165, Entry 179, Box 455.

210 Kershaw: Der Hitler-Mythos, S. 278; Welzer: Täter, S. 65.

211 Insbesondere die Offiziere F. W., A. K. und Rolf Herzig sowie die Unteroffiziere Adolf Ross und Otto Wolf weisen einen derart hohen Ideologisierungsgrad auf, dass sie ohne Frage gute »politische Soldaten« in der Parteiarmee abgegeben hätten.

Die Diversität der amerikanischen Akten ermöglicht es, anhand biographischer Daten gegenzuprüfen, ob es bei den elf Fallschirmjägern und den 22 SS-Männern, die diesen ideologischen Nukleus stellen, soziobiographische Gemeinsamkeiten in den jeweiligen Gruppen gibt.

Wie das Kapitel *Die Fallschirmjäger* aufgeschlüsselt hat, sind im Sample der Luftwaffensoldaten nur acht Veteranen der ersten Kriegseinsätze der Fallschirmtruppe zu finden. Sie stellen mit einem Anteil von 20 Prozent lediglich einen kleinen Teil der Stichprobe. Unter den elf systemtreuen Soldaten tauchen jedoch fünf der Männer wieder auf, womit sie in dieser Gruppe, in der sie 45,45 Prozent ausmachen, erheblich überrepräsentiert sind. Noch deutlicher ist der Zusammenhang zwischen Freiwilligkeit und Systemtreue: Während sich im Gesamtsample 15 freiwillige Fallschirmjäger befinden, damit 37,5 Prozent der Männer, ist die Freiwilligenquote unter den elf systemnahen Springern mit 72,73 Prozent fast doppelt so hoch. Das impliziert, dass diejenigen Männer, die sich freiwillig zur Fallschirmtruppe meldeten, mit höherer Wahrscheinlichkeit nationalsozialistisch geprägt waren.

Die beiden Stichproben belegen darüber hinaus, dass die Zustimmung zum Nationalsozialismus proportional unter den Soldaten am größten war, welche ihre Sozialisation hauptsächlich im »Dritten Reich« erfahren hatten, mithin die Alterskohorte der ab 1921 Geborenen. Das gilt insbesondere für die Fallschirmjäger des Samples, für die sich die Wahrscheinlichkeit, systemtreu zu sein, deutlich erhöht, sofern sie zur jüngsten Alterskohorte gehören[212].

Tabelle 3:
Proportionaler Anteil der systemtreuen Soldaten an den Alterskohorten

Geburtsjahrzehnt	Sample Waffen-SS		Sample Fallschirmjäger	
	Anteil am Gesamtsample	proportionaler Anteil	proportionaler Anteil	Anteil am Gesamtsample
vor 1901	0%	0%	9,09%	5%
1901–1910	15%	4,55%	20%	25%
1911–1920	57,5%	59,1%	54,55%	55%
ab 1921	27,5%	36,36%	33,33%	15%

Ansonsten zeigen die Stichproben bezüglich Systemtreue und Alter keine bedeutenden Differenzen. Allenfalls in der Alterskohorte der 1901 bis 1910 Geborenen fallen geringe Unterschiede ins Auge. Zwar sind diese in beiden Verbänden proportional unterrepräsentiert, das Gefälle ist bei den Fallschirmjägern jedoch kleiner. Das kann einerseits an Besonderheiten des Samples liegen, zeugt aber auch von der Schwerpunktsetzung der Waffen-SS, die ihr Augenmerk vor allem auf die Soldaten der jüngsten Jahrgänge richtete. Der Parteiarmee war es lange Zeit nicht gestattet Wehrdienstpflichtige einzuzie-

212 Ein Hinweis auf den hohen Ideologisierungsgrad der jungen »Rabauken«. Vgl. Stimpel: Die die deutsche Fallschirmtruppe. Innenansichten, S. 7.

hen; sie musste zumindest nominell Freiwillige anwerben. Das versuchte die Waffen-SS während des gesamten Krieges und überschritt dabei ihr zugebilligte Kompetenzen, indem sie Werber gezielt und aggressiv auf junge Männer in Hitlerjugend und Reichsarbeitsdienst ansetzte. Die Wehrmacht, um ihren Rekrutierungspool besorgt, beschwerte sich wiederholt über den massiven Eingriff in ihren Hoheitsbereich. Doch als Heinrich Himmler 1944 Oberbefehlshaber des Ersatzheeres wurde, konnte er den bestgeeigneten Nachwuchs offen in die Waffen-SS schleusen[213].

In den anderen Untersuchungsbereichen stimmen die Tendenzen zwischen Fallschirmjägern und Waffen-SS überein, bei Letzterer gehen die Werte sogar noch über jene der Luftwaffensoldaten hinaus: Am wenigsten überrascht die hohe Veteranenquote unter den systemtreuen SS-Männern, zieht man in Betracht, dass schon im Gesamtsample 75 Prozent der Soldaten eine lange Einsatzerfahrung vorweisen. Dass sie in der Gruppe der Siegesgläubigen allerdings auf nahezu 100 Prozent ansteigt (sie beträgt 95,45 Prozent), ist doch augenfällig. Lediglich ein Unteroffizier, Karl Joerg, kam nur zu einem Fronteinsatz, bevor er in Gefangenschaft geriet[214]. Außer ihm kämpften alle Soldaten, die hier in Betracht kommen, mindestens zwei Jahre und an zwei Fronten, die allermeisten standen sogar seit spätestens Ende 1939 im Dienst der Parteiarmee.

Unter den systemnahen Offizieren und Unteroffizieren der SS finden sich lediglich zwei, die nicht freiwillig zu ihrer Profession kamen[215]. Die Freiwilligenquote in dieser Gruppe beträgt damit 90,9 Prozent, ein ebenfalls signifikanter Wert[216].

Es fällt nicht schwer, aus den Daten das prototypische Bild eines weltanschaulich gefestigten Elitesoldaten zu filtern: Die Wahrscheinlichkeit, dass ein Soldat aus den zwei Stichproben dieses ausfüllt, steigt mit der Erfüllung einiger zentraler Kategorien. Diese sind, in aufsteigender Reihenfolge: Konfession und Bildung[217], eine späte Geburt, Mit-

213 Vgl. Wegner: Anmerkungen, S. 9; Reitlinger: Die SS, S. 154; Rohrkamp: ›Weltanschaulich gefestigte Kämpfer‹, S. 359; Longerich: Heinrich Himmler, S. 270. Leleu verweist diesbezüglich auf den hohen Ideologisierungsfaktor der Hitlerjugend, aus der die Waffen-SS bevorzugt rekrutierte. Vgl. Leleu: La Waffen-SS, S. 781-783.

214 Karl Joerg, Jahrgang 1924, meldete sich im April 1943 freiwillig zur Waffen-SS und kam direkt zur 12. SS-Panzerdivision »Hitlerjugend«, die im Laufe des Jahres in Belgien aufgestellt wurde. Vgl. Report of Interrogation Karl Joerg vom 24.1.1945, in: NARA, RG 165, Entry 179, Box 491. Zur Division »Hitlerjugend« siehe Keegan: Die Waffen-SS, S. 198; Leleu: La Waffen-SS, S. 734-738. Über ihren Einsatz in der Normandie siehe Leleu: La Waffen-SS, S. 767. Die Umstände, unter denen Kurt Naake zur Waffen-SS kam, sind aus den Akten nicht ersichtlich, weshalb er nicht zu den Freiwilligen gezählt wurde. Vgl. Report of Interrogation Kurt Naake vom 1.11.1944, in: NARA, RG 165, Entry 179, Box 520.

215 Vgl. Report of Interrogation K. G. vom 20.9.1944, in: NARA, RG 165, Entry 179, Box 474. K. G. war einer der Männer, die im September 1939 aus der Allgemeinen in die bewaffnete SS eingezogen wurden. Nach einem Erlass Adolf Hitlers vom 18.5.1939 hatte die SS die Erlaubnis zum Aufbau eines taktischen Großverbandes im Kriegsfall, der nun eingetreten war. Um ihren Personalbedarf zu decken, griff Himmler auf die Allgemeine SS zurück. Vgl. Rohrkamp: ›Weltanschaulich gefestigte Kämpfer‹, S. 201f.

216 Im Gesamtsample liegt er bei 55 Prozent.

217 Der proportionale Abgleich ergibt diesbezüglich keine signifikanten Unterschiede, außer, dass die »Gottgläubigen« auch die Systemtreuen sind, was jedoch nicht überrascht. Die Bildung spielt in den Stichproben eine eher untergeordnete Rolle. Das liegt an der vorhandenen Parität der Schulabschlüsse zwischen Offizieren und Unteroffizieren, die wiederum keine graduelle ideologische Abweichung voneinander zeigen.

gliedschaft in NS-Organisationen[218], und am wichtigsten sind jedoch eine lange Einsazerfahrung im Rahmen des Verbandes sowie die Freiwilligkeit des Dienstes[219].

Nichtsdestotrotz hat die quantitative Auswertung ergeben, dass es in beiden Eliteverbänden auch Männer gab, die sich vollständig vom Nationalsozialismus distanzierten und mitunter sogar bereit waren, mit den Alliierten zu kooperieren, um den Krieg schneller zu beenden.

Die Untersuchung bliebe unvollständig, ließe man diese Soldaten außen vor, auch weil sie wertvolle Erkenntnisse nicht nur über ihre eigenen Denkmuster, sondern auch über die Zusammensetzung der systemtreuen Soldaten versprechen[220].

Bei der Waffen-SS waren es sieben Männer (das heißt 17,5 Prozent des Samples), bei den Fallschirmjägern zehn (25 Prozent), welche offen ihre Opposition zum Nationalsozialismus bekannten.

Für diese SS-Männer wie die Luftwaffensoldaten gilt, dass sie ihre Ablehnung des »Dritten Reichs« bereits lange vor ihrer Gefangenschaft entwickelt hatten, diese mithin schon beim Eintritt ins Militär entwickelt oder zumindest im Ansatz vorhanden war. Einer dieser Fallschirmjäger war der Oberfeldwebel Theo Stammen: Geboren 1909 im Rheinland, arbeitete der gläubige Katholik bereits vor der »Machtergreifung« als Polizist. Bereits 1935 geriet er in erste Konflikte mit Parteioffiziellen, da er sich weigerte, der SA beizutreten. Daraufhin vom Dienst suspendiert, suchte er sich neue Arbeit und fand sie als Sicherheitsmann in verschiedenen Fabriken. Kurz vor Ausbruch des Zweiten Weltkrieges wurde er in die Wehrmacht eingezogen und diente in der 253. Infanteriedivision des Heeres, mit der er am Feldzug gegen Frankreich und am Unternehmen »Barbarossa« teilnahm. Im März 1944 wurde er zur Luftwaffe versetzt, kam zur 2. Fallschirmjägerdivision und kämpfte in ihrem Rahmen gegen die alliierte Invasion, bis er im September 1944 in Brest in die Kriegsgefangenschaft geriet[221].

Seine religiöse Sozialisation verhinderte ein Abdriften in den Nationalsozialismus, außerdem stand er als Polizist im Dienste des »old democratic state«[222] vor der »Machtergreifung«, der in ständiger Auseinandersetzung stand mit jenen extremistischen Kräften, welche die Weimarer Republik schließlich zu Fall brachten. Im Gegensatz zu vielen anderen Soldaten aus den Stichproben war Stammen daher in der Lage, den verbrecherischen Charakter des NS-Regimes zu erkennen und konsequenterweise im Zweiten Weltkrieg keinen berechtigten Kampf der Deutschen um ihren Lebensraum zu sehen,

---

218 Die Werte in beiden Samples sind ähnlich. Die Wahrscheinlichkeit, einen ideologisierten Soldaten anzutreffen, steigt um jeweils etwa die Hälfte, wenn er Mitglied einer (anderen) NS-Organisation war.

219 Der Zusammenhang zwischen langer Einsatzerfahrung und Ideologisierungsgrad bedeutet nicht nur, dass die Männer im Laufe ihrer Dienstzeit bei den einschlägigen Verbänden »nationalsozialistischer« wurden. Das ist ohne Frage möglich und sicher oft vorgekommen. In diesem Kontext aber bedeutet es, dass bei einem Soldaten aus der Stichprobe mit höherer Wahrscheinlichkeit dann eine nationalsozialistische Prägung vorliegt, wenn es sich um einen alt gedienten handelt. Damit korrespondieren die überlieferten Dienstbeurteilungen aus den deutschen Akten, die für die betreffenden Männer schon früh eine solche festhalten. Vgl. BAMA, Pers 1/91619, Pers 6/163889, 141878, 158609, 162375, 178544; Pers 15/2745; BArch (ehem. BDC) SSO, A., W., 1912, SSO, He., He., 1917, SSO, S., Fra., 1904, SSO, M., W., 1912, SSO, Schwe., W., 1912, SSO, G., K., 1920, SSO, Ho., Ho., 1922.

220 In der Haltung zum System zeigen beide Stichproben eine Schwerpunktbildung zu den Extremen, weshalb vor allem diese im Mittelpunkt der Untersuchung stehen.

221 Vgl. Report of Interrogation Theo Stammen vom 2.2.1945, in: NARA, RG 165, Entry 179, Box 549.

222 Report of Interrogation Theo Stammen vom 2.1.1945, in: NARA, RG 165, Entry 179, Box 549.

sondern eine unmoralische und menschenverachtende Aggression gegen Europa[223]. Folgerichtig war es ihm ein Anliegen, bei der schnellen Beendigung des Krieges zu helfen, wie er abschließend in seinem Lebenslauf beteuerte, den er für die amerikanischen Behörden verfasst hatte:

»I have made these statements to the best of my knowledge and belief, and I have only one request, which is, to put me at the disposal of the American Army so that I can help to end this senseless Nazi war sooner, or give me a position as a driver in the interior of the United States, so that I can earn some money for my home, which has been completely bombed out.«[224]

Auch seinen Zellengenossen gegenüber vertrat der Luftwaffenoffizier seine Meinung, als er versicherte, er werde seine Heimat nicht verraten, »aber was ich tuen [sic] kann um das System zu zerstören[,] das tue ich«[225].

Sucht man bei den anderen neun oppositionellen Luftwaffensoldaten nach Gemeinsamkeiten mit dem Oberfeldwebel Stammen, fällt sofort ins Auge, dass die meisten keine freiwilligen Fallschirmjäger waren, denn lediglich drei Männer dienten aus eigenem Willen in der Fallschirmtruppe. Dabei handelt es sich um die Unteroffiziere Otto Reinhardt und Willi Pichler[226] sowie den Hauptmann Hans Braun. Eine nähere Betrachtung ihrer Lebensgeschichten zeigt jedoch, dass es bei den ersten beiden (der Hauptmann Braun stellt einen Sonderfall dar[227]) keineswegs eine militärische oder sogar ideologische Begeisterung war, die sie veranlasste, sich »des Reiches kühnste[r] Elitetruppe«[228] anzuschließen.

---

223 Vgl. Report: »My views on Germany following the fall of the Nazis« Theo Stammen, ohne Datum, in: NARA, RG 165, Entry 179, Box 549.

224 Personal History Theo Stammen vom 2.1.1945, in: NARA, RG 165, Entry 179, Box 549. Vgl. auch Room Conversations zw. Theo Stammen, Alexander Lentes, Wilhelm Schlagen und Igor von Morr vom 2.2.1945, 13:30 Uhr, 17:00-19:30 Uhr, 3.2.1945, 17:00-20:00 Uhr, 7.2.1945, 17:00-20:00 Uhr, in: NARA, RG 165, Entry 179, Box 549; Room Conversation zw. Theo Stammen, Kurt Hesse und Engelbert Blenk vom 9.2.1945, 13:00-16:30 Uhr, in: NARA, RG 165, Entry 179, Box 549.

225 Room Conversation zw. Theo Stammen und Alexander Lentes vom 9.2.1945, 7:30 Uhr, in: NARA, RG 165, Entry 179, Box 549.

226 Pichler war kein Fallschirmjäger, sondern Angehöriger der Fallschirm-Panzer-Division 1 »Hermann Göring«. Vgl. Report of Interrogation Willi Pichler vom 30.1.1944, in: NARA, RG 165, Entry 179, Box 526.

227 Die Unterlagen Brauns lesen sich eher wie ein Abenteuerroman denn eine Personalakte. Sein Name ist ein Pseudonym, daher ist eine Überprüfung seiner Angaben über das Bundesarchiv nicht möglich. Schenkte man ihm Glauben, müsste man viele Lehrbücher umschreiben. Er gab an, seit 1937 bei der Fallschirmtruppe gewesen zu sein und praktisch jeden Einsatz mitgemacht zu haben. Er war aber auch fest davon überzeugt, dass sich die Sonne um die Erde dreht. Außerdem behauptete er, das Fallschirmspringen revolutioniert, die Vergeltungswaffe 1 und ein Raketenflugzeug erfunden, mehrere Spionageeinsätze in England und Frankreich durchgeführt, eine neue Bibelübersetzung erstellt zu haben und ein Jahr im Konzentrationslager inhaftiert gewesen zu sein, wo auch sein Vater und Bruder ums Leben gekommen seien. Darüber hinaus will er im Laufe der Jahre mehrere Parteioffizielle der NSDAP ermordet haben, woraufhin Adolf Hitler persönlich ihm eine Falle im Führerhauptquartier gestellt haben soll. Daraufhin floh Braun nach Italien, wurde dort festgesetzt, entkam aus der Haft, indem er einen Militärgeistlichen niederschlug und dessen Kleidung anlegte, und desertierte zu den Briten. Einzig der letzte Punkt ist bestätigt. Die Amerikaner, die sogar einen Psychologen zu den Verhören hinzuzogen, urteilten: »This man is either a genius or a mental case.« Vgl. Akte Braun, Hans (Hauptmann), in: NARA, RG 165, Entry 179, Box 453.

228 Kreta. Sieg der Kühnsten, S. 16.

Otto Reinhardt gab an, schon immer in Konflikt mit Autoritäten gewesen zu sein. Früh hatte er seine Begeisterung für das Fliegen entdeckt und sich daher 1935 zur neu entstehenden Luftwaffe gemeldet, um Pilot zu werden. Dieser Wunsch blieb ihm allerdings verwehrt, da er während seiner Ausbildung wegen seines rücksichtslosen Flugstils wiederholt Schäden an den Trainingsflugzeugen verursachte. So wurde er mehrmals disziplinarisch bestraft und zwischen verschiedenen Ausbildungseinheiten hin- und her geschoben. Als sich seine Situation auch im November 1943 noch nicht verbessert hatte, entschloss er sich, den Fallschirmjägern beizutreten. Mit der 3. Fallschirmjägerdivision griff er im Juni 1944 in die Kämpfe um die Normandie ein, wo er sich am 27. Juli 1944 nach schwerem Artilleriebeschuss, der seine Einheit zersprengt hatte, den Amerikanern ergab[229].

Die Entscheidung, zu den Erdkampfverbänden der Luftwaffe zu gehen, scheint in seinem Fall keiner besonderen Begeisterung für diese Truppe entsprungen zu sein. Vielmehr handelte es sich um die Flucht aus einer Sackgasse in seinem Leben. Fast acht Jahre hatte Reinhardt versucht, Pilot zu werden und war zuletzt doch darauf beschränkt Dienst zu tun als Flugzeugmechaniker. Es überrascht daher nicht, dass er weder eine soldatische Mentalität, noch ein Elitebewusstsein in militärischer oder ideologischer Hinsicht verinnerlicht hatte[230].

Willi Pichler, geboren 1922 in Österreich, war seit 1940 in der Wehrmacht. Drei Jahre lang wurde er durch diverse Schulen und Ausbildungskurse geschleust, bis er 1943 zum Truppenübungsplatz Munster in der Lüneburger Heide geschickt wurde.

»Here they persuaded him to join the Hermann Goering Division and after a few days of ›persuasion‹, P/W claims he was sent to a training regiment in Utrecht, Holland. Here, P/W claims, he was trained as a Group leader and he soon found himself in charge of a group which was destined for the front.«[231]

Auch in Pichlers Fall kann von einer freiwilligen Meldung eigentlich nicht gesprochen worden, obwohl sein Transfer zur Luftwaffendivision als solcher verzeichnet wurde. Anders als die bisher erwähnten Österreicher aus den Stichproben wertete Pichler die Inkorporation seiner Heimat in das »Großdeutsche Reich« als Usurpation und kooperierte daher bereitwillig mit den Amerikanern, um den Krieg zu verkürzen und »not only his beloved Austria but also the entire world«[232] zu retten. Er stattete die Alliierten mit Plänen der Fliegerhorste aus, die er kannte, überarbeitete Angriffspläne und arbeitete sogar als »Stool Pigeon«, als Spitzel für die Amerikaner. Diese brachten ihn mit vielen verschiedenen Gefangenen zusammen, die Pichler dann unter der Annahme verschiedenster Identitäten über militärisch relevante Themen diskret ausfragte[233].

Eine ähnlich ausführliche biographische Analyse der anderen oppositionellen Fallschirmjäger würde den Rahmen dieser Arbeit sprengen, sie ist auch nicht vonnöten[234].

---

229 Vgl. Report of Interrogation Otto Reinhardt vom 11.8.1944, in: NARA, RG 165, Entry 179, Box 530.

230 Vgl. u.a. Morale Questionnaire Otto Reinhardt vom 14.8.1944, in: NARA, RG 165, Entry 179, Box 530.

231 Vgl. Report of Interrogation Willi Pichler vom 30.1.1944, in: NARA, RG 165, Entry 179, Box 526.

232 Report of Interrogation Willi Pichler vom 6.3.1944, in: NARA, RG 165, Entry 179, Box 526.

233 In seiner Akte finden sich unzählige Mitschriften solcher Unterhaltungen. Siehe Akte Pichler, Willi (Unteroffizier), in: NARA, RG 165, Entry 179, Box 526.

234 Vgl. dazu Report of Interrogation Josef Fritsch vom 22.3.1945, in: NARA, RG 165, Entry 179, Box 470;

Denn die bisher untersuchten Männer offenbaren bereits einen zentralen Konnex zwischen einer ablehnenden Haltung zum Nationalsozialismus und den Umständen des Beitritts zur Fallschirmtruppe. Keinesfalls bedeutet dies, dass die Männer zu Oppositionellen wurden, *weil* sie zu den Fallschirmjägern versetzt beziehungsweise gezogen wurden. Vielmehr zeigt dieses Ergebnis, dass die Fallschirmtruppe im Zuge ihrer Expansion auf Personal angewiesen war, das nicht mehr dem Stand der frühen Jahre dieser jungen Waffengattung entsprach. Eventuell hatte es im Schnitt noch einen ähnlichen militärischen Wert[235], keinesfalls aber in der Mentalität und Einstellung der Soldaten.

Noch eindeutiger sind die Beweggründe der oppositionellen SS-Männer soziobiographisch zu erfassen, denn unter diesen sieben Offizieren und Unteroffizieren befinden sich nur zwei autochthone Deutsche, Alois Kloker und Theodor Eichbauer. Über die biographischen Hintergründe dieser beiden sind nicht viele Informationen in den Akten erhalten, aber dass diese beiden keine freiwilligen SS-Rekruten waren, ist gewiss.

Eichbauer hatte von 1939 bis 1944 in einer Flak-Scheinwerfer-Einheit gedient und wurde im April 1944 zur Waffen-SS gezogen, kam bald danach an die Westfront und geriet am 8. September des Jahres in Gefangenschaft[236]. Alois Kloker war im Zivilleben Ordnungspolizist in Frankfurt am Main und wurde im April 1943 zum Polizei-Ausbildungs-Bataillon versetzt. Mit dem Polizei-Regiment 19 kam er zum Partisaneneinsatz nach Jugoslawien (der in den Akten nicht näher thematisiert wird), wo er verwundet wurde. Nach einem langen Lazarettaufenthalt wurde er an die Westfront geschickt und kam im August 1944 in Gefangenschaft[237].

Dass diese beiden Männer dem Nationalsozialismus diametral gegenüberstanden, betonen sie nachdrücklich[238], worauf sich ihre Ablehnung gründete, allerdings nicht. In den Gesprächen Klokers scheint lediglich immer wieder durch, dass er es ablehnte, mit der Waffen-SS in Verbindung gebracht zu werden und deswegen »mit einem Nazi-Haufen« zusammen in ein Stammlager zu kommen[239].

Offenkundiger ist der Zusammenhang von Biographie und oppositioneller Haltung bei den anderen fünf SS-Männern dieser Gruppe: Die Eltern des Unterscharführers Alfred Mundinger waren direkt nach dessen Geburt 1920 von Düsseldorf ins Elsass gezogen, wo er in eine französische Schule ging und im November 1939 in die französische

---

Report: »Documents of Erich Voigt« Erich Voigt, ohne Datum, in: NARA, RG 165, Entry 179, Box 557; Report of Interrogation Rudolf Müller vom 24.1.1945, in: NARA, RG 165, Entry 179, Box 519; Report of Interrogation Josef Herberhold vom 5.2.1945, in: NARA, RG 165, Entry 179, Box 482; Report of Interrogation Joachim Ellger vom 18.4.1945, in: NARA, RG 165, Entry 179, Box 464; Report of Interrogation F. K. vom 23.3.1945, in: NARA, RG 165, Entry 179, Box 502; BAMA, Pers 17/7512.

235 Insbesondere die ersten vier Fallschirmjägerdivisionen, die zum großen Teil aus Personal bestanden, das erst ab 1943 rekrutiert wurde, galten auch noch in der Schlussphase des Krieges als militärisch überdurchschnittlich leistungsfähig. Vgl. u.a. Stimpel: Die deutsche Fallschirmtruppe. Einsätze im Süden, S. 282-389; Stimpel: Die deutsche Fallschirmtruppe. Einsätze im Osten und Westen, S. 131-284; Roth: Die deutsche Fallschirmtruppe, S. 181f.; Lucas: Storming Eagles, S. 117ff.

236 Vgl. Report of Interrogation Theodor Eichbauer vom 4.1.1945, in: NARA, RG 165, Entry 179, Box 464.

237 Vgl. Report of Interrogation Alois Kloker vom 23.4.1945, in: NARA, RG 165, Entry 179, Box 498.

238 Vgl. Room Conversation zw. Alois Kloker und Wilhelm Hormes vom 23.4.1945, 14:45-17:10 Uhr, in: NARA, RG 165, Entry 179, Box 498; Room Conversations zw. Theodor Eichbauer Georg Jacob vom 27.12.1944, 7:30-10:45 Uhr, 17:30-21:15 Uhr, in: NARA, RG 165, Entry 179, Box 464.

239 Room Conversation zw. Alois Kloker und Wilhelm Hormes vom 23.4.1945, 19:00-20:40 Uhr, in: NARA, RG 165, Entry 179, Box 498; Vgl. auch Room Conversation zw. Alois Kloker und Wilhelm Hormes vom 25.4.1945, 8:00-1:45 Uhr, in: NARA, RG 165, Entry 179, Box 498.

Armee eingezogen wurde. Wie viele andere SS-Männer aus der Stichprobe erlebte er den für das »Dritte Reich« triumphalen Siegeszug der Wehrmacht durch Frankreich – auf der Seite des Gegners. Mit seiner Batterie musste Mundinger den Rückzug durch seine Heimat erleben. Kurzzeitig geriet er in deutsche Kriegsgefangenschaft, wurde aber bereits im Juli 1940 wieder entlassen und kehrte ins Elsass zurück. Mitte 1942 zwang man ihn, der Waffen-SS beizutreten, so wurde Mundinger einer der etwa 130.000 Elsässer, die als zwangsrekrutierte Soldaten in den deutschen Reihen kämpften, die »malgré-nous«[240]. Folgerichtig hatte er keine Schwierigkeiten, umfassend mit den Alliierten zu kooperieren. Er fertigte zahlreiche militärische Berichte an, kritisierte die Judenverfolgungen, nannte Adolf Hitler einen »Verbrecher« und äußerte den Wunsch, wieder der französischen Armee beitreten zu können[241]. In den Augen seiner deutschstämmigen »Kameraden« der Waffen-SS stand Mundinger dementsprechend schlecht dar. Als dem Unterscharführer Georg Blunder von dessen Zellengenosse berichtet wurde, dass es einen Elsässer im Lager gebe, der von sich sage, Franzose zu sein und kein Deutscher, antwortete der SS-Mann empört: »Dem hätte ich eine geklebt.«[242]

Der Sudetendeutsche Adolf Kirchner stützte seine Kritik am NS-System vorrangig auf die Inkorporierung seiner Heimat in das Deutsche Reich 1938. Seinem Zellengenossen Hans-Joachim Schoene wusste er zu berichten, dass »die deutsche Propaganda [...] das sudetendeutsche Volk belogen und aufgehetzt [hat]. Es hat nie Zwischenfälle mit den Tschechen gegeben, erst später durch die blödsinnige Propaganda.«[243]

Die drei übrigen oppositionellen SS-Männer waren Österreicher, die ihre Heimat nicht wie manch andere Soldaten aus den Stichproben als »Ostmark« des Reiches verstanden, sondern als autonomen Staat[244]. Ebenfalls gegen den eigenen Willen zur Waffen-SS gezogen, verwundert es nicht, dass sie keine »weltanschaulich gefestigten Kämpfer« waren, sondern explizite Kritiker des Nationalsozialismus[245], die ihre Gefangenschaft in den USA nicht als Schande ansahen, sondern als Chance, in Kooperation mit den

---

240 Diese wurden von der Forschung bisher kaum beachtet. Vgl. Koenig: Les »Malgré-nous«, passim; Fouché: Oradour, S. 49f.

241 Vgl. Akte Mundinger, Alfred (SS-Unterscharführer), in: NARA, RG 165, Entry 179, Box 520.

242 Room Conversation zw. Georg Blunder und Hans Gelfert vom 20.1.1945, 7:30-11:50 Uhr, in: NARA, RG 165, Entry 179, Box 450.

243 Room Conversation zw. Adolf Kirchner und Joachim Schoene vom 16.11.1944, 14:35-17:10 Uhr, in: NARA, RG 165, Entry 179, Box 496. Der Einsatz von Propaganda war in den Jahren vor dem Zweiten Weltkrieg ein probates Mittel Hitlers zur stufenweisen Eskalation der Konflikte mit den deutschen Nachbarn. Vgl. z. B. Longerich: Heinrich Himmler, S. 443 zum »Bromberger Blutsonntag«.

244 Vgl. Report of Interrogation Sepp Salmutter vom 20.4.1945, in: NARA, RG 165, Entry 179, Box 535; Room Conversation zw. Sepp Salmutter und E. T. vom 11.4.1945, Uhrzeit unbekannt, in: NARA, RG 165, Entry 179, Box 535: »Wir waren immer minderwertig. Die verdammten Österreicher. Wir wurden immer ausgelacht. Deshalb hab ich auch dem Offizier gesagt, ich möchte gerne mit einem Österreicher zusammen sein, aber keinem Preußen. Wir wurden immer als Untermenschen betrachtet, aber in' Krieg konnten wir schon für sie ziehen.«

245 Vgl. Report of Interrogation Gino Fischer vom 30.11.1944, in: NARA, RG 165, Entry 179, Box 467; Report of Interrogation Sepp Salmutter vom 23.4.1945, in: NARA, RG 165, Entry 179, Box 535; Room Conversation zw. Sepp Salmutter und E. T. vom 11.4.1945, 15:45-17:00 Uhr, in: NARA, RG 165, Entry 179, Box 535; Deckblatt Alfred Fockler, ohne Datum, in: NARA, RG 165, Entry 179, Box 468; Report of Interrogation Alfred Fockler vom 9.4.1945, in: NARA, RG 165, Entry 179, Box 468.

Alliierten zu einem schnelleren Ende des Krieges beizutragen und beim Wiederaufbau ihrer Heimat im materiellen wie ideellen Sinn zu helfen[246].

Es ist eine viel sagende Erkenntnis, dass von 40 SS-Männern im Sample lediglich sieben den Nationalsozialismus komplett ablehnten und von diesen sieben wiederum fünf Ausländer waren. Das belegt, wie enorm ideologisiert der personelle und ideelle Kern der Waffen-SS war. Dank der hohen Dichte an Veteranen ermöglicht die Stichprobe einen ungefilterten Blick auf den Nukleus des Unteren Führerkorps der Waffen-SS und offenbart dessen tiefgehende Internalisierung nationalsozialistischer Theoreme. Auch für die Fallschirmjäger zeigt sich eine breite Verinnerlichung dieser Denkmuster, freilich nicht in dem Maße wie in der Parteiarmee, doch immer noch signifikant über dem Durchschnitt der Wehrmacht.

Gegen Ende des Krieges, als immer mehr Männer zwangsweise zu Waffen-SS und Fallschirmjägern gezogen wurden, verwässerte sich das ideologische Zentrum beider Eliteverbände durch diese neuen Rekruten, die dem Nationalsozialismus in der Regel nicht derart nahe standen. Sie sollten jedoch von der weltanschaulichen Standfestigkeit der Veteranen im Sinne des »Dritten Reichs« profitieren und die materielle wie personelle Unterlegenheit der Wehrmacht ausgleichen, indem sie sich die Werte der alt gedienten Männer zu eigen machten. Obwohl die in den Stichproben geprüften Rekruten der letzten anderthalb Kriegsjahre zeigen, dass das nur teilweise gelang, sind Männer wie der Urheber der folgenden Worte, Obersturmführer Sepp Salmutter, die Ausnahme: »Das deutsche Wesen ist nicht Nat-Soz. [sic], KZ sind undeutsch, Goethe, Schiller sind Deutschland für mich, das ist das echte deutsche Gemüt!«[247]

Reden über Verbrechen

Sepp Salmutters schnitt damit ein Thema an, das von immanenter Bedeutung ist, für die Denkmuster der hier behandelten Soldaten wie für das Verständnis des »Dritten Reichs« insgesamt: Die nationalsozialistischen Arbeits- und Vernichtungslager waren nicht nur die Zentren rassistisch-biologistischer Massenverbrechen, sie stehen sinnbildlich für die NS-Vernichtungspolitik insgesamt[248]. Mit dieser ist auch die Waffen-SS untrennbar verbunden, deren Beteiligung an zahlreichen Gräueltaten an der Front und in besetzten Territorien belegt ist[249].

---

246 Vgl. Report of Interrogation Sepp Salmutter vom 14.4.1945, in: NARA, RG 165, Entry 179, Box 535; Report of Interrogation Alfred Fockler vom 3.5.1945, in: NARA, RG 165, Entry 179, Box 468; Report of Interrogation Alfred Fockler vom 22.4.1945, in: NARA, RG 165, Entry 179, Box 468.

247 Room Conversation zw. Sepp Salmutter und E. T. vom 28.4.1945, 17:00-20:30 Uhr, in: NARA, RG 165, Entry 179, Box 535.

248 Vgl. dazu u. a.: Drobisch/Wieland: System der NS-Konzentrationslager, passim; Orth: Das System der nationalsozialistischen Konzentrationslager, S. 62-64; Tuchel: Konzentrationslager, S. 38-44 zur Frühgeschichte der KZ; Orth: Die Konzentrationslager-SS, passim, mit Augenmerk auf das Wachpersonal und seine personelle Verstrickung mit anderen Teilen der SS; dazu auch Cüppers: Wegbereiter der Shoah, S. 91, der festhält, dass insgesamt ca. 60.000 Angehörige der Waffen-SS Dienst in Konzentrationslager taten. Als umfassende Gesamtstudie: Der Ort des Terrors. Geschichte der nationalsozialistischen Konzentrationslager. 9 Bände. Hrsg. von Wolfgang Benz und Barbara Distel. München 2005-2009.

249 Vgl. Leleu: La Waffen-SS, S. 772; Cüppers: Wegbereiter der Shoah, S. 11; Breitmann: Himmler, S. 432; Cüppers: »...auf eine so saubere und anständige SS-mäßige Art«, S. 91.

Nach dem Krieg machten ehemalige Veteranen der Waffen-SS für die Verbrechen vor allem an der Ostfront die Einsatzgruppen und deren Sonderkommandos[250] oder die SS-Brigaden des Kommandostabs Reichsführer-SS[251] verantwortlich oder verwiesen, war die Beteiligung ihrer eigenen Einheiten belegt, entweder auf einen scheinbaren Befehlsnotstand oder auf die unfaire Kampfweise ihrer Gegner, welche sie auf diese Weise für die Entgrenzung der Gewalt (mit-)verantwortlich machten[252].

Freilich hat die Forschung in den letzten Jahren die aktive wie passive Beteiligung auch zahlreicher regulärer Wehrmachteinheiten an den Verbrechen der nationalsozialistischen Vernichtungspolitik herausgearbeitet[253], doch immer noch stechen manche Verbände der Waffen-SS[254] in Quantität und Qualität der von ihnen begangenen Gräueltaten hervor[255]:

Bereits im Westfeldzug des Frühsommers 1940 erlangte diesbezüglich eine Kompanie der SS-Division »Totenkopf« zweifelhafte Berühmtheit, als der SS-Obersturmführer Fritz Knöchlein etwa 100 britische Soldaten ermorden ließ, die sich ergeben hatten[256]. Während die Quellenlage für die Ostfront, das ideologische Hauptbetätigungsfeld der Waffen-SS, immer noch problematisch ist[257], sind zahlreiche weitere Verbrechen in Süd-

---

250 Für das Unternehmen »Barbarossa« wurden vier Einsatzgruppen geschaffen, die in den Rückwärtigen Gebieten der drei deutschen Heeresgruppen zahllose Verbrechen an der Zivilbevölkerung begangen. Vgl. Westermann: Hitler's Police Battalions, S. 167; Völkl: Odessa, S. 171.; Brakel: Unter Rotem Stern, S. 99ff. Das Sonderkommando 4a der Einsatzgruppe C zeichnete sich verantwortlich für den Massenmord an über 33.000 Zivilisten in der Schlucht von Babij Jar bei Kiew Ende September 1941. Vgl. Rüss: Kiev/Babij Jar, S. 102.

251 Anders als die Frontdivisionen unterstanden die zwei SS-Infanterie-Brigaden und die SS-Kavallerie-Brigade unter SS-Gruppenführer Hermann Fegelein, aus der 1942 die 8. SS-Kavallerie-Division »Florian Geyer« hervorging, nicht dem SS-Führungshauptamt (und taktisch dem OKH), sondern dem Kommandostab RFSS und damit Himmler persönlich. Sie dienten ihm als spezielle Eingreifreserve für Sonderaufgaben und waren nicht für die Frontverwendung vorgesehen. Dennoch waren sie integraler Bestandteil der Waffen-SS. Vgl. Longerich: Heinrich Himmler, S. 539, 548-551; Stein: Geschichte der Waffen-SS, S. 93; Cüppers: Wegbereiter der Shoah, S. 70f., passim; Büchler: »Unworthy Behaviour«, S. 410; Boll: »Aktionen nach Kriegsbrauch«, S. 770, 787.

252 Vgl. Leleu: La Waffen-SS, S. 777f.; Ripley: The Waffen-SS, S. 330.

253 Wehrmachteinheiten an der Ostfront fielen vor allem im Zusammenhang der Umsetzung des so genannten Kommissarbefehls auf, aber auch darüber hinaus. Vgl. Römer: »Im alten Deutschland...«, S. 62, passim; Römer: Der Kommissarbefehl, passim; Hartmann: Verbrecherischer Krieg, S. 31, 47; Gentile: »Politische Soldaten«, S. 529; Weinberg: Rollen- und Selbstverständnis, S. 71; Böhler: »Tragische Verstrickung«, S. 40-47.

254 In diesem Zusammenhang muss darauf hingewiesen werden, dass auch für die Waffen-SS der Grundsatz wissenschaftlicher Genauigkeit gilt. Nicht von allen SS-Divisionen sind Verbrechen im gleichen Maße überliefert. So stand die 10. SS-Panzerdivision »Frundsberg« über 20 Monate in der Normandie ohne, wie zum Beispiel die 12. SS-Panzerdivision »Hitlerjugend«, durch extreme Gewalttaten gegen die Zivilbevölkerung und den Kriegsgegner aufzufallen. Vgl. Leleu: La Waffen-SS, S. 773.

255 Vgl. Leleu: La Waffen-SS, S. 779; Gentile: »Politische Soldaten«, S. 535; Neitzel: Des Forschens, S. 420; Stein: Geschichte der Waffen-SS, S. 225-253; Ripley: The Waffen-SS, S. 325-330; Sydnor: Soldaten des Todes, S. 93: »Die summarische Erschießung von Gefangenen war im Krieg eine Praxis, die natürlich nicht nur bei der SS-T.Div. [sic], der Waffen-SS oder der deutschen Wehrmacht vorkam. Aber Divisionen der Waffen-SS wie die T.Div. gerieten besonders und im allgemeinen [sic] verdientermaßen in den Ruf, bösartig und grausam zu sein.«

256 Siehe Einleitung, Fußnote 36.

257 Die 5. SS-Panzerdivision »Wiking« war als Teil der Heeresgruppe C am Massenmord an den Lemberger Juden im Juli 1941 beteiligt, auch für die 1. SS-Panzerdivision »Leibstandarte Adolf Hitler« sind zahlreiche Gräueltaten an der Ostfront bekannt, darunter die Ermordung von 4.000 russischen Kriegsgefangenen als »Vergeltung« für den Tod einiger SS-Männer. Vgl. Cüppers: Wegbereiter der Shoah, S. 340-343; Neitzel: Des Forschens, S. 425; Reitlinger: Die SS, S. 171; Ripley: The Waffen-SS, S. 330.

und Westeuropa hinreichend dokumentiert: Im Herbst 1944 ermordeten Einheiten der 16. SS-Panzergrenadierdivision »Reichsführer SS« innerhalb von knapp zwei Monaten über zweitausend Zivilisten in Norditalien, allein 770 in der Kleinstadt Marzabotto[258]. Zwei der bekanntesten Verbrechen sind das Massaker an 642 Zivilisten in dem französischen Ort Oradour-Sur-Glane, das von Männern der 2. SS-Panzerdivision »Das Reich« verübt wurde[259], sowie die Ermordung von 71 amerikanischen Kriegsgefangenen durch Männer der Division »Leibstandarte« während der Ardennenoffensive bei Malmédy[260].

Doch es sind nicht nur manche Verbände der Waffen-SS, die mit den von ihnen begangenen Verbrechen aus der Masse der Wehrmacht herausstechen, Ähnliches gilt für Eliteverbände der Luftwaffe[261], vor allem die Fallschirm-Panzer-Division 1 »Hermann Göring«, welche zumeist auf dem italienischen Kriegsschauplatz im Einsatz war. Im Zuge des Partisanenkampfes in den Apenninen fielen Männer dieser Division durch ihren exzessiven Einsatz von unverhältnismäßiger Gewalt auf, sie ermordeten 1943/44 bis zu 1.000 Zivilisten[262].

Auch einigen Fallschirmjägern des Samples wurden von den Amerikanern Verbrechen in Italien zur Last gelegt, wie zum Beispiel dem Oberfeldwebel Otto Wolf, der vom Juli 1943 bis März 1944 im dritten Bataillon des ersten Regiments der 1. Fallschirmjägerdivision auf der Apenninenhalbinsel stationiert war[263] und im September 1943 an der Ermordung einer unbekannten Anzahl von Italienern beteiligt gewesen sein soll. In einem Gespräch mit seinem Zellengenossen Günther Meier verwahrte er sich gegen diese Vorwürfe:

»W[olf]: Das waren zwei Hauptleute heute [die Verhöroffiziere, d. Verf.]. Weisst [sic] du, auf was sie herumgehackt haben? Mensch, das ist laecherlich. Greueltaten in Italien, im Regiment 1. Also, es sind doch tatsaechlich in Italien Greueltaten passiert. Und da haben sie Namenslisten von der ganzen Kompanie, bezw. dem ganzen Regiment, 2.000 Namen, die daran beteiligt waren. Und bei den Namen habe ich gesagt, es kann sich auch um eine Verwechslung handeln. Und da hat er eine ganze Zeit damit herumgemacht. [...]
M[eier]: Was war denn da eigentlich los?
W: Ach, die waren unruhig, die Brueder, die Verraeter, die ganze Italienerbande. Ich weiss nicht genau, was da war. Die Beckerhorden. Das war unser Major Becker[264].«[265]

---

258 Vgl. Gentile: Marzabotto, S. 136f.; Gentile: Sant'Anna di Stazzema, S. 231. Die 1. SS-Panzerdivision »Leibstandarte Adolf Hitler« trat bei Verbrechen am Laggo Maggiore in Erscheinung. Vgl. Cüppers: Wegbereiter der Shoah, S. 343. Zu den Verbrechen der Wehrmacht und SS in Italien siehe Klinkhammer: Widerstand und Partisanenkrieg, S. 54f.; Gentile: Der Partisanenkrieg, passim.

259 Vgl. Meyer: Oradour, S. 176; Leleu: La Waffen-SS, S. 784-796; Lieb: Konventioneller Krieg, S. 360-376.

260 Vgl. Stein: Geschichte der Waffen-SS, S. 250f.

261 Vgl. Neitzel: Des Forschens, S. 420; Gentile: »Politische Soldaten«, S. 534; Blood: Hitler's Bandit Hunters, S. 263; Stimpel: Die deutsche Fallschirmtruppe. Innenansichten, S. 25.

262 Die Division fiel erstmals auf, als sie italienische Soldaten auf Sizilien ermordete – zu einem Zeitpunkt, als diese noch Verbündete der Deutschen waren. Vgl. Gentile: Vallucciole, S. 248, 252; Gentile: »Politische Soldaten«, passim. Auch den Fallschirmjägern wurde nachgesagt, besonders rücksichtslos gegenüber Zivilisten und Gegnern zu sein. Vgl. Stimpel: Die deutsche Fallschirmtruppe. Innenansichten, S. 37.

263 Vgl. Report of Interrogation Otto Wolf vom 15.3.1945, in: NARA, RG 165, Entry 179, Box 565.

264 Major Karl-Heinz Becker, im Juni 1944 zum Oberstleutnant befördert, war Kommandeur des Fallschirmjägerregiments 5, dessen Stammpersonal aus dem Regiment 1 kam, wie Becker und der Oberfeldwebel Wolf auch. Vgl. Stimpel: Die deutsche Fallschirmtruppe. Einsätze im Osten und Westen, S. 191, 203.

265 Room Conversation zw. Otto Wolf und Günther Meier vom 16.3.1945, 10:00 Uhr, in: NARA, RG 165,

Fanden die Amerikaner Indizien, dass bestimmte Gefangene in ihrem Gewahrsam an Verbrechen beteiligt gewesen sein könnten, gingen sie diesen sorgsam nach. Otto Wolfs Name fand sich auf der besagten Liste wieder, sodass er sich genötigt sah, zu den Vorwürfen Stellung zu beziehen: »Ja, wir haben ein paar aufgehängt. [...] Das stimmt von den Greueltaten in Italien – aber ich war nicht dabei.«[266]

Ob Wolf die Wahrheit sagte, ist für die Fragestellung dieser Arbeit untergeordneter Natur. Weitaus bedeutender sind seine Sichtweise der Geschehnisse sowie die Art seiner Reaktion auf die Anschuldigungen der Amerikaner. So scheint in seiner Bewertung der Taten keineswegs Kritik an ihnen durch, das Gegenteil ist der Fall: Die despektierliche Formulierung, dass »die Brueder, die Verraeter, die ganze Italienerbande« eben »unruhig« gewesen sei, impliziert zumindest Verständnis für das Vorgehen des Majors Becker. Doch vor allem fällt in der fast unbekümmerten Diktion Wolfs auf, dass er den Geschehnissen anscheinend nicht die Qualität zusprach, seinen habituellen Rahmen »normaler« kriegerischer Gewalt zu sprengen[267]. Den Terminus »Greueltaten« hatte Wolf von den Verhöroffizieren übernommen, welche ihn zuvor mit diesem Begriff konfrontiert hatten. Wolfs Bewertung des deutschen Vorgehens gegen die Italiener[268] ging damit in eine ähnliche Richtung wie jene Karl Flormanns, welcher mit der 4. Fallschirmjägerdivision in Südeuropa gekämpft hatte. Er stellte entschieden fest, »[that the] Germans are right to be tough with the ›verfluchten Itacker‹«[269]. Flormann bestätigte, von der Erschießung Hunderter Italiener als Vergeltung für den Tod deutscher Soldaten zu wissen. Auch er maß den Taten keine verbrecherische Qualität bei, sondern sah sie als verständliche Reaktion auf Aggressionen der Kriegsgegner, in dem Fall der vermeintliche Verrat des italienischen Bundesgenossen.

Dieselbe Motivation verbirgt sich hinter den Ausführungen des Scharführers Franz Kneipp zu einem Partisaneneinsatz an der Ostfront:

»Ke[rle]: Hoppe, das ist doch ein bekannter Name, der ist doch Ritterkreuztraeger?
Kn[eipp]: Ja, der hat Schluesselburg genommen[270]. Der hat noch Befehle gegeben, ›Wie ihr uns, so wir Euch‹, hat er gesagt. Der hat ihnen 3 Std. Zeit gegeben, sie sollten sagen wer Deutsche aufgehaengt hatte, nur einen Anhaltspunkt geben, dann ist alles gut. Keine Sau hat auch nur was gesagt, noch nicht einmal dass sie nichts wussten. Hiess es ›Alle Maenner, links raus‹, dann wurden sie in den Wald getrieben, dann hast Du gehoert, brr brr.

Entry 179, Box 565.

266 Room Conversation zw. Otto Wolf und Günther Meier vom 16.3.1945, 7:30 - 12:00 Uhr, in: NARA, RG 165, Entry 179, Box 565. Vgl. auch Room Conversation zw. Otto Wolf und Günther Meier vom 20.3.1945,11:50-17:00 Uhr, in: NARA, RG 165, Entry 179, Box 565.

267 Dazu passt der Hinweis auf die »Unruhe« der Italiener, der das Verbrechen als Reaktion auf eine Provokation erscheinen lässt.

268 Das Ausscheiden Italiens aus der »Achse« im September 1943 wurde von vielen deutschen Soldaten als Verrat verurteilt und führte zu extremen Vergeltungsmaßnahmen gegen italienische Militärs wie Zivilisten. Allein auf der Insel Kefalonia erschossen Wehrmachteinheiten zwischen dem 18. und 23. September 1943 über 5.000 italienische Soldaten, die sich ihrer Entwaffnung widersetzt hatten. Vgl. Cartier: Der Zweite Weltkrieg, S. 781f.

269 Room Conversation zw. Karl Flormann und Kurt Ohm vom 21.1.1945, 12:00-17:00 Uhr, in: NARA, RG 165, Entry 179, Box 468.

270 Generalleutnant Harry Hoppe war zunächst Kommandeur des verstärkten Infanterieregiments 424, dann der 126. und schließlich der 246. Infanteriedivision. Ausgezeichnet mit dem Ritterkreuz für seine Verdienste bei der Einnahme von Schlüsselburg. Vgl. Tessin: Verbände, Bd. 8, S. 323.

Ke: Im Kaukasus, bei der 1.Geb.Jg.Div.[271]*, wenn da einer von uns umgelegt worden ist, da hat gar kein Leutnant Befehl geben brauchen, Pistolen raus, Frauen, Kinder, alles was sie gesehen haben, rein ...*
Kn: Bei uns hat mal eine Partisanengruppe einen Verwundeten Geleitzug überfallen, und alles umgebracht, 1/4Std. später wurden die geschnappt, bei Novgorod, die wurden in eine Sandgrube gebracht, und von allen Seiten gings dann rein mit MGs und Pistolen.«[272]

Kneipps Ausführungen dienten nicht dem Zweck, die Taten vor seinem Zellengenossen zu rechtfertigen. Das wäre auch gar nicht nötig gewesen, denn dessen Einwurf bestätigt, dass die Erschießungen auch in seinem Referenzrahmen als angemessene Reaktion auf Angriffe gegen deutsche Soldaten abgespeichert war. Dass die geschilderten Taten unter keinen Umständen vom damaligen Völkerrecht gedeckt waren[273], spielte in der Rezeption der beiden Männer keine Rolle. Vielmehr suggerierte Kneipp noch den vermeintlich guten Willen Hoppes, der »nur einen Anhaltspunkt« hatte haben wollen und sogar eine Frist einräumte[274].

Die Nonchalance und Selbstverständlichkeit, mit der diese Männer über begangene Verbrechen sprachen, antizipiert man, wenn überhaupt, für die Waffen-SS. Doch die zitierten Fallschirmjäger stehen dem nicht nach, und dass es sich bei den beiden Unteroffizieren um »schwarze Schafe« handelte, ist unwahrscheinlich. Auch andere Fallschirmjäger der Stichprobe neigten dazu, trivialisierend über Verbrechen zu reden[275].

Systematisiert man die Aussagen der 80 Männer der Stichproben zum Thema Verbrechen, ergibt sich ein eigentümliches Bild, das große Differenzen zwischen der Behandlung dieser Thematik seitens SS-Männern und Fallschirmjägern offenbart.

Tabelle 4: **Reden über Verbrechen: Systematischer Vergleich**

Kategorien	Sample Waffen-SS		Sample Fallschirmjäger	
	gesamt	relativ	relativ	gesamt
Schweigen	10	25%	52,5%	21
»Ich weiß von nichts«	13	32,5%	2,5%	1
Abwiegeln/Bagatellisieren	9	22,5%	17,5%	7
offene Kritik	6	15%	17,5%	7

271 Die 1. Gebirgsdivision, Hitlers »Gardedivision«, stieß in der deutschen Sommeroffensive 1942 in den Kaukasus vor und erreichte dort den Elbrus. Vgl. Meyer: Blutiges Edelweiß, S. 82-97.

272 Room Conversation zw. Franz Kneipp und Eberhard Kerle vom 23.10.1944, 19:30 Uhr, in: NARA, RG 165, Entry 179, Box 498.

273 Vgl. Hartmann: Verbrecherischer Krieg, S. 24f.

274 Das Zitat ist auch ein Beleg für die enge Zusammenarbeit von Heer und Waffen-SS an der Ostfront.

275 Vgl. Report of Interrogation F. W., ohne Datum, in: NARA, RG 165, Entry 179, Box 560; Room Conversation zw. A. K. und W. A. vom 22.8.1944, 17:00-21:00 Uhr, in: NARA, RG 165, Entry 179, Box 556. Die Forschungsmeinung vertreten z.B. Roth: Die deutsche Fallschirmtruppe, S. 162; Stimpel: Die deutsche Fallschirmtruppe. Innenansichten, S. 30.

Da die Strukturierung mit einigen Schwierigkeiten behaftet ist, dient die Tabelle hauptsächlich dazu, Tendenzen im Aussageverhalten der 80 Männer aufzuzeigen. Angesichts der qualitativ breit gefächerten Thematisierung handelt es sich bei der Kategorie »Abwiegeln/Bagatellisieren« um eine summarische, unter die zum Beispiel die zuvor zitierten Aussagen der beiden Fallschirmjäger fallen. Vergleichbare finden sich bei weiteren Luftwaffensoldaten wie bei den Männern der Waffen-SS in ähnlicher Quantität. Viele dieser Aussagen entsprangen derselben Motivation wie die des Oberfeldwebels Wolf: der Verteidigung gegen Anschuldigungen seitens der Amerikaner. Auch dass die, etwas salopp formulierte, Kategorie »Ich weiß nichts« in die Systematik aufgenommen wurde, ist darin begründet. Das Aussageverhalten spiegelt wider, dass es vor allem die SS-Männer waren, in denen die Alliierten potentielle Kriegsverbrecher sahen und denen sie deswegen immer wieder auf den Zahn fühlten. Sofern es den Männern möglich war, das heißt, solange die Amerikaner keine konkreten Beschuldigungen formulierten, negierten sie schlichtweg jedwedes Wissen.

Auch wenn nicht möglich ist, dem im Einzelfall nachzugehen, liegt die Vermutung nahe, dass es sich zumindest teilweise um Schutzbehauptungen handelte[276]. Das ausführlich protokollierte Verhör des Unterscharführers Kurt Kretschmer von der 2. SS-Panzerdivision »Das Reich«, dem eine Beteiligung an den Verbrechen in Tulle[277] und Oradour-Sur-Glane zur Last gelegt wurde, zeigt dieses Verhalten exemplarisch:

»Q[uestion]: Sie brauchen nicht zu laecheln. Das nervoese Zucken um Ihren Mund koennen Sie auch sein lassen. Sie sind naemlich in einer sehr eigenartigen Stellung.
K[retschmer]: Ich weiss nicht, wie ich das verstehen soll. [...]
Q: In anderen Worten, sollen wir annehmen, dass die Anklage gegen Sie in keiner Weise gerechtfertigt ist?
K: Jawohl.
Q: Aus welcher Begruendung?
K: Wie ich schon sagte, ich wuesste, an welchen Greueltaten ich teilgenommen haette.
Q: Auch nicht Ihre Kompanie?
K: Die Kompanie kann vielleicht in Suedfrankreich im Einsatz gegen Partisanen gewesen sein.
Q: Was heisst vielleicht?
K: Ja, meine Kompanie war 8. Kompanie damals, aber ich lag im Lazarett.
Q: Ich glaube, ich werde Ihnen Papier geben, und Sie geben mir eine genaue Schilderung von den Umstaenden, was Sie von den Greueltaten wissen [...].
K: Ich weiss nicht, ich kenne nicht, was da vorgefallen ist, und ich war auch nicht dabei.«[278]

276 Verwiesen sei insbesondere auf die hohe Einsatzzeit vieler Männer an der Ostfront. Unterscharführer Blunder z.B. hatte seit ihrer Entstehung in der 1. SS-Panzerdivision »Leibstandarte Adolf Hitler« gedient und mit ihr am Unternehmen »Barbarossa« teilgenommen, während dem die Division in zahlreiche Verbrechen verwickelt war. Vgl. Report of Interrogation Georg Blunder vom 20.1.1945, in: NARA, RG 165, Entry 179, Box 450. Vgl. auch Room Conversation zw. Walter Rehkopf und Otto Jahn vom 24.4.1945, 11:45-17:00 Uhr, vom 25.4.1945, 8:00-11:45 Uhr, in: NARA, RG 165, Entry 179, Box 529; Report of Interrogation Walter Rehkopf, ohne Datum, in: NARA, RG 165, Entry 179, Box 529.

277 Unmittelbar vor den Ereignissen von Oradour erhängten SS-Einheiten in Tulle 99 Zivilisten als Vergeltung für dort vorgefundene tote deutsche Soldaten. Vgl. Sydnor: Soldaten des Todes, S. 262; Fouché: Oradour, S. 64-66; Der Ort des Terrors, Bd. 2, passim.

278 Report of Interrogation Kurt Kretschmer vom 30.3.1945, in: NARA, RG 165, Entry 179, Box 503. Ein an-

Fraglos fühlte sich der SS-Mann angesichts des offensiven Auftretens des Verhöroffiziers in die Enge getrieben, doch sein Aussageverhalten ist paradigmatisch für das vieler SS-Männer[279]. Mit Vorwürfen konfrontiert, bauten sie einen Schutzwall vermeintlichen Unwissens auf[280], den sie konsequent aufrecht zu erhalten suchten und der von den Amerikanern nur schwer zu durchdringen war[281].

Zu diesem Verhaltensmuster trugen die Soldaten der Wehrmacht ohne Zweifel bei. Die Praxis, Verantwortung für Verbrechen der SS zuzuweisen, kam nicht erst nach dem Krieg auf. Die Akten zeigen, dass die Fallschirmjäger, wenn sie offen von »Greueltaten« sprachen, diese in der Regel in den Verantwortungsbereich der SS schoben. Hermann Abels, Oberfeldwebel in der 5. Fallschirmjägerdivision, gab in einem Verhör zu, »that many incidents ascribed to the SS and other radical units in Germany are possible and quite true and [...] that it is a shame that these individuals put the rest of Germany in a bad light«[282].

derer Soldat der Division, Josef Andlinger, war vom 4.6. bis 4.7.1944 im Lazarett. Vgl. Report of Interrogation Josef Andlinger vom 8.3.1945, in: NARA, RG 165, Entry 179, Box 442.

279 Vgl. Report of Interrogation K. G. vom 21.9.1944, in: NARA, RG 165, Entry 179, Box 474: »P/W was interrogated about atrocities, treatment of population in the various places his unit was stationed in, etc., and he claimed not to know anything of this nature.« Room Conversation zw. Herbert Läpke und [Vorname unbekannt] Williams vom 17.7.1945, 7:30-11:45, in: NARA, RG 165, Entry 179, Box 506: »P/W claims complete ignorance of any cruelties ever committed by men in his unit.« Siehe auch Room Conversation zw. W. A. und A. K. vom 22.8.1944, 17:00-21:00 Uhr, in: NARA, RG 165, Entry 179, Box 442; Report of Interrogation Franz Parz vom 23.2.1945, in: NARA, RG 165, Entry 179, Box 524; Report of Interrogation Fra. S. vom 30.6.1945, in: NARA, RG 165, Entry 179, Box 543; Report of Interrogation W. M. vom 18.12.1944, in: NARA, RG 165, Entry 179, Box 514. Dass M. log, gestand er in einer Unterhaltung in seiner Zelle. Vgl. Room Conversation zw. W. M. und E. G. vom 22.12.1944, 14:05-17:15 Uhr, in: NARA, RG 165, Entry 179, Box 475, 514.

280 Erneut sei darauf verwiesen, dass auch bei dichten Indizien stets die Unschuldvermutung zu gelten hat, solange nicht das Gegenteil bewiesen ist. Nichtsdestotrotz erscheint es seltsam, dass ein Mann wie Kurt Kretschmer, der seit 1939 im Rahmen der späteren 2. SS-Panzerdivision »Das Reich« im Felde stand, nicht besser über das Vorgehen seiner Division informiert gewesen sein will.

281 Es gibt nur einen Fall in den Stichproben, in dem ein Mann zugab, Verbrechen begangen zu haben. Dabei handelt es sich um den Hauptmann Heinz Bucher des Fallschirmjägerregiments 6, das in der Normandie im Rahmen der 91. Luftlandedivision des Heeres eingesetzt wurde. Er hatte am 7. Juni 1944 bei Vierville-Sur-Mere, das direkt an der Küste des damaligen alliierten Landungsabschnitts Omaha Beach liegt, einen amerikanischen Gefangenen erschossen, bevor er selbst in Gefangenschaft geriet. Zu seiner Verteidigung gab er an, nicht gewusst zu haben, dass es sich bei dem GI um einen entwaffneten Gefangenen gehandelt habe, da er fest mit einer Feindberührung rechnen musste. Er drehte die Vorwürfe sogar um und warf den Amerikanern vor, mit ihrer Taktik selbst zu dem Unfall beigetragen zu haben, da einzelne amerikanische Fallschirmjäger als heimtückische Heckenschützen aufgetreten seien. Vgl. Report of Interrogation Heinz Bucher vom 7.5.1946, in: NARA, RG 165, Entry 179, Box 455. Auch Erhard d'Angelo war im Wachdienst der KZ und tat Dienst in Dachau, Osthofen und Buchenwald, ohne dass ihm Verbrechen aufgefallen sein wollen. Vgl. Room Conversation zw. Erhard d'Angelo und Josef Hadraba vom 31.5.1945, 8:00-12:00 Uhr, in: NARA, RG 165, Entry 179, Box 458; Report of Interrogation Erhard d'Angelo vom 31.5.1945, in: NARA, RG 165, Entry 179, Box 458.

282 Vgl. Report of Interrogation Hermann Abels vom 4.1.1945, in: NARA, RG 165, Entry 179, Box 441. Vgl. auch Report of Interrogation F. K. vom 29.4.1945, in: NARA, RG 165, Entry 179, Box 502. K. war lange Zeit im Nachrichtendienst der Wehrmacht in der Abwehr tätig und berichtete empört von den gewalttätigen und rücksichtslosen Methoden des SD, der als Parteiorganisation teilweise deckungsgleiche Aufgaben wie die Abwehr zu erfüllen hatte. Im Februar 1944 wurde sie dem Reichssicherheitshauptamt unterstellt und kam damit unter Parteikontrolle. Zum SD siehe: Nachrichtendienst, politische Elite und Mordeinheit. Der Sicherheitsdienst des Reichsführers SS. Hrsg. von Michael Wildt. Hamburg 2003.

Auch die späteren Exkulpationsstrategien der Waffen-SS-Männer lassen sich bereits in den Akten feststellen. Für den Unterscharführer Georg Blunder, Mitglied der 1. SS-Panzerdivision »Leibstandarte Adolf Hitler«, stand fest, wer für die Massenmorde in Europas Osten verantwortlich war:

»PW speaks of the so-called SS Sonder Kommandos which accompany each division. There was a Sonder Kommando 10A which accompanied PWs division in Russia. These were the men who committed all the atrocities such as rounding up the Jews, undressing them, killing them, and burying them in mass graves.«[283]

Doch selbst solch klare Schuldzuweisungen waren eher die Ausnahme im Umgang der SS-Männer mit diesem Thema, in der Mehrheit überwog das Schweigen.

Sogar die vier SS-Männer, die nachweislich in Konzentrationslagern Dienst getan hatten, verneinten jegliches Wissen um die Verbrechen, die darin begangen wurden[284]. Der SS-Obersturmführer G. W. zum Beispiel war zwischen 1934 und 1938 im Wachdienst der Konzentrationslager Lichtenburg, Esterwegen und Sachsenhausen tätig[285], gab aber nachdrücklich an, dass er nur hin und wieder gesehen habe, wie Häftlinge geschlagen worden seien. Die eigentlichen Verbrechen jedoch – von denen er nun, nach dem Krieg, gehört habe – seien innerhalb der Lager geschehen, zu denen er als Wachmann keinen Zutritt gehabt habe[286].

Bei den wenigen Männern, die offen und kritisierend über das Thema sprachen, handelte es sich fast durchweg um dem Nationalsozialismus diametral gegenüberstehenden Männern. Doch auch von ihnen sind nur wenige ausführliche Berichte überliefert, wie die Unterhaltung des Elsässers Alfred Mundinger mit dem Gefreiten Heinrich Zilliken, in der die beiden ihr Wissen um Vernichtungslager in Osteuropa und Vergasungsaktionen austauschten[287], oder die Empörung des Feldwebels Erich Voigt über die schlechte Behandlung osteuropäischer Zwangsarbeiter in Deutschland[288].

---

283 Report of Interrogation Georg Blunder vom 20.1.1945, in: NARA, RG 165, Entry 179, Box 450. Vgl. auch Room Conversation zw. Georg Blunder und Hans Gelfert vom 20.1.1945, 7:30-11:50 Uhr, in: NARA, RG 165, Entry 179, Box 450; Report of Interrogation Georg Blunder vom 231.1945, in: NARA, RG 165, Entry 179, Box 450. Die Sonderkommandos waren nicht einzelnen Divisionen zugeordnet, sondern den Heeresgruppen oder Armeen. Das Sonderkommando 10a war Teil der Einsatzgruppe D und operierte im äußersten Süden der Ostfront, zumeist im Einsatzgebiet der 11. Armee. Vgl. Hürter: Hitlers Heerführer, S. 567.

284 Das sind die Offiziere Erhard d'Angelo, Herbert Läpke, W. Schl. und G. W.

285 Vgl. Report of Interrogation G. W. vom 29.6.1945, in: NARA, RG 165, Entry 179, Box 558. Diese frühen Arbeitslager sind keinesfalls mit den späteren Vernichtungslagern gleichzusetzen, doch auch in ihnen kamen Tausende Menschen zu Tode, die aus den verschiedensten Gründen Opfer der Verfolgung seitens der Nationalsozialisten wurden. Vgl. Sydnor: Soldaten des Todes, S. 16f.

286 Vgl. Report of Interrogation G.W. vom 3.7.1945, in: NARA, RG 165, Entry 179, Box 558; Report of Interrogation G. W. vom 29.6.1945, in: NARA, RG 165, Entry 179, Box 558.

287 Vgl. Room Conversation zw. Alfred Mundinger und Heinrich Zilliken vom 11.11.1944, 22:00 Uhr, in: NARA, RG 165, Entry 179, Box 520. Weitere Berichte sind: Room Conversation zw. E. T. und Sepp Salmutter vom 28.4.1945, 17:00-20:30 Uhr, in: NARA, RG 165, Entry 179, Box 554; Room Conversation zw. Rudolf Müller und Franz Reimbold vom 22.3.1945, 9:30 Uhr, in: NARA, RG 165, Entry 179, Box 519; Room Conversation zw. Otto Voigt und Herbert Schulz vom 16.6.1944, 7:30-11:00 Uhr, in: NARA, RG 165, Entry 179, Box 557

288 »Das ist doch eine Kulturschande, das grösste [sic] Verbrechen, das jemals gemacht wurde.« Room Conversation zw. Erich Voigt und Franz Schulz vom 16.6.1944, 7:30-11:00 Uhr, in: NARA, RG 165, Entry 179,

Kennzeichnend für die Männer dieser Gruppe sind die Ausführungen des Obersturmführers Salmutter, der von nicht näher identifizierten Verbrechen an der Ostfront berichtete[289]. Er plädierte in diesem Zusammenhang dafür, die Mitglieder der SS »nach persönlichen Verbrechen zu untersuchen« und verwahrte sich gegen eine generalisierende Verurteilung der gesamten SS. Ein nicht zu unterschätzender Beweggrund dieser Haltung war zweifellos der Eigenschutz, denn das Postulat einer generellen Schuld für die SS hätte folgerichtig auch ihn getroffen[290].

Anders als die systemnahen Offiziere und Unteroffiziere traten diese Männer zumindest teilweise für eine differenzierende und gründliche Untersuchung der Geschehnisse ein. Sie verorteten mögliche Schuld und prinzipielle Verantwortung auf der individuellen Ebene, wohingegen die hochgradig ideologisierten Männer in der Regel jede Verantwortung von sich und der deutschen Kriegführung generell abwiesen[291]:

»Wollte von Greueltaten der SS wissen. [...] Die wissen ja hier nicht mal was SS ist. Greueltaten! Die haben ne Vorstellung. Ich sagte, ich habe Massengräber gesehen, aber von den Russen und Polen gemachte.«[292]

Box 557. Besonders umfangreich ist das Protokoll einer Unterhaltung zwischen dem Fallschirmjäger Rudolf Müller und dem Sonderführer Franz Reimbold, in der von Konzentrationslagern, der Misshandlung, Vergewaltigung und Ermordung einer russischen Zivilistin, der Erschießung von russischen und amerikanischen Kriegsgefangenen sowie dem Einsatz von Gaswagen in Russland die Rede ist. Vgl. Room Conversation zw. Rudolf Müller und Franz Reimbold vom 22.3.1945, 9:30 Uhr, in: NARA, RG 165, Entry 179, Box 519.

289 Vgl. Room Conversation zw. Sepp Salmutter und E. T. vom 30.4.1945, 7:30-11:45 Uhr, in: NARA, RG 165, Entry 179, Box 535.

290 Vgl. Report of Interrogation Sepp Salmutter vom 20.4.1945, in: NARA, RG 165, Entry 179, Box 535.

291 Vgl. Room Conversation zw. H. P. und K. D. vom 31.10.1944, 11:45-17:10 Uhr, in: NARA, RG 165, Entry 179, Box 524; Room Conversation zw. E. P. und Herbert Siercke vom 21.10.1944, 7:30-11:45 Uhr, in: NARA, RG 165, Entry 179, Box 526; Room Conversation zw. Otto Wolf und Günther Meier vom 20.3.1945, 11:50-17:00 Uhr, in: NARA, RG 165, Entry 179, Box 565: »I am proud that he gave up to convert me. [...] I won a moral victory. A ›plus-point‹ for Germany.«

292 Room Conversation zw. Arno Dürner und Heinrich Dahlems vom 15.11.1944, 11:50-14:30 Uhr, in: NARA, RG 165, Entry 179, Box 462.

Schlussbetrachtung

Am Beginn dieser Studie standen die Worte des SS-Brigadeführers und Generalmajors der Waffen-SS, Kurt Meyer, der gelobte, den Nationalsozialismus »als Religion, als mein Leben eingeatmet« zu haben – ein Paradebeispiel für die vollständige Internalisierung nationalsozialistischer Ideologie. Nach dem Krieg wehrte er sich vehement gegen entsprechende Vorwürfe und wollte seinen Einsatz wie den der gesamten Waffen-SS im Krieg als einen im Dienste des Vaterlandes verstanden wissen:

»Wo nehmen heute Männer des öffentlichen Lebens den Mut her, diese gläubige und opferbereite Jugend als ›Partei-Soldaten‹ zu bezeichnen? Diese Jugend hat für Deutschland gekämpft und ist bestimmt nicht für eine Partei gestorben.«[1]

Unter den 80 Offizieren und Unteroffizieren, die hier untersucht wurden, gibt es kaum einen, der nicht vehement dafür eintrat, dass er für sein Vaterland im Felde gestanden und als ehrbarer Soldat nur das Wohl der Heimat im Sinne gehabt habe. Gleichzeitig finden sich 49 Männer unter den 80, die sich mindestens abwägend mit dem Nationalsozialismus identifizierten, 32 sogar vollständig.

Im Unverständnis vieler SS-Männer wie auch Fallschirmjäger über das amerikanische Unvermögen, ihre vermeintlich »nationale Haltung« nachvollziehen zu können, manifestiert sich ein hermeneutisches Missverhältnis, das essentielle Bedeutung für das Verstehen von Denk- und Deutungsmustern dieser Eliten hat. Die Ergebnisse dieser Studie liegen daher in der Ausdifferenzierung dessen, was die Männer unter ihrem Credo vom »Einsatz fürs Vaterland« verstanden, mithin wie sie den Terminus »Vaterland« semantisch deuteten. Diesbezüglich zeitigte die empirische Auseinandersetzung mit ihren Gesprächen und Aussagen über militärische Prinzipien, politisch-ideologische Fragen und Verbrechen Erkenntnisse von signifikanter Natur für die Bewertung deutscher Eliteverbände im Zweiten Weltkrieg.

Unter dem Anspruch, den Fokus weg von einzelnen *Individuen* und auf das Empirische zu richten, ohne dabei das *Individuelle* aus den Augen zu verlieren, stand im Mittelpunkt dieser Untersuchung die Suche nach gruppenspezifisch wirksamen Mentalitäten und ihrer Ausprägung im unteren Führungspersonal von Fallschirmjägern und Waffen-SS. Stellt man nun die Frage, ob diese bei beiden Verbänden gleich waren, ob beide durchweg das Klischee des »politischen Soldaten« erfüllen, so muss das verneint werden, denn es liegt keine Kongruenz vor.

Doch die Untersuchung hat substantielle Ähnlichkeiten und Gemeinsamkeiten zwischen den beiden Gruppen offenbart, die zwar keine Repräsentativkraft für die jeweiligen Gesamtverbände hat, aber wichtige Indizien für die Beurteilung auch im größeren Zusammenhang liefert.

1 Panzermeyer: Grenadiere, S. 42. Der Terminus »Jugend« bezieht sich in erster Linie auf die Soldaten der 12. SS-Panzerdivision »Hitlerjugend«, die Meyer kommandierte, er nutzte ihn aber auch als Synonym für alle Soldaten der Waffen-SS.

Die empirische Analyse der Stichproben impliziert, dass es im unteren Führungspersonal beider Gesamtverbände einen hoch ideologisierten Kern regimetreuer Soldaten gab. Für diesen Nukleus ist ein soldatischer »Typus« definitorisch, der bestimmte Merkmale aufweist: Ein Soldat gehörte mit höherer Wahrscheinlichkeit zu dieser ideologischen Kerngruppe seines Verbandes, wenn er lange Einsatzzeiten innerhalb seiner Truppe vorweisen konnte und, vor allem, wenn er sich freiwillig zum Dienst in dieser Truppe verpflichtet hatte.

Festzuhalten ist zunächst die quantitative Diskrepanz zwischen Waffen-SS und Fallschirmjägern, da die ausgeprägte Systemnähe für erstere weitaus häufiger nachweisbar ist. Doch auch unter den Luftwaffensoldaten finden sich deutlich mehr überzeugte Anhänger des Nationalsozialismus als die Forschung in der Wehrmacht sieht. In Zahlen ausgedrückt bedeutet das ein Gefälle von 55 Prozent im Sample der SS-Männer, 27,5 Prozent im Sample der Fallschirmjäger und schließlich zehn bis 15 Prozent im Wehrmachtschnitt[2]. Die Zahlen selbst sagen freilich wenig über die Inhalte der soldatischen Denkmuster, und auch hier soll zunächst auf die Unterschiede zwischen Waffen-SS und Fallschirmjägern hingewiesen werden:

Der radikale Antisemitismus ist ein Merkmal, der vor allem im Referenzrahmen der SS-Männer nicht nur präsent, sondern sinngebend war. In der Gefangenschaft bewirkte dieses Perzeptionsmuster, dass die Männer überall um sich herum bösartige Juden am Werk sahen, wenn sie sich von den Amerikanern unfair und unehrenhaft behandelt fühlten. Dass die Präsenz des Zerrbilds vom »jüdischen Kapitalismus« häufiger nachweisbar ist als jenes des »jüdischen Bolschewismus«, ist der besonderen Situation der Kriegsgefangenschaft auf dem amerikanischen Kontinent geschuldet. Ein rassistisch aufgeladener Antibolschewismus ist jedoch in beiden Gruppen gleich präsent. Fallschirmjäger wie SS-Männer fürchteten sich vor einer Flut osteuropäischen »Untermenschentums« in den Westen. Diese vermeintliche Gefahr war im mentalen Rahmen der Männer ursächlich für ihre Kriegsdeutung. Wie schon oft für die Wehrmachtssoldaten nachgewiesen, werteten sie den Kampf gegen die westlichen Gegner, insbesondere gegen die Amerikaner und Engländer, als einen unter »rassischen Brüdern«, der Kraft und Material der Wehrmacht von dort abzog, wo beides gebraucht wurde: der Ostfront.

Es scheint paradox, dass Männer beider Samples die Deutschen einerseits in einer rassischen Verwandtschaft mit den Angloamerikanern sahen, andererseits aber in den Amerikanern minderwertige Soldaten zu erkennen meinten. Doch scheint darin viel weniger eine rassistische *Abwertung* der GIs zu liegen als eine grundsätzliche *Aufwertung* und Betonung vermeintlicher soldatischer Fähigkeiten auf deutscher Seite.

In diesen Zusammenhang ist zu betonen, dass kein signifikanter Nachweis eines exklusiv für Waffen-SS oder Fallschirmtruppe geltenden militärischen Elitebewusstseins möglich ist. Die Aussagen einiger Männer lassen erahnen, dass ein solches vorhanden sein gewesen mag, solange sie selbst im Kampf standen. Doch in der Gefangenschaft rekurrierte kaum einer der Männer auf glorreiche Einsätze oder besondere Fähigkeiten seiner jeweiligen Truppe. Zu sehr überwog das als persönliche Schmach empfundene Ausscheiden aus den Kämpfen durch Gefangennahme und die erlebte alliierte Materialüberlegenheit. In ihrer Rezeption durch die Männer birgt sich ein durchaus vorhandenes

2 Ohne Frage birgt die Aneinanderreihung dieser Werte eine gewisse Problematik, weswegen an dieser Stelle noch einmal auf die Natur der Stichproben als eben solche hingewiesen werden muss.

militärisches Eliteverständnis, doch bezog sich das auf die Soldaten der Wehrmacht insgesamt, die gemeinhin als hervorragende Einzelkämpfer gelobt wurden, die den alliierten Material- und Menschenmassen entgegentraten.

Dieses rein militärische Selbstbild lässt sich in gleicher Weise für Fallschirmjäger und SS-Soldaten postulieren. Auch in der unmittelbaren diskursiven Auseinandersetzung mit dem nationalsozialistischen System sind bis zu einem gewissen Grad auffällige qualitative Gemeinsamkeiten festzustellen: Es gibt in beiden Gruppen eine hohe Akzeptanz des NS-Staates, die vor allem Ausdruck einer grundsätzlichen Identifikation mit selbigem ist.

En detail verweisen die Soldaten diesbezüglich auf die äußerst positiv bewertete Person Adolf Hitlers, doch sie zeigen auch eine weit gehende Internalisierung nationalsozialistischer Theoreme wie zum Beispiel den bereits erwähnten biologistisch aufgeladenen Antibolschewismus.

In der Thematisierung von Verbrechen spiegelt sich diese Bewertung exemplarisch wider. Die Trennlinie zwischen den Urteilen und der grundsätzlichen Stellungnahme zu diesem Aspekt verläuft nicht zwischen SS und Fallschirmtruppe, sondern entlang der individuellen Positionierung zum NS-Staat. Zwar missbilligten auch systemtreue Soldaten einzelne Verbrechen durchaus, doch erwuchs daraus keinesfalls eine grundlegende Kritik am Nationalsozialismus. Das liegt daran, dass diese Männer keinen Konnex zwischen dem NS-System und den kritisierten Taten zogen, sondern Einzeltäter am Werke sahen. Von den Amerikanern mit Fragen und Anklagen zu diesem Thema konfrontiert, zogen es viele Offiziere und Unteroffiziere vor zu schweigen. Dieses Schweigen ist vieldeutiger Natur und in nur wenigen Fällen als *Ver*schweigen zu entlarven.

Greifbarer in den Stichproben ist dagegen die als eine Exkulpationsstrategie wirkende Praxis, Verbrechen zu bagatellisieren oder aufzuwiegen. Doch hinter ihr verbirgt sich mehr als der schlichte Versuch, Schuldzuweisungen abzulenken. Sie zeigt, dass in den mentalen Rahmungen vieler Soldaten eine Verschiebung von Evaluationsparametern militärischer Verhältnismäßigkeit stattgefunden hatte, dernach der Einsatz entgrenzter Gewalt auch gegen Zivilisten nichts Außergewöhnliches war. Auch dies ist ein Merkmal hochgradiger Internalisierung nationalsozialistischer Denkstrukturen, das überproportional in beiden Samples hervortritt.

Die Untersuchung zeigte also, dass es breite Flächen gemeinsamer Rezeptionsmuster im unteren Führungspersonal von Waffen-SS einerseits und Fallschirmjägern andererseits gab, die implizieren, dass auch der militärische Eliteverband der Luftwaffe in seinem Kern ein ideologisierter Eliteverband war. Dennoch lässt die Studie keinen anderen Schluss zu, als in den Denk- und Deutungsmustern der SS-Offiziere und Unteroffiziere eine andere Qualität der Verinnerlichung nationalsozialistischer Denkmuster zu sehen: Dazu führt zuallererst die deutlich höhere Wirksamkeit antisemitischer Stereotype in ihrem Referenzrahmen, darüber hinaus aber auch im unbeirrbaren Festhalten vieler SS-Männer an ihrer Hoffnung, dass das Deutsche Reich trotz aller dagegen sprechenden Fakten den Krieg noch gewinnen könnte. Dies offenbart eine Anbindung an das NS-System, welche die der Fallschirmjäger übersteigt. Für diese SS-Soldaten kam es schlichtweg nicht in Frage, dass das »Dritte Reich« den Krieg verlieren könnte – und falls doch, so sprachen sie sich dafür aus, in Ehren mit ihm unterzugehen. Die meisten Fallschirmjäger waren dagegen in der Lage, aus der militärischen Situation Konsequenzen zu ziehen, wenngleich diese meist rein militärischer Natur waren und in nur wenigen Fällen eine Distanzierung zum NS-System mit sich brachten. Eine qualitative Diskrepanz zur Stichprobe der Waffen-SS liegt in der Verknüpfung des eigenen Schicksals an jenes des »Dritten Reiches«, welche insbesondere bei den Offizieren und Unteroffizieren der Parteiarmee nachweisbar ist.

Beim subalternen Führungspersonal der Waffen-SS kann man zumindest für diese Stichprobe also zweifellos von jenen »weltanschaulichen Soldaten« sprechen, die als Stereotyp zur Charakterisierung von SS-Männern in der Forschung schon länger existieren.

Diesen Begriff auf die Fallschirmjäger anzuwenden, wäre jedoch falsch. Trotz der offenkundigen Identifizierung vieler Parachutisten mit dem Nationalsozialismus und der nachweisbar hohen Dichte nationalsozialistischer Theoreme in ihren Wahrnehmungsmustern muss der Qualitätsunterschied zur Waffen-SS auch terminologisch festgehalten werden. Andererseits sollte auch der zum Wehrmachtsschnitt deutlich erhöhte Ideologisierungsgrad begrifflich präzisiert werden, denn von einem reinen Pflichtbewusstsein, wie es das Verhalten der meisten Wehrmachtsoldaten prägte, kann für die Fallschirmjäger dieses Samples nicht gesprochen werden. Der Querschnitt nachgewiesener Mentalitäten liegt semantisch zwischen Weltanschauung und Pflichtbewusstsein, was sich terminologisch widerspiegeln sollte. Dies könnte mithilfe des morphologischen Kompositums *Pflichtanschauung* geschehen, als Neologismus, der die qualitative Sonderstellung der Fallschirmjäger zwischen patriotischem Pflichtbewusstsein und politischem Soldatentum beschreibt. Letzteres gilt weiterhin exklusiv für die meisten Männer der Waffen-SS, die in einer außergewöhnlichen Treue zu Adolf Hitler und zum Nationalsozialismus verharrten, auch noch als beide in ihren letzten Zügen lagen.

»Viele Dinge, so lehren wir den SS-Mann, können auf dieser Erde verziehen werden, eines aber niemals, die Untreue. Wer die Treue verletzt, schließt sich aus aus unserer Gesellschaft. Denn Treue ist eine Angelegenheit des Herzens, niemals des Verstandes. Der Verstand mag straucheln. Das ist manchmal schädlich, jedoch niemals unverbesserlich. Das Herz aber hat immer denselben Pulsschlag zu schlagen, und wenn es aufhört, stirbt der Mensch genau so wie ein Volk, wenn es die Treue bricht.«[3]

3 Himmler, Heinrich: Die Schutzstaffel als antibolschewistische Kampforganisation, in: Hier spricht das neue Deutschland! Heft 11, München 1936, S. 23, zitiert nach Ackermann: Heinrich Himmler als Ideologe, S. 149.

Anhang

Grafiken

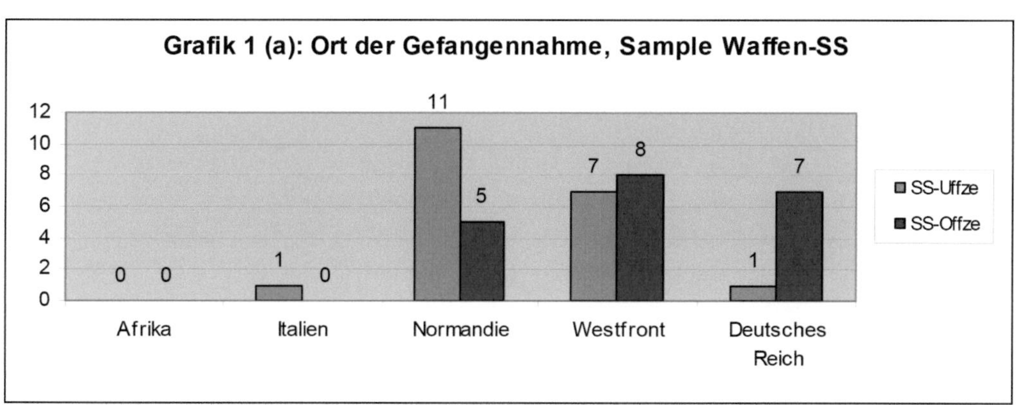

Grafik 1 (a): Ort der Gefangennahme, Sample Waffen-SS
12
10
8
6
4
2
0
0 0
1 0
11 5
7 8
1 7
Afrika
Italien
Normandie
Westfront
Deutsches Reich
SS-Uffze
SS-Offze

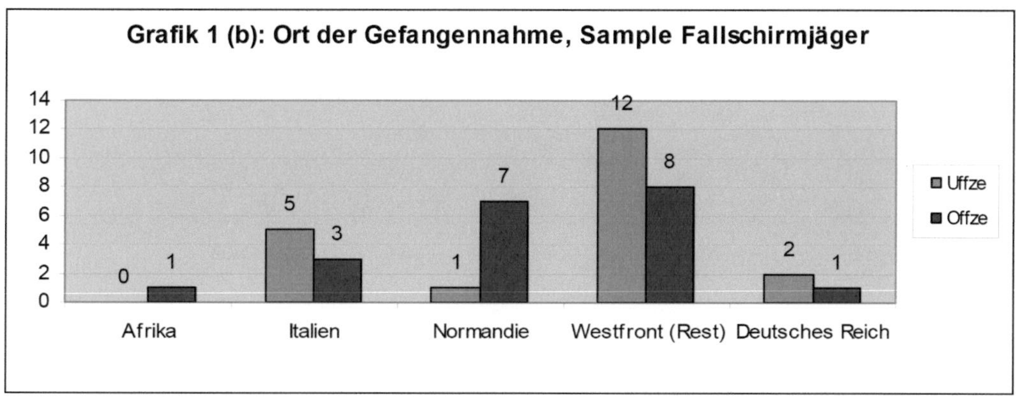

Grafik 1 (b): Ort der Gefangennahme, Sample Fallschirmjäger
14
12
10
8
6
4
2
0
0 1
5 3
1 7
12 8
2 1
Afrika
Italien
Normandie
Westfront (Rest)
Deutsches Reich
Uffze
Offze

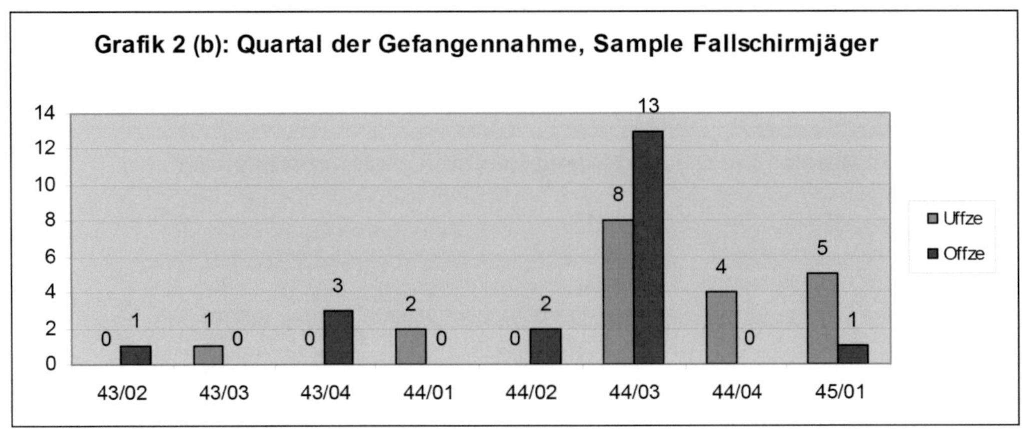
Grafik 2 (b): Quartal der Gefangennahme, Sample Fallschirmjäger
14
12
10
8
6
4
2
0
43/02
43/03
43/04
44/01
44/02
44/03
44/04
45/01
0
1
1
0
0
3
2
0
0
2
8
13
4
0
5
1
Uffze
Offze

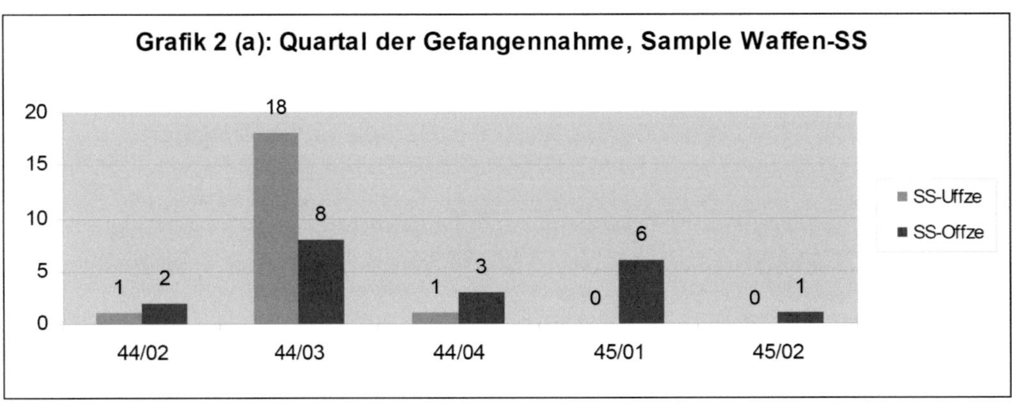
Grafik 2 (a): Quartal der Gefangennahme, Sample Waffen-SS
20
15
10
5
0
44/02
44/03
44/04
45/01
45/02
1
2
18
8
1
3
0
6
0
1
SS-Uffze
SS-Offze

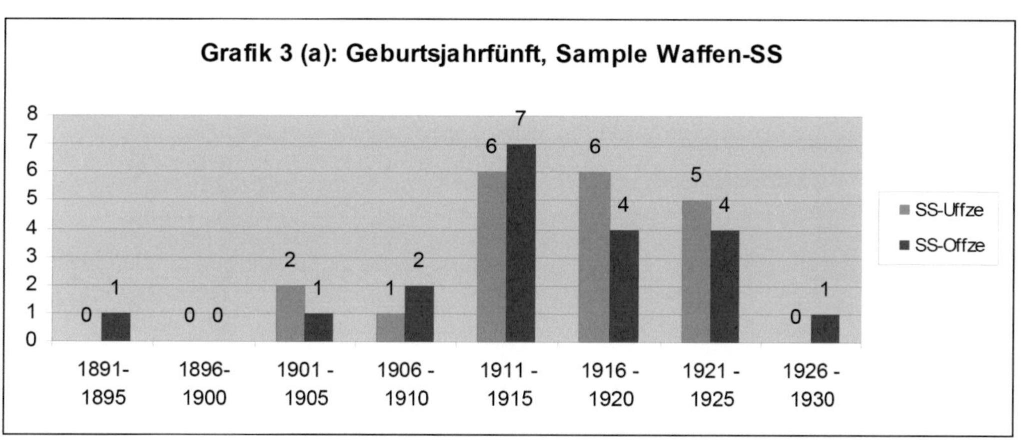
Grafik 3 (a): Geburtsjahrfünft, Sample Waffen-SS
8
7
6
5
4
3
2
1
0
0
1
0 0
2
1
1
2
6
7
6
4
5
4
0
1
1891-
1895
1896-
1900
1901 -
1905
1906 -
1910
1911 -
1915
1916 -
1920
1921 -
1925
1926 -
1930
SS-Uffze
SS-Offze

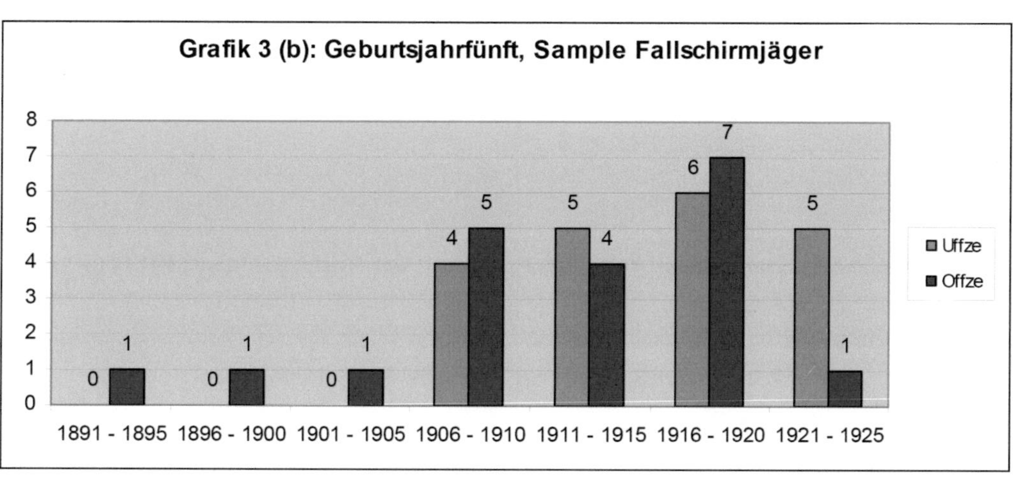
Grafik 3 (b): Geburtsjahrfünft, Sample Fallschirmjäger
8
7
6
5
4
3
2
1
0
0
1
0
1
0
1
4
5
5
4
6
7
5
1
1891 - 1895
1896 - 1900
1901 - 1905
1906 - 1910
1911 - 1915
1916 - 1920
1921 - 1925
Uffze
Offze

Grafik 4 (a): Großverbände, Sample Waffen-SS

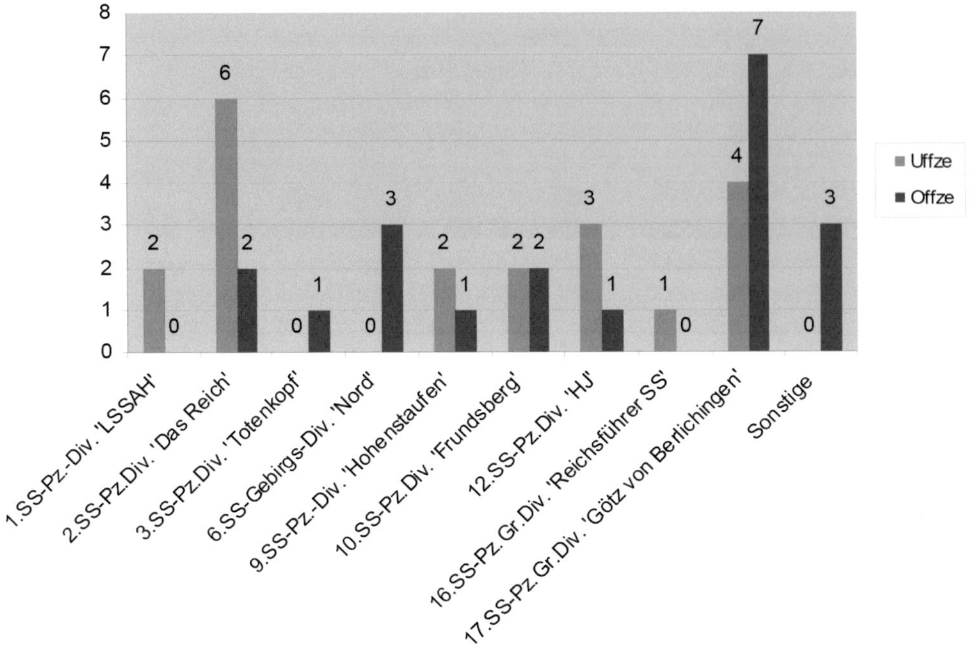

1.SS-Pz.-Div. 'LSSAH'
2.SS-Pz.Div. 'Das Reich'
3.SS-Pz.Div. 'Totenkopf'
6.SS-Gebirgs-Div. 'Nord'
9.SS-Pz.-Div. 'Hohenstaufen'
10.SS-Pz.Div. 'Frundsberg'
12.SS-Pz.Div. 'HJ'
16.SS-Pz.Gr.Div. 'Reichsführer SS'
17.SS-Pz.Gr.Div. 'Götz von Berlichingen'
Sonstige

Uffze
Offze

Sonstige: Polizei-Kampfgruppe Köln; I./SS-Pz.Art.Rgt. 'Das Reich'; SS-Geb.Jg.Rgt.12 (je 1)

Grafik 4 (b): Großverbände, Sample Fallschirmjäger

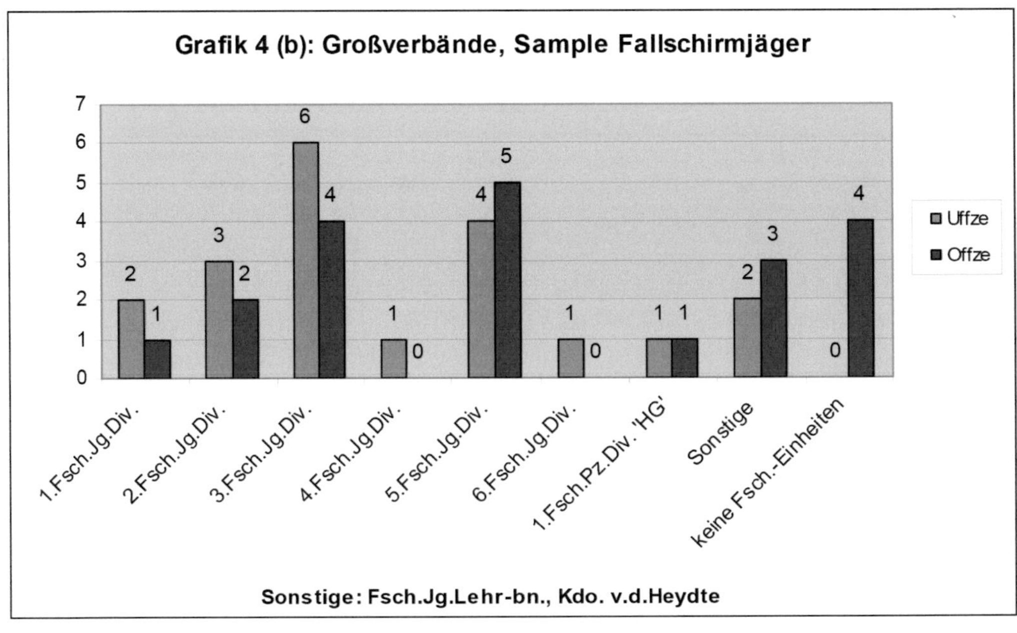

Sonstige: Fsch.Jg.Lehr-bn., Kdo. v.d.Heydte

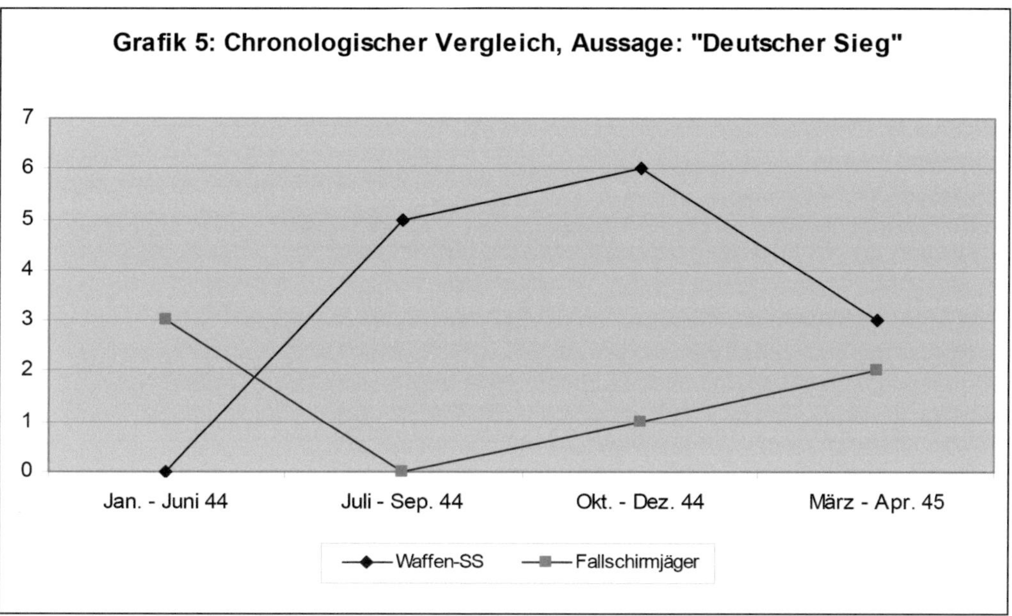
Grafik 5: Chronologischer Vergleich, Aussage: "Deutscher Sieg"
7
6
5
4
3
2
1
0
Jan. - Juni 44
Juli - Sep. 44
Okt. - Dez. 44
März - Apr. 45
Waffen-SS
Fallschirmjäger

Quellen- und Literaturverzeichnis

Archivalien

Bundesarchiv Berlin-Lichterfelde [BArch (ehem. BDC)]

SSO, A., H., 1917
SSO G., K., 1920
SSO, Ho., Ho., 1922
SSO, S., Fri., 1913
SSO, W., G., 1912
RS F., A., 1907
RS, Schwa., W., 1919
RS, T., E., 1910
SSO, A., W., 1912
SSO, He., He., 1917
SSO, M., W., 1912
SSO, Schl., W., 1921
SSO, W., K., 1914
RS, He., He., 1917
RS, Schwe., W., 1912
RS, W., G., 1912

Bundesarchiv-Militärarchiv, Freiburg i.Br. (BAMA)

Pers 1/91619
Pers 6/141878
Pers 6/158609
Pers 6/163889
Pers 6/167954
Pers 6/185267
Pers 15/2745
Pers 17/7512
Pers 6/158046
Pers 6/162375
Pers 6/166525
Pers 6/178544

The National Archives, London

WO 208 War Office: Directorate of Military Operations and Intelligence, and Directorate of Military Intelligence; Ministry of Defence, Defence Intelligence Staff: Files 4177, 4364.

US National Archives and Records Administration, College Park/Md (NARA)

Akte Abels, Hermann (Oberfeldwebel), in: NARA, RG 165, Entry 179, Box 441.
Akte A., H. (SS-Obersturmführer), in: NARA, RG 165, Entry 179, Box 441.
Akte A., W. (SS-Hauptsturmführer), in: NARA, RG 165, Entry 179, Box 442.
Akte Andlinger, Josef (SS-Unterscharführer), in: NARA, RG 165, Entry 179, Box 442.
Akte Birkner, Herbert (SS-Sturmscharführer), in: NARA, RG 165, Entry 179, Box 449.
Akte Blunder, Georg (SS-Unterscharführer), in: NARA, RG 165, Entry 179, Box 450.
Akte Braun, Hans (Hauptmann), in: NARA, RG 165, Entry 179, Box 453.
Akte B., W. (Major), in: NARA, RG 165, Entry 179, Box 454.
Akte Bruns, Heinrich (Oberfeldwebel), in: NARA, RG 165, Entry 179, Box 455.
Akte Bucher, Heinz (Hauptmann), in: NARA, RG 165, Entry 179, Box 455.
Akte d'Angelo, Erhard (SS-Untersturmführer), in: NARA, RG 165, Entry 179, Box 458.
Akte D., K. (Hauptmann), in: NARA, RG 165, Entry 179, Box 460.
Akte Dürner, Arno (SS-Unterscharführer), in: NARA, RG 165, Entry 179, Box 462.
Akte Eichbauer, Theodor (SS-Unterscharführer), in: NARA, RG 165, Entry 179, Box 464.
Akte Ellger, Joachim (Unteroffizier), in: NARA, RG 165, Entry 179, Box 464.

Akte Fischer, Gino (SS-Untersturmführer), in: NARA, RG 165, Entry 179, Box 467.
Akte Flormann, Karl (Unteroffizier), in: NARA, RG 165, Entry 179, Box 468.
Akte F., A. (SS-Untersturmführer), in: NARA, RG 165, Entry 179, Box 468.
Akte Fritsch, Josef (Leutnant), in: NARA, RG 165, Entry 179, Box 470.
Akte G., K. (SS-Untersturmführer), in: NARA, RG 165, Entry 179, Box 474.
Akte Graf, Stefan (Unteroffizier), in: NARA, RG 165, Entry 179, Box 475.
Akte G., E. (Hauptmann), in: NARA, RG 165, Entry 179, Box 475.
Akte Gromoll, Heinrich (SS-Unterscharführer), in: NARA, RG 165, Entry 179, Box 475.
Akte Halter, Erwin (SS-Oberscharführer), in: NARA, RG 165, Entry 179, Box 479.
Akte He., He. (SS-Obersturmführer), in: NARA, RG 165, Entry 179, Box 482.
Akte Herberhold, Josef (Feldwebel), in: NARA, RG 165, Entry 179, Box 482.
Akte Herzig, Rolf (Leutnant), in: NARA, RG 165, Entry 179, Box 483.
Akte Ho., Ho. (SS-Untersturmführer), in: NARA, RG 165, Entry 179, Box 486.
Akte Joerg, Karl (SS-Unterscharführer), in: NARA, RG 165, Entry 179, Box 491.
Akte Jopp, Siegfried (Unteroffizier), in: NARA, RG 165, Entry 179, Box 492.
Akte K., A. (Oberleutnant), in: NARA, RG 165, Entry 179, Box 556.
Akte Karcher, Hans (Leutnant), in: NARA, RG 165, Entry 179, Box 493.
Akte Kirchner, Adolf (SS-Unterscharführer), in: NARA, RG 165, Entry 179, Box 496.
Akte Kirstein, Werner (SS-Oberscharführer), in: NARA, RG 165, Entry 179, Box 496.
Akte Kloker, Alois (SS-Unterscharführer), in: NARA, RG 165, Entry 179, Box 498.
Akte Kneipp, Franz (SS-Scharführer), in: NARA, RG 165, Entry 179, Box 498.
Akte K., F. (Hauptmann), in: NARA, RG 165, Entry 179, Box 502.
Akte Krauss, Eugen (Unteroffizier), in: NARA, RG 165, Entry 179, Box 502.
Akte Krauss, Heinrich (Unteroffizier), in: NARA, RG 165, Entry 179, Box 502.
Akte Kretschmer, Kurt (SS-Unterscharführer), in: NARA, RG 165, Entry 179, Box 503.
Akte Läpke, Herbert (SS-Hauptsturmführer), in: NARA, RG 165, Entry 179, Box 506.
Akte Liecke, Karl (Oberleutnant), in: NARA, RG 165, Entry 179, Box 508.
Akte M., W. (SS-Sturmbannführer), in: NARA, RG 165, Entry 179, Box 514.
Akte Metzler, Werner (Oberleutnant), in: NARA, RG 165, Entry 179, Box 516.
Akte Militz, Herbert (Hauptmann), in: NARA, RG 165, Entry 179, Box 517.
Akte Müller, Rudolf (Unteroffizier), in: NARA, RG 165, Entry 179, Box 519.
Akte Mundinger, Manfred (SS-Unterscharführer), in: NARA, RG 165, Entry 179, Box 520.
Akte Naake, Kurt (SS-Oberscharführer), in: NARA, RG 165, Entry 179, Box 520.
Akte P., G. (Leutnant), in: NARA, RG 165, Entry 179, Box 524.
Akte Parz, Franz (SS-Unterscharführer), in: NARA, RG 165, Entry 179, Box 524.
Akte P., H. (Leutnant), in: NARA, RG 165, Entry 179, Box 524.
Akte Pichler, Willi (Unteroffizier), in: NARA, RG 165, Entry 179, Box 526.
Akte P., E. (Oberst), in: NARA, RG 165, Entry 179, Box 526.
Akte Rehkopf, Walter (Oberfeldwebel), in: NARA, RG 165, Entry 179, Box 529.
Akte Reinhardt, Otto (Unteroffizier), in: NARA, RG 165, Entry 179, Box 530.
Akte Ross, Adolf (Unteroffizier), in: NARA, RG 165, Entry 179, Box 533.
Akte Salmutter, Sepp (SS-Obersturmführer), in: NARA, RG 165, Entry 179, Box 535.
Akte Schienkiewitz, Erwin (SS-Hauptscharführer), in: NARA, RG 165, Entry 179, Box 538.
Akte Schl., W. (SS-Untersturmführer), in: NARA, RG 165, Entry 179, Box 539.
Akte Schmidt, Anton (Oberfeldwebel), in: NARA, RG 165, Entry 179, Box 540.
Akte S., E. (Hauptmann), in: NARA, RG 165, Entry 179, Box 542.

Akte Schlotzhauer, Oswald (SS-Unterscharführer), in: NARA, RG 165, Entry 179, Box 540.
Akte Schrage, Karl (SS-Hauptsturmführer), in: NARA, RG 165, Entry 179, Box 543.
Akte S., Fra. (SS-Standartenführer), in: NARA, RG 165, Entry 179, Box 543.
Akte S., Fri. (SS-Hauptsturmführer), in: NARA, RG 165, Entry 179, Box 543.
Akte Schwa., W. (SS-Obersturmführer), in: NARA, RG 165, Entry 179, Box 546.
Akte Schwe., W. (SS-Obersturmführer), in: NARA, RG 165, Entry 179, Box 546.
Akte S., G. (Oberleutnant), in: NARA, RG 165, Entry 179, Box 548.
Akte Stammen, Theo (Oberfeldwebel), in: NARA, RG 165, Entry 179, Box 549.
Akte T., H. (Major), in: NARA, RG 165, Entry 179, Box 554.
Akte T., E. (SS-Obersturmführer), in: NARA, RG 165, Entry 179, Box 554.
Akte Voigt, Erich (Feldwebel), in: NARA, RG 165, Entry 179, Box 557.
Akte W., G. (SS-Obersturmführer), in: NARA, RG 165, Entry 179, Box 558.
Akte Wallendorf, Helmuth (Feldwebel), in: NARA, RG 165, Entry 179, Box 558.
Akte Wegner, Herbert (SS-Oberscharführer), in: NARA, RG 165, Entry 179, Box 559.
Akte W., F. (Leutnant), in: NARA, RG 165, Entry 179, Box 560.
Akte Weis, Fritz (Feldwebel), in: NARA, RG 165, Entry 179, Box 560.
Akte W., K. (SS-Untersturmführer), in: NARA, RG 165, Entry 179, Box 561.
Akte Wolf, Otto (Oberfeldwebel), in: NARA, RG 165, Entry 179, Box 565.
Akte Wurzer, Fritz (Oberscharführer), in: NARA, RG 165, Entry 179, Box 566.

Gedruckte Quellen

Ausbildungsziel Judenmord? »Weltanschauliche Erziehung« von SS, Polizei und Waffen-SS im Rahmen der »Endlösung«. Hrsg. v. Jürgen Matthäus [u.a.]. Frankfurt a.M. 2003 (Die Zeit des Nationalsozialismus).

Dich Ruft Die SS. Hrsg. von Heinrich Himmler und vom SS-Hauptamt. Berlin-Grunewald, Leipzig [o.J.].

Grundgesetz für die Bundesrepublik Deutschland. Europäische Konvention zum Schutze der Menschenrechte und Grundfreiheiten. Verfassung für Rheinland-Pfalz. Gemeindeordnung. Hrsg. von der Landeszentrale für politische Bildung Rheinland-Pfalz. Mainz [41]1999.

Internationaler Militärgerichtshof: Der Prozess gegen die Hauptkriegsverbrecher vor dem Internationalen Militärgerichtshof, 14. Oktober 1945 bis 1. Oktober 1946. 42 Bde. Nürnberg 1947–1949.

Kreta. Sieg der Kühnsten. Vom Heldenkampf der Fallschirmjäger. Mit einem Geleitwort des Reichsmarschalls. Hrsg. v. General der Flieger Kurt Student. Graz 1942.

Neitzel, Sönke: Abgehört. Deutsche Gefangene in britischer Kriegsgefangenschaft 1942–1945. Berlin [2]2007.

Unter Sigrune und Adler. Erlebnisse unserer SS- und Polizeimänner beim Einsatz im Generalgouvernement 1939/40. Unter Beteiligung von Günter Bergemann. Krakau 1940 (Kleine Krakauer Bücherei, 1).

Literaturverzeichnis

Ackermann, Josef: Heinrich Himmler als Ideologe. Göttingen [u. a.] 1970.

Bischof, Günter: Einige Thesen zu einer Mentalitätsgeschichte deutscher Kriegsgefangenschaft in amerikanischem Gewahrsam. In: Kriegsgefangenschaft im Zweiten Weltkrieg. Eine vergleichende Perspektive. Hrsg. v. Günter Bischof und Rüdiger Overmans. Ternitz-Pottschach 1999, S. 175–212.

Blood, Philip W.: Hitler's Bandit Hunters. The SS and the Nazi Occupation of Europe. Washington D.C. 2006.

Böhler, Jochen: »Tragische Verstrickung« oder Auftakt zum Vernichtungskrieg? Die Wehrmacht in Polen 1939. In: Genesis des Genozids. Polen 1939–1941. Hrsg. von Klaus-Michael Mallmann u. Bogdan Musial. Im Auftrag des Deutschen Historischen Instituts Warschau und der Forschungsstelle Ludwigsburg der Universität Stuttgart. Darmstadt 2004 (Veröffentlichungen der Forschungsstelle Ludwigsburg der Universität Stuttgart, 3), S. 36–56.

Boll, Bernd: »Aktionen nach Kriegsbrauch.« Wehrmacht und 1. SS-Infanteriebrigade 1941. In: ZfG, 48 (2000), S. 775–788.

Bourdieu, Pierre: Rede und Antwort. Frankfurt 1992.

Brakel, Alexander: Der Holocaust. Judenverfolgung und Völkermord. Berlin-Brandenburg 2008 (Deutsche Geschichte im 20. Jahrhundert, 9).

Brakel, Alexander: Unter Rotem Stern und Hakenkreuz: Baranowicze 1939 bis 1944. Das westliche Weißrussland unter sowjetischer und deutscher Besatzung. Paderborn [u. a.] 2009 (Zeitalter der Weltkriege, 5).

Breitmann, Richard: Himmler and the ›Terrible Secret‹ among the Executioners. In: Journal of Contemporary History, 26 (1991), S. 431–451.

Brochhagen, Ulrich: Nach Nürnberg. Vergangenheitsbewältigung und Westintegration in der Ära Adenauer. Hrsg. vom Hamburger Institut für Sozialforschung. Hamburg 1994.

Broszat, Martin: Der Staat Hitlers. Grundlegung und Entwicklung seiner inneren Verfassung. München [15]2000.

Buchheim, Hans [u. a.]: Anatomie des SS-Staates. München [8]2005.

Buchheim, Hans: Die SS in der Verfassung des Dritten Reiches. In: VfZG, 3 (1955), S. 127–157.

Büchler, Yehoshua R.: »Unworthy Behaviour«: The Case of SS Officer Max Täubner. In: Holocaust and Genocide Studies, 17 (2003), S. 409–429.

Bullock, Alan: Hitler und Stalin. Parallele Leben. Berlin 1991.

Butler, Rupert: The Black Angels. The story of the Waffen-SS. Feltham [3]1980.

Casagrande, Thomas: Die volksdeutsche SS-Division »Prinz Eugen«. Die Banater Schwaben und die nationalsozialistischen Kriegsverbrechen. Frankfurt a.M. 2003.

Creveld, Martin van: Die deutsche Wehrmacht. eine militärische Beurteilung. In: Die Wehrmacht. Mythos und Realität. Im Auftrag des Militärgeschichtlichen Forschungsamtes hrsg. v. Rolf-Dieter Müller und Hans-Erich Volkmann. München 1999, S. 331–345.

Cartier, Raymond: Der Zweite Weltkrieg. 3 Bde. München [6]1982.

Cüppers, Martin: »... auf eine so saubere und anständige SS-mäßige Art«. Die Waffen-SS in Polen 1939–1941. In: Genesis des Genozids. Polen 1939–1941. Hrsg. von Klaus-Michael Mallmann u. Bogdan Musial. Im Auftrag des Deutschen Historischen Instituts Warschau und der Forschungsstelle Ludwigsburg der Universität Stuttgart. Darmstadt 2004 (Veröffentlichungen der Forschungsstelle Ludwigsburg der Universität Stuttgart, 3), S. 90–110.

Cüppers, Martin: Wegbereiter der Shoah. Die Waffen-SS, der Kommandostab Reichsführer-SS und die Judenvernichtung 1939–1945. Darmstadt 2005 (Veröffentlichungen der Forschungsstelle Ludwigsburg der Universität Stuttgart, 4).

Das Jahr 1933: die nationalsozialistische Machteroberung und die deutsche Gesellschaft. Hrsg. von Andreas Wirsching. Göttingen 2009 (Dachauer Symposien zur Zeitgeschichte, 9).

Das Russlandbild im Dritten Reich. Hrsg. von Hans-Erick Volkmann. Köln [u.a.] 1994.

Deberles, Kléber: Les atrocités commises par la division S.S. Totenkopf dans le Pasde-Calais, au mois de mai 1940. In: Revue du Nord, 76 (1994), S. 519–522.

Der Ort des Terrors. Geschichte der nationalsozialistischen Konzentrationslager. Bd. 2. Hrsg. von Wolfgang Benz und Barbara Distel. München 2005.

Die Deutschen Divisionen 1939–1945. Heer / Landgestützte Kriegsmarine / Luftwaffe / Waffen-SS. Bde 1–3. Hrsg. von Peter Schmidt [u.a.]. Osnabrück 1993–1996.

Drobisch, Klaus und Günther Wieland: System der NS-Konzentrationslager 1933–1939. Berlin 1993.

Enzyklopädie des Nationalsozialismus. Hrsg. von Wolfgang Benz [u.a.]. Stuttgart 1997.

Fest, Joachim: Hitler. Eine Biographie. Berlin 71974.

Foster, Tony: Meeting of Generals. San Jose [u.a.] 1986.

Förster, Jürgen: Die weltanschauliche Erziehung in der Waffen-SS. »Kein totes Wissen, sondern lebendiger Nationalsozialismus«. In: Ausbildungsziel Judenmord? »Weltanschauliche Erziehung« von SS, Polizei und Waffen-SS im Rahmen der »Endlösung«. Hrsg. v. Jürgen Matthäus [u.a.]. Frankfurt a.M. 2003 (Die Zeit des Nationalsozialismus), S. 87–113.

Foucault, Michel: Die Archäologie des Wissens. Frankfurt ^{6}1994.

Fouché, Jean-Jacques: Oradour. Paris 2001.

Frieser, Karl-Heinz: Die deutschen Blitzkriege: Operativer Triumph – strategische Tragödie. In: Die Wehrmacht. Mythos und Realität. Im Auftrag des Militärgeschichtlichen Forschungsamtes hrsg. v. Rolf-Dieter Müller und Hans-Erich Volkmann. München 1999, S. 182–196.

Fritzsch, Robert: Nürnberg im Krieg. Im Dritten Reich (1939–1945). Düsseldorf 1984.

Gentile, Carlo: Der Partisanenkrieg der Wehrmacht und der SS in Italien: Tatorte und Täter. In: Besatzung, Widerstand und Erinnerung in Italien, 1943–1945. Hrsg. von Bernd Heidenreich, Marzia Gigli und Sönke Neitzel. Wiesbaden 2010, S. 77–93.

Gentile, Carlo: Marzabotto 1944. In: Orte des Grauens. Verbrechen im Zweiten Weltkrieg. Hrsg. v. Gerd R. Ueberschär. Darmstadt 2003, S. 136–146.

Gentile, Carlo: »Politische Soldaten«. Die 16. SS-Panzer-Grenadier-Division »Reichsführer-SS« in Italien 1944. In: Quellen und Forschungen aus italienischen Archiven und Bibliotheken (QFIAB), 81 (2001), S. 529–561.

Gentile, Carlo: Sant'Anna di Stazzema 1944. In: Orte des Grauens. Verbrechen im Zweiten Weltkrieg. Hrsg. v. Gerd R. Ueberschär. Darmstadt 2003, S. 231–236.

Gentile, Carlo: Vallucciole 1944. In: Orte des Grauens. Verbrechen im Zweiten Weltkrieg. Hrsg. v. Gerd R. Ueberschär. Darmstadt 2003, S. 248–253.

Golla, Karl-Heinz: Die deutsche Fallschirmtruppe 1936–1941. Ihr Aufbau und ihr Einsatz in den ersten Feldzügen der Wehrmacht. Hamburg [u. a.] 2006.

Gross, Raphael: Anständig geblieben. Nationalsozialistische Moral. Frankfurt a.M. 2010 (Schriftenreihe des Fritz Bauer Instituts, 26).

Haase, Norbert: »Freiheit hinter Stacheldraht«. Widerstand und Selbstbehauptung von deutschen Gegnern des NS-Regimes in westalliierten Kriegsgefangenenlagern. In: In der Hand des Feindes. Kriegsgefangenschaft von der Antike bis zum Zweiten Weltkrieg. Hrsg. v. Rüdiger Overmans in Verbindung mit dem Arbeitskreis Militärgeschichte e.V. Wöln [u. a.] 1999, S. 413–440.

Hambrock, Matthias: Dialektik der ›verfolgenden Unschuld‹. Überlegungen zu Mentalität und Funktion der SS. In: Die SS, Himmler und die Wewelsburg. Hrsg. v. Jan Erik Schulte. Paderborn 2009 (Schriftenreihe des Kreismuseums Wewelsburg, 7), S. 79–101.

Hartmann, Christian: Verbrecherischer Krieg – verbrecherische Wehrmacht? Überlegungen zur Struktur des deutschen Ostheeres 1941–1944. In: VfZG, 52 (2004), S. 1– 75.

Hausser, Paul: Soldaten wie andere auch. Der Weg der Waffen-SS. Riesa [5]2006.

Heinemann, Isabel: »Rasse, Siedlung, deutsches Blut«: das Rasse- und Siedlungshauptamt der SS und die rassenpolitische Neuordnung Europas. Göttingen 2003 (Moderne Zeiten, 2).

Henke, Klaus-Dietmar: Die amerikanische Besetzung Deutschlands. München 1995.

Herbert, Ulrich: Best: Biographische Studien über Radikalismus, Weltanschauung und Vernunft, 1903–1989. Bonn [3]1996.

Herbst, Ludolf: Hitlers Charisma: Die Erfindung eines deutschen Messias. Frankfurt a.M. 2010.

Herf, Jeffery: »Der Krieg und die Juden«. Nationalsozialistische Propaganda im Zweiten Weltkrieg. In: Das Deutsche Reich und der Zweite Weltkrieg. Bd. 9,2: Die deutsche Kriegsgesellschaft 1939 bis 1945. Ausbeutung, Deutungen, Ausgrenzung. Im Auftrag des MGFA hrsg. von Jörg Echternkamp. München 2005, S. 159–202.

Hilberg, Raul: Die Vernichtung der europäischen Juden. Aus dem Amerikanischen von Christian Seeger, Harry Maor, Walle Bengs und Wilfried Szepan. 3 Bde. Frankfurt a.M. [10]2007.

Hildebrand, Klaus: Monokratie oder Polykratie? Hitlers Herrschaft und das Dritte Reich. in: Nationalsozialistische Diktatur 1933–1945. Eine Bilanz. Hrsg. von Karl Bracher [u. a.]. Bonn 1986, S. 73–96.

Hürter, Johannes: Die Wehrmacht vor Leningrad. Krieg und Besatzungspolitik der 18. Armee im Herbst und Winter 1941/42. In: VfZG, 49 (2001), S. 377–440.

Hürter, Johannes: Hitlers Heerführer. Die deutschen Oberbefehlshaber im Krieg gegen die Sowjetunion 1941/42. München [2]2007 (Quellen und Darstellungen zur Zeitgeschichte, 66).

Keegan, John: Die Waffen-SS. München 1981.

Kershaw, Ian: Hitler 1936–1945. München 2002.

Kershaw, Ian: Der Hitler-Mythos. Führerkult und Volksmeinung. Stuttgart 1999.

Klietmann, K.-G.: Die Waffen-SS. Eine Dokumentation. Osnabrück 1965.

Klinkhammer, Lutz: Widerstand und Partisanenkrieg in Italien 1943-1945. In: Besatzung, Widerstand und Erinnerung in Italien, 1943–1945. Hrsg. von Bernd Heidenreich, Marzia Gigli und Sönke Neitzel. Wiesbaden 2010, S. 49–60.

Koenig, Pierre: Les »Malgré-nous«. In: Revue d'Allemagne et das pays de langue allemande, 39 (2007), S.485–500.
Kogon, Eugen: Der SS-Staat. Das System der deutschen Konzentrationslager. München [44]2006.
Kroener, Bernhard R.: Strukturelle Veränderungen in der militärischen Gesellschaft im Dritten Reich. In: Nationalsozialismus und Modernisierung. Hrsg. von Michael Prinz. Darmstadt 1991, S. 267–296.
Kroll, Frank-Lothar: Geschichte und Politik im Weltbild Hitlers. In: VfZG, 44 (1996), S. 327–353.
Kunisch, Johannes: Das Mirakel des Hauses Brandenburg: Studien zum Verhältnis von Kabinettspolitik und Kriegsführung im Zeitalter des Siebenjährigen Krieges. München [u. a.] 1978.
Kunz, Andreas: Wehrmacht und Niederlage. Die bewaffnete Macht in der Endphase der nationalsozialistischen Herrschaft 1944 bis 1945. München [2]2007 (Beiträge zur Militärgeschichte, 64).
Landwehr, Achim: Historische Diskursanalyse. Frankfurt a.M. 2008.
Lange, Sven: Der Fahneneid. Die Geschichte der Schwurverpflichtung im deutschen Militär. Bremen 2002.
Latzel, Klaus: Wehrmachtsoldaten zwischen »Normalität« und NS-Ideologie, oder: Was sucht die Forschung in der Feldpost? In: Die Wehrmacht. Mythos und Realität. Im Auftrag des Militärgeschichtlichen Forschungsamtes hrsg. v. Rolf-Dieter Müller und Hans-Erich Volkmann. München 1999, S. 573–588.
Lehmann, Rudolf: Die Leibstandarte. Bd. 1. Osnabrück 1977.
Leiser, Erwin: »Deutschland, erwache!«. Propaganda im Film des Dritten Reiches. Reinbek bei Hamburg 1989.
Leleu, Jean-Luc: 10. SS-Panzer-Division »Frundsberg«. Normandie 1944. Heimdal 1999.
Leleu, Jean-Luc: La Waffen-SS. Soldats Politiques en guerre. Paris 2007.
Lieb, Peter: Konventioneller Krieg oder NS-Weltanschauungskrieg? Kriegführung und Partisanenbekämpfung in Frankreich 1943/44. München 2007 (Quellen und Darstellungen zur Zeitgeschichte, 69).
Longerich, Peter: Heinrich Himmler. Biographie. München 2008.
Lucas, James: Storming Eagles. German Airborne Forces in World War Two. London 1988.
Mackness, Robin: Oradour. Massacre and Aftermath. London 1988.
Mallmann, Klaus-Michael: »... Mißgeburten, die nicht auf diese Welt gehören.« Die deutsche Ordnungspolizei in Polen 1939–1941. In: Genesis des Genozids. Polen 1939–1941. Hrsg. von Klaus-Michael Mallmann u. Bogdan Musial. Im Auftrag des Deutschen Historischen Instituts Warschau und der Forschungsstelle Ludwigsburg der Universität Stuttgart. Darmstadt 2004 (Veröffentlichungen der Forschungsstelle Ludwigsburg der Universität Stuttgart, 3), S. 71–89.
Margolian, Howard: Conduct Unbecoming: The Story of the Murder of Canadian Prisoners of War in Normandy. Toronto [u. a.] 1998.
Margolian, Howard: Unauthorized Entry. The Truth about Nazi War Criminals in Canada, 1946–1956. Toronto [u. a.] 2000.
Megargee, Geoffrey P.: Hitler und die Generäle: das Ringen um die Führung der Wehrmacht 1933–1945. Paderborn [u. a.] 2006.

Meichtry, Wilfried: Du und ich - ewig eins. Die Geschichte der Geschwister von Werra. Zürich 2006.

Merridale, Catherine: Iwans Krieg. Die Rote Armee 1939–1945. Frankfurt a.M. 2008.

Messerschmidt, Manfred: Die Wehrmachtjustiz 1933–1945. Paderborn 2005.

Meyer, Ahlrich: Oradour 1944. In: Orte des Grauens. Verbrechen im Zweiten Weltkrieg. Hrsg. v. Gerd R. Ueberschär. Darmstadt 2003, S.176–186.

Meyer, Kurt: Geweint wird, wenn der Kopf ab ist. Annäherungen an meinen Vater – »Panzermeyer«, Generalmajor der Waffen-SS. Feiburg [u. a.] 1998.

Müller, Klaus-Jürgen: Armee und Drittes Reich. Darstellung und Dokumentation. Paderborn [u. a.] 1987.

Müller, Klaus-Jürgen: Das Heer und Hitler. Armee und nationalsozialistisches Regime 1933–1940. Stuttgart 1969 (Beiträge zur Militär- und Kriegsgeschichte, 10).

Müller, Rolf-Dieter: Der letzte deutsche Krieg, 1939–1945. Stuttgart 2005.

Müller, Sven Oliver: Nationalismus in der deutschen Kriegsgesellschaft 1939 bis 1945. In: Das Deutsche Reich und der Zweite Weltkrieg. Bd. 9,2: Die deutsche Kriegsgesellschaft 1939 bis 1945. Ausbeutung, Deutungen, Ausgrenzung. Im Auftrag des MGFA hrsg. von Jörg Echternkamp. München 2005, S. 9–92.

Nassua, Rudolf: Ahndung. Ermordung kanadischer Kriegsgefangener 1944 in der Normandie. Prozess gegen Kurt Meyer, Generalmajor der Waffen-SS, vor einem kanadischen Militärgericht 1945 in Aurich. Aurich 2001.

Orth, Karin: Das System der nationalsozialistischen Konzentrationslager. Eine politische Organisationsgeschichte. Hamburg 1999.

Orth, Karin: Die Konzentrationslager-SS. Sozialstrukturelle Analysen und biographische Studien. Göttingen 2000.

Overmans, Rüdiger: Das Schicksal der deutschen Kriegsgefangenen des Zweiten Weltkrieges. In: Das Deutsche Reich und der Zweite Weltkrieg. Bd. 10,2: Der Zusammenbruch des Deutschen Reiches 1945. Die Folgen des Zweiten Weltkrieges. Im Auftrag des MGFA hrsg. von Rolf-Dieter Müller. München 2008, S. 379–507.

Overmans, Rüdiger: Deutsche militärische Verluste im Zweiten Weltkrieg. München 1999 (Beiträge zur Militärgeschichte, 46).

Piper, Ernst: Alfred Rosenberg. Hitlers Chefideologe. München 2005.

Pöhlmann, Markus: Der moderne Alexander im Maschinenkrieg. In: Stig Förster (Hrsg.): Kriegsherren der Weltgeschichte. 22 historische Porträts. München 2006, S. 268–286.

Rass, Christian: »Menschenmaterial«: Deutsche Soldaten an der Ostfront. Innenansichten einer Infanteriedivision 1939–1945. Paderborn [u. a.] 2003 (Krieg in der Geschichte, 17).

Reitlinger, Gerald: Die SS. Tragödie einer deutschen Epoche. München [u. a.] 1957.

Ripley, Tim: The Waffen-SS at war. Hitler's Praetorians 1925–1945. St. Paul (MN) 2004.

Rohrkamp, René: ›Weltanschaulich gefestigte Kämpfer‹. Die Soldaten der Waffen-SS 1933–1945. Organisation – Personal – Sozialstrukturen. Paderborn 2010 (Krieg in der Geschichte, 61).

Römer, Felix: Alfred Andersch abgehört. In: VfZG, 58 (2010), S. 563–597.

Römer, Felix: Der Kommissarbefehl. Wehrmacht und NS-Verbrechen an der Ostfront 1941/42. Paderborn [u. a.] 2008 Alfred Andersch abgehört. In: VfZG, 58 (2010), S. 563–597.

Römer, Felix: »Im alten Deutschland wäre solcher Befehl nicht möglich gewesen.« Rezeption, Adaption und Umsetzung des Kriegsgerichtsbarkeitserlasses im Ostheer 1941/1942, in: VfZG, 56 (2008), S. 53–99.

Roth, Günter: Die deutsche Fallschirmtruppe 1936–1945. Der Oberbefehlshaber Generaloberst Kurt Student. Strategischer, operativer Kopf oder Kriegshandwerker und das soldatische Ethos. Würdigung. Kritik. Lektion. Hamburg [u.a.] 2010.

Rüss, Hartmut: Kiev/Babij Jar 1941. In: Orte des Grauens. Verbrechen im Zweiten Weltkrieg. Hrsg. v. Gerd R. Ueberschär. Darmstadt 2003, S. 102–113.

Rüß, Hartmut: Wehrmachtkritik aus ehemaligen SS-Kreisen nach 1945. In: ZfG, 49 (2001), S. 428–445.

Schmidt, Rainer F.: Der Zweite Weltkrieg. Die Zerstörung Europas. Berlin-Brandenburg 2008 (Deutsche Geschichte im 20. Jahrhundert, 10).

Schulte, Jan Erik: Zur Geschichte der SS. Erzähltradition und Forschungsstand. In: Die SS, Himmler und die Wewelsburg. Hrsg. v. Jan Erik Schulte. Paderborn 2009 (Schriftenreihe des Kreismuseums Wewelsburg, 7), S. XI–XXXV.

Schabel, Ralf: Wenn Wunder den Sieg bringen sollen. Wehrmacht und Waffentechnik im Luftkrieg. In: Die Wehrmacht. Mythos und Realität. Im Auftrag des Militärgeschichtlichen Forschungsamtes hrsg. v. Rolf-Dieter Müller und Hans-Erich Volkmann. München 1999, S. 385–404.

Schwagerl, H. Joachim: Ihre Ehre heißt Treue. Zur Traditionspflege der ehemaligen Angehörigen der Waffen-SS (Teil I). In: Tribüne. Zeitschrift zum Verständnis des Judentums, 28,109 (1989), S. 155–164.

Smith, Arthur L. (Jr.): Angloamerikanische Umerziehungsprogramme für deutsche Kriegsgefangene. Ein Vergleich. In: Mythos und Realität. Im Auftrag des Militärgeschichtlichen Forschungsamtes hrsg. v. Rolf-Dieter Müller und Hans-Erich Volkmann. München 1999, S. 974–989.

Steinbach, Peter: »Die Brücke ist geschlagen«. Die Konfrontation deutscher Kriegsgefangener mit der Demokratie in amerikanischer und britischer Kriegsgefangenschaft. In: Mythos und Realität. Im Auftrag des Militärgeschichtlichen Forschungsamtes hrsg. v. Rolf-Dieter Müller und Hans-Erich Volkmann. München 1999, S. 990–1011.

Stimpel, Hans-Martin: Die deutsche Fallschirmtruppe 1936–1945. Innenansichten von Führung und Truppe. Mentalitätsgeschichtliche Studie. Hrsg. mit der Unterstützung der Division Spezielle Operationen in Regensburg. Hamburg 2009.

Stimpel, Hans-Martin: Die deutsche Fallschirmtruppe 1942–1945. Einsätze auf Kriegsschauplätzen im Osten und Westen. Hrsg. mit Unterstützung des Bundes Deutscher Fallschirmjäger e.V. des Militärgeschichtlichen Forschungsamtes der Bundeswehr, Potsdam und des Kommandos Luftbewegliche Kräfte und 4. Division, Regensburg. Hamburg 2001.

Stimpel, Hans-Martin: Die deutsche Fallschirmtruppe 1942–1945. Einsätze auf Kriegsschauplätzen im Süden. Hrsg. mit freundlicher Unterstützung des Bundes Deutscher Fallschirmjäger e.V. und des Militärgeschichtlichen Forschungsamtes der Bundeswehr, Potsdam. Hamburg 1998.

Student, Kurt: Generaloberst Kurt Student und seine Fallschirmjäger. Die Erinnerungen des Generaloberst Kurt Student. Friedberg [o.J.].

Sydnor, Charles W. Jr.: Soldaten des Todes. Die 3. SS-Division »Totenkopf« 1933–1945. Paderborn ^{5}2002.

Smith, Bradley F.: Der Jahrhundert-Prozess. Die Motive der Richter von Nürnberg. Anatomie einer Urteilsfindung. Frankfurt a. M. 1979.

Steiner, Felix: Die Armee der Geächteten. Rosenheim ^{5}1993.

Taylor, A. J. P.: Die Ursprünge des Zweiten Weltkrieges. Gütersloh [2]1962.

Tessin, Georg: Verbände und Truppen der deutschen Wehrmacht und Waffen-SS im Zweiten Weltkrieg 1939-1945, Bd. 1–3,8, Osnabrück 1979–2002.

Traverso, Enzo: Moderne und Gewalt. Eine europäische Genealogie des Nazi-Terrors. Köln 2003.

Tuchel, Johannes: Konzentrationslager. Organisationsgeschichte und Funktion der »Inspektion der Konzentrationslager« 1934–1938. Boppard 1991 (Schriften des Bundesarchivs, 39).

Vernichtungskrieg. Verbrechen der Wehrmacht 1941–1944. Hrsg. v. Hannes Heer und Klaus Naumann. Hamburg [11]1999.

Verbrechen der Wehrmacht: Bilanz einer Debatte. Hrsg. von Christian Hartmann [u. a.]. München 2005.

Völkl, Ekkehard: Odessa 1941–1943. In: Orte des Grauens. Verbrechen im Zweiten Weltkrieg. Hrsg. v. Gerd R. Ueberschär. Darmstadt 2003, S. 168–175.

Wegner, Bernd: Anmerkungen zur Geschichte der Waffen-SS aus organisations- und funktionsgeschichtlicher Sicht. In: Militärgeschichte. Zeitschrift für historische Bildung, 11 (2001), S. 1–10.

Wegner, Bernd: Das Ende der Strategie. Deutschlands politische und militärische Lage nach Stalingrad. In: Gezeitenwechsel im Zweiten Weltkrieg? Die Schlachten von Char`kov und Kursk im Frühjahr und Sommer 1943 in operativer Anlage, Verlauf und politischer Bedeutung. Im Auftrag des Militärgeschichtlichen Forschungsamtes hrsg. v. Roland G. Foerster. Hamburg 1996 (Vorträge zur Militärgeschichte, 15), S. 211–228.

Wegner, Bernd: Hitlers Politische Soldaten. Die Waffen-SS 1933–1945. Leitbild, Struktur und Funktion einer nationalsozialistischen Elite. Paderborn [u. a.] [8]2008.

Wehler, Hans-Ulrich: Der Nationalsozialismus. Bewegung, Führerherrschaft, Verbrechen 1919–1945. München 2009.

Weinberg, Gerhard L.: Rollen- und Selbstverständnis des Offizierskorps der Wehrmacht im NS-Staat. In: Die Wehrmacht. Mythos und Realität. Im Auftrag des Militärgeschichtlichen Forschungsamtes hrsg. v. Rolf-Dieter Müller und Hans-Erich Volkmann. München 1999, S. 66–74.

Weingartner, James L.: Hitler's Guard. The Story of the Leibstandarte SS Adolf Hitler, 1933–1945. Carbondale 1974.

Weitbrecht, Dorothee: Ermächtigung zur Vernichtung. Die Einsatzgruppen in Polen im Herbst 1939. In: Genesis des Genozids. Polen 1939–1941. Hrsg. von Klaus-Michael Mallmann u. Bogdan Musial. Im Auftrag des Deutschen Historischen Instituts Warschau und der Forschungsstelle Ludwigsburg der Universität Stuttgart. Darmstadt 2004 (Veröffentlichungen der Forschungsstelle Ludwigsburg der Universität Stuttgart, 3), S. 57–71.

Welzer, Harald: Täter. Wie aus ganz normalen Menschen Massenmörder werden. Frankfurt a.M. [4]2006.

Westemeier, Jens: Die Junkerschulgeneration – eine militärische Elite des »Führers«? Ergebnisse einer Untersuchung der Absolventen der SS-Führerschulen. In: AKM Newsletter, 15,2 (2010), S. 8–12.

Westermann, Edward B.: Hitler's Police Battalions. Enforcing Racial War in the East. Kansas 2005.

Wette, Wolfram: Die Wehrmacht. Feindbilder, Vernichtungskrieg, Legenden. Frankfurt a.M. 2005.

Wildt, Michael: Generation des Unbedingten. Das Führungskorps des Reichssicherheitshauptamtes. Hamburg [2]2008.

Wilhelmsmeyer, Helmut: Der Krieg in Italien 1943–1945. Graz 1995.

Wilke, Karsten: Geistige Regeneration der Schutzstaffel in der frühen Bundesrepublik? Die »Hilfsgemeinschaft auf Gegenseitigkeit der Angehörigen der ehemaligen Waffen-SS« (HIAG). In: Die SS, Himmler und die Wewelsburg. Hrsg. v. Jan Erik Schulte. Paderborn 2009 (Schriftenreihe des Kreismuseums Wewelsburg, 7), S. 433–448.

Wilke, Karsten: Organisierte Veteranen der Waffen-SS zwischen Systemopposition und Integration. Die »Hilfsgemeinschaft auf Gegenseitigkeit der Angehörigen der ehemaligen Waffen-SS« (HIAG) in der frühen Bundesrepublik. In: ZfG, 53 (2004), S. 149–166.

Wippermann, Wolfgang: Der konsequente Wahn. Ideologie und Politik Adolf Hitlers. Gütersloh [u. a.] 1989.

Zagovec, Rafael A.: Gespräche mit der »Volksgemeinschaft«. Die deutsche Kriegsgesellschaft im Spiegel westalliierter Frontverhöre. In: Das Deutsche Reich und der Zweite Weltkrieg. Bd. 9,2: Die deutsche Kriegsgesellschaft 1939 bis 1945. Ausbeutung, Deutungen, Ausgrenzung. Im Auftrag des MGFA hrsg. von Jörg Echternkamp. München 2005, S. 289–382.

Zaugg, Franziska: Albanische Muslime in der Waffen-SS: Die 21. Waffen-Gebirgs-Division der SS »Skanderberg«. In: AKM Newsletter 16,1 (2011), S. 20–21.

Zimmermann, John: Die deutsche militärische Kriegführung im Westen 1944/45. In: Das Deutsche Reich und der Zweite Weltkrieg. Bd. 10,1: Der Zusammenbruch des Deutschen Reiches 1945. Die militärische Niederwerfung der Wehrmacht. Im Auftrag des MGFA hrsg. von Rolf-Dieter Müller. München 2008, S. 277–490.

Zimmermann, John: Pflicht zum Untergang. Die deutsche Kriegführung im Westen des Reiches 1944/45. Paderborn 2009 (Zeitalter der Weltkriege, 4).

Ausgewählte Quellen

Verhaltensanweisungen für Interrogation Officers aus Akte Erhard d'Angelo vom 31.5.1944, in: NARA, RG 165, Entry 179, Box 458.

The interrogator must always maintain his dignity and not let the PW become contemptuous or familiar. On the other hand, the prisoner should not think he is being forced to talk, for that may arouse his opposition. The interrogator must try to win the PW over, but he should not make the mistake of being arrogant.

It is better to show kindness than increase pressure. Choose your language so as not to demonstrate disrespect of PW's rank. Be careful not to stimulate his malice by shouting or using contempt, abuse, and calumny, for otherwise you will not get a true confession.

[Ende]

Report of Interrogation Arno Dürner ohne Datum, in: NARA, RG 165, Entry 179, Box 462.

PW is an ardent Nazi. He a letter[sic] to his parents, dated 30 December 1944 he writes: »After a very long time I have a chance today for the first time to write to you. I have been in the interrogation mill of Washington. Of course I did not give any information which has brought about that the gentlemen put me on a bread and water diet. Only after I staged a hunger strike which lasted 76 hours they gave me something to eat and released me from the guardhouse. In the cell they hit me, spat at me, kicked me, stepped on me. This is the personification of the highest American soldiership. Then I was brought into a camp and kept on bread and water for two weeks in the State of Maryland. On Dec 24 I was transferred from there to Okla. So I spent my holidays on the train. That again was typical Jewish capitalistic ways, because that way they could keep the Xmas gifts of the Red Cross ... Nevertheless we were all very happy because the highest, most beautiful and best that one can give us is the offensive in the West ... Long live Germany, its Führer, and his National-Socialistic idea.
[Ende]

Room Conversation zw. Otto Voigt und Herbert Schulz vom 12.6.1944, 17:20 Uhr, in: NARA, RG 165, Entry 179, Box 557

S Die Invasion ist gestartet. Das ist ein Beweis, dass wir keine See- oder U-Boots-Waffe dagegen gehabt haben und keine Fallschirmjaeger gehabt haben. Und dass der sagt, wir lassen sie erst herein kommen, da sind andere Koepfe schon der Meinung gewesen, sobald der Feind auf dem Lande ist, ist es eine Niederlage fuer uns. ... das ist doch das schwierige, eine Landungsoperation durchzufuehren. Weil du doch ran musst. Das ist doch genau so, als ob du auf einem Berge bist, und die wollen von unten rauf kommen. Das ist genau dasselbe. Das Herankommen, das ist das Schlimmste, nacher[sic] das Weitermachen, das ist nicht so schlimm.

V Wir muessen doch damit rechnen, sobald die auf dem Lande sind, gibt es doch gegenseitig Opfer, da gibt es doch bei uns kein Aussetzen(?) ... und dann muss man doch auch damit rechnen, dann arbeiten sie doch mit den Franzosen zusammen. Der Franzose macht doch jetzt, wo er sieht, dass sein Ruecken gedeckt ist ..., Verrat...

S? Und dann ist doch unsere Industrie, die doch zum grossen Teil in Belgien und Frankreich verbreitet ist, gefaehrdet. Ich sage mir, wenn die Alliierten jetzt ungehindert, so wie es in Italien ist, jetzt immer den Nachschub auf dem Seeweg ungehindert heranholen koennen, dann ist es bald im Arsch-

V? Das ist es sowieso.

S? Allerdings bin ich der Ueberzeugung nach wie vor, der Russe ist viel eher in Berlin als wie die. Die Stosskraft der Russen und die Macht der Russen, die haben wir doch jetzt schon 2 Jahre lang ununterbrochen gemerkt. Was die leisten koennen wissen wir. Was die andern leisten koennen, wissen wir auch. Dass die ihre Invasion durchfuehren koennen, darueber bin ich mir klar. Jetzt haben sie ihren Brueckenkopf. Jetzt muss Nachschub ran, immer wieder Nachschub ran. Dieser Brueckenkopf ist verhaeltnismaessig klein. So viel haben wir natuerlich auch, dass wir denen an dieser Stelle genau so viel entgegensetzen koennen –

V? Ich kann mir gar nicht denken, dass wir ueberhaupt noch grossen Widerstand leisten koennen. Ich weiss nicht, ob du die Beobachtung gemacht hast, die Feldwebel, die wir jetzt hier gehabt haben, wenn du die anguckst, die Nieten. Die sind doch nicht 100%ig. Du kannst das vielleicht nicht so beurteilen wie ich. Wenn wir ueberall solche Zugfuehrer haben ... das ist doch nicht 100%ig. Jetzt haben sie doch bestimmt Mann und Maus eingezogen zu Hause und was da noch alles zurueck war, denen stand alles bis hierher, keine Groessen, keine Kerle, gar nichts... (low flying plane drowns out most of conversation).

V Frueher bin ich mal gut ausgebildet worden, habe mir aber immer gesagt, ich bin ein kleines Licht. Wenn ich Chance gehabt haette, ich haette bei der Fallschirmtruppe eine prima Stelle gehabt, also was Zugfuehrer und so anbelangt, weil ich mir immer gesagt habe, ich bin doch eine kleine Niete und so und wo ich die Brueder gesehen habe. Alte Kreta-Kaempfer, als Zugfuehrer schon in Kreta, das waren Nieten bis dorthinaus...
Guck mal was unsere Ausbildung war ... Man muss sich nur wundern, dass die ueberhaupt noch so standhalten.

S Na ja...

V Es ist natuerlich immer noch viel da...

S ... der Zugfuehrer ... dass die auf die eigenen Truppen geschossen haben. Das ging drunter und drueber.

V Da war keine Organisation, kein gar nichts mehr da. Wir sollten die Hauptkampflinie darstellen, wir haben doch Meyer(?) abgeloest, den Oberfeldwebel Meyer – talks about some incident on the Italian front.
Die Fallschirmtruppe ist doch so kombiniert, da ist doch alles da, da kann man doch eigentlich gar nicht sagen, eine Spezialartillerie, Spezialinfanterie, gibt es ja gar nicht, das ist ja alles kombiniert. Wir waren sozusagen der Infantrietrupp hatten aber S.M.G.s und Flakgeschuetze und Pakgeschuetze und alles miteinander. Da lagen wir hinten, nicht an der vordersten Linie, da lagen wir in der dritten Linie, da hatten wir Uebungsschiessen gemacht, da haben die Schweine, da hatten sie 2 Flakgeschuetze als Pak eingesetzt, weil Material uns ausgegangen war. Da wollten sie Itacker Flakgeschuetze schon als Pak nehmen, und da war kein Schwein dran ausgebildet. Da hab ich so gefragt, kannst du das Geschuetz bedienen? Ja, ja. – Jetzt wussten die Schweine gar keinen Bescheid. Um nun ein bischen klar zu gehen, da sind wir an die See(?) gegangen und haben uns eingeschossen. Beim dritten Schuss hatten wir vorne schon einen Rohrkrepierer, da fliegt vorne schon das Rohr auseinander ... Da habe ich mir gedacht, da bist du bei den Fallschirmjaegern, ihr sollt die Herausreisser sein, das kann ja gut werden. Wie ich das gesehen habe, da habe ich ja gleich gewusst, nun ist es aus.

[...]

V Wir kamen ja nie mit der Schnauze aus dem Dreck. Das ging ja, Granatwerfer und Artillerie und das funkt ja alles in uns rein und wenn du den Schaedel hoch nimmst, dann sausten dir rechts und links ein paar Gewehrschuesse vorbei – Wenn das ueberall so ist, dann koennen die meiner Meinung nach gar nichts mehr machen –
Mensch, und dann keine Einigkeit mehr. Ich habe mir gesagt, mit der Gruppe soll ich herausgehen, alles Verbrecher, keiner liess sich was sagen und so, die wollten die Fallschirmjaeger markieren, ... so 2 Bierglaeser kaputt schmeissen und so und koennen sie jemand in die Fresse schmeissen, das wollen sie, aber sonst koennen sie nichts-
Und ein ganzer Arsch voll dabei, die hatten ueberhaupt keine Sprungangriffe(?) gemacht, die waren gar nicht gesprungen...
Dann habe ich mir gesagt, nun gerade das Ehrenbataillon sozusagen, bei uns da waren doch die ganzen ... dabei, die bei der Duce-Befreiung dabei gewesen sind und so, ich habe mir gesagt, wenn solche Leute ... das ist doch ein Truemmerhaufen...

[Ende]

Report of Interrogation Adolf Ross vom 15.6.1944, in: NARA, RG 165, Entry 179, Box 533.

Remarks:
P/W is Nazi. He is fairly intelligent, very security conscious; refuses to recall any units, personalities, equipment, etc, but this is definitely withheld without even an effort at pretense. Gets excited when the comparison is made with Russian soldier making the German soldier appear inferior. He starts to rave about the worth of the German soldier as shown in the campaigns in Holland, France, Belgium, Poland, Norway, etc. P/W has no answer to question of developments in Russia. Admitted to knowledge of ›loss‹ of Stalingrad but refuses to believe that losses in personnel were heavy.
[Ende]

Report of Interrogation Erich Schienkiewitz vom 16.10.1944, in: NARA, RG 165, Entry 179, Box 538.

Note: This report deals with the reputed shooting after capture of 2 American soldiers in Normandy by men of PWs unit.

PW was interrogated in great detail and feared that he would be executed immeadetly if he did not answer all questions. He trusted the interrogator and it is believed that he told the truth.

His unit went into action somewhere around 10 June 1944. PW was sergeant major (Spiess) of the headquarters company (Stabs Kp.) They left their station at a small village near Saumur, France and crossed the Loire over a rail bridge east of Saumur since the road bridges in Saumur were out. They then proceeded toward Normandy via le Mans, Laval. They took on gas in Laval. The trip to near the front took 3-4 days. They eventually came to Pont Hebert, west of the la Vire River and proceeded north, following back roads, for about 10kms, which brings them to near Montmartin-on-Graignes. They moved at night and PW is very weak on landmarks. It was in the Montmartin area that the shooting took place. He can give no exact description.

From here they eventually retreated toward Marigny [sic] and PW was captured at Notre Dame le Cenilly.

PW states that two Germans were sent out on reconnaissance somewhere around 17 June, 1944. One of them was Unterscharfuehrer Pfannjuh (?) and the other's name not known. These two men were from Rgt.37 of the same division given above. The following morning men of the 37th found these two Germans strangled, one with his shawl, the other with a noose.

PW can give no definite information on what information higher German officers had. At any rate he did overhear conversation between Obersturmbannfuehrer Horstmann, CO of the 38th Rgt., and his adjutant, Hauptsturmfuehrer Wahl. PW had already heard rumors of methods of fighting used by Americans. This conversation confirmed it. Horstmann said to Wahl that this must not become generally known or the whole conflict would degenerate and no quarter would be given by either side. PW says Horstmann raised the question whether they were facing a »Sing-Sing« unit.

In the course of the day 75 American PsW were brought to Horstmann's headquarters and interrogated by him there. He spoke English. PW was a witness to the interrogation. Horstmann picked out about 15 of the prisoners and interrogated them individually. He picked out 2 of the 15 and had them segregated and ordered them to be shot.

PW does not know why Horstmann of the 38th did this instead of the CO of the 37th, whose men had been strangled by Americans. Nor does he know by what authority Horstmann acted, whether his own or under divisional or higher orders.

The interrogation proceeded very rapidly. Wahl asked Horstmann if the 2 picked were Jews, because they did not want to shoot Americans. PW did not know if they were Jews. Certainly they did not look particular Jewish. They had been shaved bold. Horstmann did not talk any longer with the 2 picked than he did with the others, but Wahl interrogated them longer. PW knows no English, could not understand what was going on. PW believes the Americans did not know what it was all about. PW was then told to find two volunteers to shoot the 2 men. He found two: Unterscharfuehrer Willy Schneider, Rottenfuehrer Schaefer.

These two men belonged to Pak Zug, Stab Kompanie, 38th Rgt., Goetz von Berlichingen Div.

The two Americans were kept at headquarters throughout the day and then taken out at night and shot by the two men named above. PW thinks he heard the shots. The two men who did the shooting did not do it gladly. They also buried the men.

PW said he delayed until evening to carry out the shooting, believing the order might be revoked. On the next morning a runner came and asked about what had happened to the 2 men, but it was then too late. He does not know whether the order was revoked anyway. The two Americans were described as typical, nothing unusual. Apparently they were privates of an infantry unit. PW heard that Horstmann made a report on the incident to the Red Cross and also sent an American soldier back to our lines to report to them and see that decent combat conditions were restored. This then followed and the battle became »fair«. He thinks Horstmann may have done this to prevent the needless bloodshed and no-quarter fighting that developed out of this sort of thing in Russia.

Horstmann, though not a Bavarian, was at home in Bad Toelz. PW heard he was killed in action. He heard that Wahl had also been killed.
[Ende]

Room Conversation zw. E. P. und Herbert Siercke vom 20.10.1944, 18:00 Uhr, in: NARA, RG 165, Entry 179, Box 526.

Re: concentration camps.

P. Und der schickte mich dann noch wo anders hin. Und nachdem ich dann noch einen Brief vom Oberst vorgelegt hatte, der in ziemlich scharfer Form darauf hingewiesen hatte, dass es unhaltbar sei, dass eine Dienststelle nicht weiß, was das-, und nicht in der Lage ist, da Auskunft zu erteilen, also der hat dann versprochen, er wird sich der Sache annehmen. Schön. Ich bekomme nach 3 oder 4 Wochen die Mitteilung, die schriftliche Mitteilung vom S.D.: Henri Blanc (??) geboren dann und dann in Siegburg (?), wurde dann und dann, also am soundsovielten nach Buchenwald bei Weimar überführt. Ich schreibe einen Brief an's Konzentrationslager Buchenwald bei Weimar mit der Bitte um Auskunft: erstens ob sich der Mann noch dort befindet; zweitens ob Postempfang gestattet ist und Paketempfang gestattet ist, bzw. wann mit dieser Erlaubnis gerechnet werden kann. Nach 4 oder 5 Wochen kriege ich einen Brief zurück: Im Lager befindet sich nur ein Henri Blanc geboren am 24.6.24. in Paris. Aus. es war nicht möglich, in einem einzigen Fall festzustellen, wo ein Mann verblieben ist.

[Ende]

Room Conversation zw. Franz Kneipp und Eberhard Kerle vom 23.10.1944, 19:30 Uhr, in: NARA, RG 165, Entry 17, Box 498.

(anti-Partisan Action on Russia)

Kn: Da war was los, da hat der Obst. Hoppe(?)
Ke: Hoppe, das ist doch ein bekannter Name, der ist doch Ritterkreuztraeger?
Kn: Ja, der hat Schluesselburg genommen. Der hat noch Befehle gegeben, »Wie ihr uns, so wir Euch«, hat er gesagt. Der hat ihnen 3 Std. Zeit gegeben, sie sollten sagen wer Deutsche aufgehaengt(?) haben, nur einen Anhaltspunkt geben, dann ist alles gut. Keine Sau hat auch nur was gesagt, noch nicht einmal dass sie nichts wussten. Hiess es »Alle Maenner, links raus«, dann wurden sie in den Wald getrieben, dann hast Du gehoert, brr brr.
Ke: Im Kaukasus, bei der 1.Geb.Jg.Div., wenn da einer von uns umgelegt worden ist, da hat gar kein Leutnant Befehl geben brauchen, Pistolen raus, Frauen, Kinder, alles was sie gesehen haben, rein..-
Kn: Bei uns hat mal eine Partisanengruppe einen Verwundeten Geleitzug überfallen, und alles umgebracht, 1/4Std. später wurden die geschnappt, bei Novgorod, die wurden in eine Sandgrube gebracht, und von allen Seiten gings dann rein mit MGs und Pistolen.
Ke: Die gehören langsam umgebracht, die gehören doch nicht erschossen. Da waren die
Kossacken prima, zur Partisanenbekämpfung, ich hab das gesehen im Südabschnitt.
Kn: Wir hatten die Wolgalegionen bei uns.
Ke: Die Kossacken sind in Zivil mit Waffen in Häuser wo sie dachten, dass Partisanen drin wohnen, und haben denen ihre Waffen verkauft. Alles verkauft. Dann sind die Kossacken abgerückt und haben alle die, die Waffen gekauft haben, restlos zusammengeschossen. Das wurde von einem Major von den Kossacken geleitet. Die Kossacken wurden bei uns nur gegen Partisanen eingesetzt, auf die kann man sich 100% verlassen.

[Ende]

Room Conversation zw. Hermann Abels und Gerhard Krienke vom 14.1.1945, 7:30 – 11:45 Uhr, in: NARA, RG 165, Entry 179, Box 441.

Discussing the Jewish problem, & the way it was solved in Germany. – Telling each other about some of the ›decent‹ Jews they were acquainted with.

A Dieser jüdische Arzt hatt ne Medaille bekommen für seine Leistung – Ein anderer, der hatte auch nie etwas zum Leiden gebracht.

K Vorhigen[sic] Sommer lagen wir zwischen Ammapole & ... wir hatten keine Munition mehr.

Kurz vor Bettgehen, Sie, Sie, Sie & Sie, Morgen um 6 Uhr nur mit Karabine [sic] rein in Dorf – Da waren nur Juden gestanden – Es war Hunde Kalt, dann ziehten[sic] sich 5 Mann aus & Pfutsch die Kugel rein in Hals – Ein jüdisches Mädchen wollte sich nicht ausziehen – started recording (... In ein Judenlager .. da haben sie die Leute in ein Sumpf getragen & die Zähne & die Hände abgehaut – & so Leute gekommen & Pfatsch, Pfatsch – in 41 bin mit einem von der Polizei zusammen gekommen, das konnte er mir nicht erzählen ... Bei Warsaw, die haben uns erzählt ... das ist schlimmer wie Nero ... Crematorium, ach nein Sanatorium, wollen wir sagen – 30.000 Juden erschossen. Wer das nicht gesehen hatt, glaubt es garnicht.) 2nd Band.

[...]

A Ein SS Mann muss in der Lage sein, ein 4 Jahre altes Kind in den Rachen reinzuschiessen.

[Ende]

Room Conversation zw. Joseph Andlinger und Heinrich Brey vom 1.3.1945, 17:00 – 23:00 Uhr, in: NARA, RG 165, Entry 179, Box 441.

A Says he will not let his »Ueberzeugung« be taken from him – ich werde nicht das Deutschtum verraten. Has observed that for a cigarette which a Jew held out other PsW became traitors. Declares he is strong eater but would go without food rather than betray Deutschtum r have Amis say with contempt: Das sind die Deutschen. Recalls how in his Ostmark (A always refers to it as Ostm.) people voted 99.5% per Hitler and were enthusiastic for regime even 3 years after war, but here they say Wir sans keine Deutsche – Wir sans Oesterreicher. Considers it disgraceful.

[Ende]

Room Conversations zw. Otto Wolf und Günther Meier vom 15.3.1945, 20:00 Uhr, in: NARA, RG 165, Entry 179, Box 565.

[...]

W Mir macht bloss Sorge, dass der Russe ins Rheinland(?) kommt. Die Scheisser gewinnen den Krieg nicht. Wenn der Krieg verloren geht kommt es durch den Russen. Nicht anders. Die brauchen, dass sie mal anstaendig eins an den Sack kriegen, nochmal so was wie damals mit dem Runstedt[sic]. Und dann aber so, dass sie bis ueber Paris richtig ins Laufen kommen. Dann haben wir den Krieg im Westen schon entschieden. Nur mit den Scheissrussen; ich glaube es wird auch kommen, dass die erst eins vor den Sack kriegen. Dass wir den Russen meinetwegen erst bis Berlin reinlassen, oder reinlassen muessen, und dann erst -. Wenn der eine Faktor ausgeschaltet ist, dann erst, dann wenden wir unsere Ganze Wucht gegen den Russen.

Die Amerikaner koennen jedenfalls keine Niederlage vertragen. Weil die naemlich unter ganz anderen Voraussetzungen Krieg fuehren. Die halten sie nich bei der Stange, wenn der Amerikaner eins vor den Sack kriegt, dann faengt er an zu meutern. Dann wollen die nach Hause. Die wollen sich doch nicht totschiessen lassen, fuer was denn. Den Amerikanischen Soldaten ist doch wurst, ob Hitler oder Stalin an der Macht ist.

Noch mal anpacken. Noch haben die nicht gewonnen.

M Gestern hat der Fuehrer gesprochen. ›Auch wenn sich das Schicksal gegen uns verschworen zu haben scheint‹ – das hat er bestimmt nicht gesagt. So spricht er nicht.

[Ende]

Room Conversations zw. Otto Wolf und Günther Meier vom 20.3.1945, 7:30 – 12:00 Uhr, in: NARA, RG 165, Entry 179, Box 565.

M comes back [from interrogation]

[…]

M Ein deutscher Soldat, militärisch erzogen! Das hat er gesagt, das ist doch keine Erziehung! Laughs.

W laughs: Da hat er Dir Märchen erzählt, Märchen von und über Deutschland. Ich werde nicht Verräter am deutschen Volke werden, ich kann keine militärischen Aussagen machen.

M Und der Führer soll Million Dollars in Argentinien haben!

W Der Führer? das ist doch ein guter Witz!

[…]

W Wenn sie wieder mit dem militärischen Kram anfangen, dann sage ich es ihnen wieder, ich werde nicht ein Verräter, sie können mich nicht zwingen über militärische Sachen Auskunft zu geben, das ist gegen die Genfer Konvention. Aber wenn ich ihnen sage dass ich für den National Sozialismus, für das Deutschtum eintrete, kann es nur gut für Deutschland sein. Es zeigt ihnen, dass es noch viele anständige Deutsche gibt.

M Es gibt jetzt nicht mehr viele überzeugte Deutsche!

W Ja, leider, leider. Aber ich habe die Zeit vor 1933 gekannt, es war furchtbar, dann mit Hitler ging es mir und meiner Familie recht gut, das haben wir dem National-Sozialismus zu verdanken, der hat uns ein schönes Leben ermöglicht, ich könnte es mir nicht besser vorstellen!

[Ende]

Room Conversations zw. Otto Wolf und Günther Meier vom 20.3.1945, 17:05 – 19:00 Uhr, in: NARA, RG 165, Entry 179, Box 565.

[...]

W Mensch, denkst Du, dass wir als Nazis die Ausnahmen sind. Das wäre ja traurig wenn die Deutschen so weit heruntergekommen sind, dass sie alle jetzt aussagen oder umschwenken. Die müssen doch ne gute Zahl SS und alter Fallschirmjäger hier haben.

M Ist schon möglich, dass hier viele umschwenken.

W Natürlich, vielleicht schwenken viele durch Angst ab, vielleicht auch wohl die Hälfte. Ich würde doch denken, dass gerade jetzt wenn sie einen auf die Zähne haben, dann sollen sie den deutschen Stand vertreten – vielleicht sind wir die Dummen!

M Ja, wenn alle die anderen aussagen, dann sind wir die Dummen. Aber, natürlich, wenn wir den Krieg gewinnen, werden sie uns hier noch härter behandeln. Wenn wir ihn verlieren –

W Wenn wir ihn verlieren, dann ist ja Scheisse sowieso. Dann ist es mir egal ob ich nach Haus komme. dann ist es sowieso alles kaputt. Dann wird da ein Stück zur Tschechei, ein Stück zu Poland, Frankreich + lassen vielleicht so ein wenig wie Thüringen + sowas wo sie eine Judenherrschaft haben werden. Eines ist sicher, ich werde nie mehr irgend einem Versprechen glauben: Nach dem Krieg werde ich unpolitisch sein. Aber noch ist der Krieg nicht verloren. Noch kämpft Deutschland, noch ist der Führer da.
Und wenn wir den Krieg gewinen dann kommen alle wieder zurück. Auch die Überläufer, denen wird man nichts antun mit der Ausnahme wohl mit Leuten wie Elster usw. Aber für Amerika habe ich einen Hass, besonders weil sie unsere Frauen + Kinder ermorden. – Wenn es wirklich jetzt so schlecht ist, dass es nicht mehr weiter geht, dann wird er was Vernünftiges tun. Vielleicht macht er Frieden mit Russland! He compares Communism + Nat-Socialism pointing out how very many things they have in common. Paints picture how things would go if Russia + Germany were to fight against the Western Powers. Believes it possible.

[Ende]

Room Conversation zw. Rudolf Müller und Franz Reimbold vom 22.3.1945, 9:30 Uhr, in: NARA, RG 165, Entry 179, Box 519.

M Da sind aber auch 80-jaehrige Leute dabei gewesen. Und 15-jaehrige Buebchen. Die haben die Amerikaner zum Teil gefangen genommen, haben ihnen Schilder auf die Brust gehaengt, ›gegen Kinder kaempfen wir nicht‹, und haben sie wieder durch die Linien geschickt. Waffen abgenommen und wieder durch die Linien geschickt.

R Na ja, das sind aber die geeigneten Soldaten. Wir sind ja alle darauf dressiert worden nur nach rechts zu schauen, wenn es heisst, die Augen rechts. Aber die Kinder denken ueberhaupt nichts eigenes, und das, was sie denken, ist gemaess der Linie.

M Also, Sie glauben nicht, was der Ami alles hat. Bei einem Dorf, da waren noch zwei lebendige Landser drin. Auf das Dorf haben geschossen, 26 15cm Kanonen. Dahinter hat eine ganze Panzerkompanie gestanden. Wieviel MGs geschossen haben, weiss ich gar nicht, Unzaehlige.

R Also, wir haben es ja schon in Afrika erlebt, aber es muss ja jetzt viel schlimmer sein.

M Also, bei uns war es so, dass in einem Gebiet von 3km Laenge und 4km Breite auch nicht ein Baum mehr gestanden hat.

R Aber sagen Sie einmal, was sagt denn die Heimat dazu, was sagen denn die Leute? Sehen sie denn immer noch nicht, dass das alles ein Wahnsinn ist? Das ist doch ein Verbrechen jetzt noch weiterzumachen.

M Ach, die Leute wissen es doch nicht, die sehen ja nichts von der Gegenseite. Die reissen sich ja noch um die Handgranaten und um die Gewehre. Die wissen ja nicht was die andern alles haben. Das bleibt ihnen doch verschlossen.

R Aber Herrgott, die Leute muessen sich doch auch Gedanken machen ueber die Tatsache, Afrika ist gefallen, Russland ist schief gegangen, Frankreich ist gefallen, der beruehmte Atlantikwall war ein ›Bluff‹.

M Was sollen die Leute denn machen? Wenn einer etwas sagt, dann geht doch die ganze Familie mit kaputt.

R Und dafuer haben wir in Afrika gekaempft. Und hier, was haben wir hier? Es ist den deutschen Offizieren von deutscher Seite hier verboten zu arbeiten. Nach der Genfer Konvention kann man um Arbeit bitten, dann ist man gleich Anti-Nazi, ist Verraeter, ist Ueberlaeufer, Schweinehund, und dann wirst du totgeschlagen. Effektiv. Es liegen hier in amerikanischem Boden soundsoviele deutsche Soldaten, die totgeschlagen wurden.

[...]

M (atrocities) In einem Konzentrationslager war ein Mann, der hatte eine Taetowierung auf der Brust. Und den haben sie weggebracht. Und eines Tages mussten die Leute reinemachen, unter anderem auch in dem Zimmer des Lagerkommandanten, nein, von seiner Frau. Und da sieht er einen Lampenschirm, und da wäre er beinahe auf den Rücken gefallen. Da haben die dem mit der Taetowierung die Haut abgezogen, gegerbt und die Frau hat sich von der Taetowierung einen Lampenschirm gemacht.

R Vorsichtig, vorsichtig, das hat hier auch in der Zeitung gestanden.

M Nein, das stimmt, und zwar ist das in Muenchen irgendwo passiert.

R Das habe ich hier in der Zeitung gelesen.

M Ja, das hat der hier bekannt gegeben. Der ist schon 1 ¼ Jahr hier in Amerika.

R Haben Sie mit dem Mann gesprochen?

M Ja, ich habe lange mit dem Mann gearbeitet.

R Also, wissen Sie, das kann ich nicht glauben. Sie kennen doch auch den Deutschen. Das mit der Fickerei kann ich mir noch vorstellen. Man hat das deutsche Volk schon so zur Sau gemacht, dann gibt es das auch noch. Aber solche Dinge.

M Also, sehen Sie, wenn er mir das nur einmal erzaehlt haette, dann haette ich es nicht geglaubt, aber nachdem er mir das schon in Deutschland erzaehlt hat ganz genau, da glaubte ich es.

R Also, wie man hier die Bilder zeigte, von den Dingen in Majdanek, da habe ich gedacht, entweder ist es Propaganda, oder ist etwas wahres dran. Dann kann ich nur die Menschen nicht als Deutsche erkennen.

M Was haben Sie zum Beispiel von den Greueltaten gegen die Juden in Russland gehoert? Ich war drei Jahre in Russland.

R Also, eines kann ich Ihnen direkt erzaehlen, wo nicht ein Gerücht dahinter steckt. In dem ersten Offizierslager, wo ich hier in Gefangenschaft war, da war ein sehr dummer Frankfurter, junger Leutnant, junger Schnoesel. Wir sassen zu 8 an einem Tisch und erzaehlten ueber Russland. Und er erzaehlte, ach, da haben wir eine Spionin geschnappt, die da in der Gegend herumgelaufen ist. Und da haben wir ihr zuerst mit einem Stecken auf die ›Aeppelchen‹ gehauen, dann haben wir ihr den Hintern verhauen mit dem blanken Seitengewehr. Dann haben wir sie gefickt, dann haben wir sie rausgeschmissen, dann haben wir ihr nachgeschossen, da lag sie auf dem Ruecken, da haben wir Granaten gezielt. Und jedesmal, wenn wir in die Naehe trafen, hat sie aufgeschrieen. Zum Schluss ist sie dann verreckt und wir haben die Leiche weggeschmissen. Und stellen Sie sich vor, es sassen mit mir am Tisch 8 deutsche Offiziere, und es gab hallendes Gelaechter. Also, ich habe das nicht ausgehalten, bin aufgestanden, und habe gesagt, meine Herren, das ist zu viel. Na, da kann man sich nicht wundern, dass ich nicht mehr lange in dem Lager war.

M Also, passen Sie auf, ich lag in Luga. (record defective) Da hat man die Leichen immer verbrannt. Nun kam der Russe einmal zurueck, da konnte man sie nicht verbrennen. Da haben sie die Leichen in einem Keller aufgestapelt bis an die Decke, und so hat sie der Russe gefunden. In Minsk haben Frauen und Kinder ihr eigenes Grab geschaufelt, haben vor dem Grab gekniet, von hinten einen Genickschuss, einen Tritt, und sie fielen in ihre eigenes Grab.

R Also, ich kann Ihnen sagen, wenn die Sachen so sind, dann hoere ich auf Deutscher zu sein. Dann will ich nicht mehr Deutscher sein.

M Ich stand vor dem Kriegsgericht wegen Befehlsverweigerung in Russland. Und zwar war ich da Schirrmeister, weil unser Schirrmeister gefallen, und ich war der zweite in der Werkstatt. Und zwar sollte [ich] einen LKW 8 umbauen, und zwar Gummiplan drauf legen. Na schoen, ich wusste nicht was los war und tat es. Der Wagen wird rausgeschickt und wird abgestellt fuer die Ortskommandantur. Da war die Sache fuer uns erledigt. Wie der Fahrer wieder kommt, ist er kreideweiss im Gesicht. Ich fragte ihn, was los sei, und er sagt, was ihm heute passiert sei, das wuerde er sein Lebtag nicht mehr vergessen. Er sagt, man hat mir hinten auf das Auto Zivilisten geladen. Dann haben die einen Ansteckauspuff gehabt, der wurde angesteckt, der Wagen wurde hinten zugemacht, der Auspuff wurde reingeleitet. Vorne neben mich setzt sich ein SS-Leutnant, die Pistole auf dem Schoß und gibt mir den Befehl zu fahren. Na ja, er war 18 Jahre alt, was wollte er machen, er musste fahren. Ist dann eine halbe Stunde gefahren, dann sind sie an eine Grube gekommen. Da lagen die Leichen drin, etwas Chlor dazwischen. Da musste er rueckwaerts ranfahren, der machte die Klappe auf, da fielen sie alle raus. Durch die Auspuffgase tot. Am naechsten Tag kriege ich wieder den Befehl, der Wagen soll abgestellt werden zur Ortskommandantur. Da habe ich gesagt, der Wagen wird nicht abgestellt. Und da habe ich vor dem Kriegsgericht gestanden, wegen Befehlsverweigerung. Mit Absicht die Leute raufgeladen und mit Auspuffgasen getötet.

R Menschenskind. Um Gottes Willen.

M Den Fahrer haben sie gezwungen, da setzt sich einer daneben mit einer Pistole. Und mich stellen sie vor's Kriegsgericht.

R Und das geschieht unter dem Namen deutsch. Wir wollen uns nicht wundern, was uns noch passiert.

M Bei Bastogne sind 200 Amerikaner gefangen genommen worden.

R 150 waren das. Also, wie das hier als offizielle Meldung ankam, da arbeitete ich im PX. Da sagte einer der Amerikaner, der wusste, dass ich ihn verstehen konnte, ja, so sollte man es mit den Gefangenen hier machen. Da habe ich aber die Zaehne zusammen gebissen und das Maul gehalten.

M Also, ich wollte es zuerst nicht glauben. Bis ich dann in Frankreich in einem der Lager einen SS-Mann traf, der es offen zugab und sagte, ja, das ist in unserer Kompanie gewesen. Und der ruehmte sich auch noch. Das war ein Junge von 17 Jahren. Also, da haben wir auch kein Recht uns zu beschweren, wenn die uns zu Hause Frauen und Kinder kaputt hauen.

R Also, ich war einmal stolz darauf Deutscher zu sein. Aber was ich jetzt in der Gefangenschaft gelernt habe. In Afrika haben wir noch ganz fair gekaempft. – Sehen Sie ich habe die Geschichten mit dem Gaswagen so oft hier gelesen. Aber Sie wissen doch man straeubt sich doch dagegen so etwas zu glauben.

M Aber das stimmt alles, und das ist nicht nur einmal passiert, sondern das war die Regel. In Vilna, das Judenviertel, das wurde zugemauert. Die Juden haben da drin ihre Geschaefte gehabt und alles. Hatten aber keine Aerzte. Man konnte nicht über die Mauer sehen, aber wenn wir vorbei fuhren, da wussten wir genau, was da hinter der Mauer vorging. Die hat man direkt langsam zu Grunde gehen lassen. Weil es zufällig irgendwie Juden sind.

R Sehen Sie, ich war im Jahre 35 in Frankfurt auf der Universitaet, und da war mit mir ein junger Student, ein Jude. Der hat mir eines Tages gesagt – ein Halbjude war er – sehen Sie, ich bin doch Deutscher, ich bin hier geboren, aufgewachsen, bin hier in die Schule gegangen, habe hier studiert, und nur weil mein Vater mit meiner Mutter Rassenschande begangen hat, soll ich jetzt kein Deutscher mehr sein. Der Mann hat Deutschland geliebt, sein ganzes Denken und Empfinden war deutsch. Und jetzt sollte er kein Deutscher mehr sein. Nur wegen dieser verrueckten Idee. Herrgott, die behandeln ja hier die Neger besser, und die Neger haben noch keine Geistesgroessen produziert.

M Im Jahre 44 im Sondereinsatz bei Krajevo, weil die Russen damals durchbrachen. Unter anderem hatten wir ein Bau...von 52 Russen. Da bestand Befehl von oben runter: Wenn der Russe durchdringt, ist es Befehl saemtliche Gefangenen sofort zu erschiessen. Weil der Russe durchbricht, warum sollen wir denn die Leute erschiessen. Die sind Kriegsgefangene, die haben doch nichts verbrochen. Das waren grundanstaendige Kerle. Ingenieure und alles dabei.

R Also, das waere genauso, wie wenn der Amerikaner sagte, wenn sich die Leute in Ludwigshafen nicht ergeben, werden soviele deutsche Gefangene erschiessen. Na ja, es wird uns noch etwas bluehen, und wir sollen uns nicht darueber wundern.

M Wissen Sie, dass heute die Gestapo Leute als gewoehnliche Landser in die Einheiten reinschickt?

R Als Spione wohl. Also, dass sich Deutsche zu derartigen Sachen erniedrigen. Ich meine, die SS und die Gestapo sind urspruenglich doch Deutsche. Oder werden die gezwungen?

M Ach was, die sind Freiwillige.

R Also, die primitivsten Instinkte sind unter der Ueberschrift ›Fuer Vaterland und Fuehrer, fuer Deutschland‹ freigemacht.

M Ich war zuletzt im Jahre 44 zu Hause. Also, was sich da so tat, man hatte zum Leben zu wenig und zum Verhungern zu viel. Da haben sie jetzt noch einmal die Haelfte gekuerzt und dann noch einmal gekuerzt. Jetzt moechte ich doch wissen was die machen.

R Also, ich kann es nicht verstehen, dass es einen deutschen Menschen gibt, der zu Gestapotaten und SS-Taten schreitet.

M Na ja, es ist ja drueben jetzt, sie kriegen alles eingebleut, sie werden so bloed, dass sie nur noch das eine glauben. Und dann der Kadavergehorsam. Tun was man ihnen predigt, bis sie kein eigenes Bild mehr haben. Und dann gibt es nur noch Befehl. Und was dann passiert, da schaut er nicht mehr hin, der schaut nur nach dem Vorgesetzten.

R Also, und dann gibt es hier noch Arschloecher, die nicht wagen die Schnauze aufzumachen. Ich war 5 Monate in Kriegsgefangenschaft, da habe ich gemerkt, du kannst hier endlich mal wieder sagen, was dir einfaellt. Ganz vorsichtig habe ich es gemacht. Ich habe keine Vorteile davon gehabt, im Gegenteil, Nachteile. Und ich habe gedacht, die anderen 150.000 Afrikakaempfer, die wuerden genauso fuehlen wie ich. Nein, keine Spur. Es war ein ganz kleines Haeufchen, teilweise Konkunturritter.

M Es gibt doch irgendsoeinen Nazitag, den man in Deutschland feiert. Und das haben sie auch in einem Lager hier gemacht. Eines Morgens wache ich, das ist alles in Uniform. In der Mitte eine grosse Hakenkreuzfahne, Riesengebruell, und ein Offizier haelt eine Rede: ›10.000e sind gefallen, und 100.000 stehen bereit fuer den Fuehrer zu sterben‹. Ja, wenn das die Nationalsozialisten sind, warum sind die dann in Gefangenschaft? Damals in Afrika haben sie die Haende hoch gehalten und die weisse Fahne gehisst. Und jetzt haben die wenigen, die so denken, wie ich, nicht einmal die Kourage ihre Meinung zu sagen. Bismark [sic] hat schon gesagt, der Deutsche hat keine Zivilkourage, aber ich glaubte den Deutschen zu kennen.

M Von Fort Meade das naechste Lager ist 28 Meilen weg. Da gibt es ein Nazi- und Antinazilager, wie in Fort Meade. Unter anderem hat man da drei Mann rausholen wollen in's Antinazilager. Da geht rein, ein Hauptmann, Pistole umgeschnallt, ein Major, und zwei Landser, Amis. Die Waffen mussten sie abgeben, der Hauptmann hatte die Pistole. Sie gehen rein, zu den drei Leuten auf die Stube, die packen ihre Sachen. Wie sie vor die Barracke treten, stehen rechts und links die Nazis vom ganzen Lager. Die gehen den Weg vor, und rechts und links stehen die Nazis. Die fangen an zu meutern und einer tritt vor schlaegt den Hauptmann in's Kreuz, dass er zusammenbricht. Die zwei Deutschen sagen nichts, die Ami-Landser nehmen, die Saecke von ihnen, die Deutschen nehmen den Ami und wollen den raustragen. Der Major hatte noch nichts gesagt. Dreht sich rum als sie weitergehen und sagt, sie sollten das sein lassen. In dem Moment geht ein Gejohle los und die stuerzen sich ueber die Kerle her. Da haben sie erst von den Tuermen aus mit den Maschinenpistolen darueber weg geschossen. Und da haben die die derartig verhauen, dass der Hauptmann tot ist.

R Der amerikanische Hauptmann?

M Ja, tot. Der Major ist zum Krueppel geworden. Die drei deutschen sind tot, und die Landser haben laengere Zeit im Lazarett gelegen.

R Also, Menschenskind. Das ist ja nicht auszudenken. Also vorkurzem ist hier in Mexia ein Major gefunden worden auf seiner Stube. Nach langem amerikanischen Ersuchen, es hiess Selbstmord, kam es raus. Da waren drei SS-Offiziere und zwei junge Armeeoffiziere, die sind hingegangen zu ihm und haben gesagt, Sie haben in verschiedenen Bemerkungen die Verraeter verteidigt und haben gesagt, das sind auch deutsche Offiziere. Und Sie sind damit selbst zum Verraeter gestempelt. Wenn Sie sich bis heute abend um 10 Uhr nicht selbst entleibt haben, muessen wir zur Hinrichtung schreiten. Der Major war ein alter Polizeimajor, aber noch normal denkend, hat sich die Uniform ausgezogen, denn er wollte nicht als Offizier sterben, hat sich auch kein Zivil angezogen, denn er wollte nur als Mensch sterben, und hat sich vollkommen nackt aufgehaengt. Ganz klar, gezwungener Selbstmord.

[Ende]

Room Conversation zw. F. K. und Berthold Körting vom 4.4.1945, 11:50 Uhr, in: NARA, RG 165, Entry 179, Box 502.

Kr talks about the assassination of the mayor of Aachen.
Der Mann hat sich den Amerikanern zur Verfügung gestellt, um zu helfen. Da müsste man ja beinahe jeden umlegen in dem von den Amerikanern besetzten Gebiet. Das ist doch Unsinn. Warum wird denn heute noch gekämpft? Nicht weil das Volk es will. Das Volk kämpft, weil der Widerstand befohlen wird. Und warum wird er befohlen? Weil die, die Leute noch befehlen, genau wissen, dass sie nur zu befehlen haben, solange noch Widerstand geleistet wird.

[...]

Kr Describes how in 1938 everybody in Austria was enthusiastic about the Anschluss. The feelings of the population changed however in consequence of the behaviour of the new masters.

Koe Das wird alles dem Nationalsozialismus in die Schuhe geschoben. Hat garnichts damit zu tun. Der Führer weiss davon nichts...

Kr Man kann sich nicht über die einfachsten Regeln der Kriegführung hinwegsetzen, nur weil man Befehlsgewalt hat. Haben Sie den Polenfeldzug mitgemacht? Ich habe es. Damals erzählte man uns, Polen wollte uns überfallen! Später in Russland dieselbe Sache. Dabei war es für jeden klar, dass die russischen Divisionen gerade erst frisch herangeholt worden waren. Describes German propaganda lies in 1938 during the Czech crisis. When he came to Sudetenland he convinced himself that only very slight damage was actually done to the ›Volksgenossen‹, contrary to German propaganda claims.

[...]

Koe Says he cannot change his attitude so abruptly, cannot cut all ties with the past.

Kr I understand this fully. Excuse me please for having spoken to you so frankly and having tried to open your eyes. I believe it will make it easier for you when you come home later. He describes again the terror Germany is suffering under the Nazism.

Koe Germany is not made for a democratic form of government.

Kr Describes foolish attitude of many PWs, mentions ›Ortsgruppe der NSDAP‹ in Camp Alva and in contrast the cooperating camp he comes from.

[Ende]

Room Conversation zw. Joachim Ellger und Helmut Hennings vom 19.4.1945, 16:00 Uhr, in: NARA, RG 165, Entry 179, Box 464.

Re: treatment of Russian Ps/W in Germany, Germans in Russia.

E – sie mussten arbeiten; voellig klar; nicht unerheblich arbeiten, aber die ganze Behandlungsweise war nicht schlecht. Es wurde ihnen von vorneherein gesagt, ihr werdet ueberhaupt nicht bewacht. Flieht einer von euch, dann wird von euern Kameraden jeder 10te erschossen. Oder geschieht irgend eine Schweinerei – na, usw. ... Man kann auch in keiner Weise sagen, dass saemtliche Russen in Deutschland schlecht behandelt wurden. Also die Russen, die ich da zur Bewachung ..., die bekamen ein ausgezeichnetes Essen. ... das einzige, dass wir glaubten, dass sie dadurch mehr arbeiteten –

H Die Maschine funktioniert ja dann besser.

E Und dann stand ich immer dahinter mit ... und Zigaretten. Was willst du denn machen, die wurden teilweise noch frech. Also, es ist schon schwierig. ... Aber kein einziger ist uns, solange ich da war, ist da misshandelt worden. Sie wurden mit furchtbaren Sachen bedroht, aber kein einziger ist geschlagen worden. Ich weiss von Industriefirmen, die ausgezeichnet mit ihren Russen ... Zusteckten was nur zuzustecken war, nicht aus Naechstenliebe, sondern schliesslich eine Maschine schlaegt man ja auch nicht zusammen, –

[...]

Room Conversations zw. F. K. und Wolfgang Pfeiffer vom 29.4.1945, 21:45 Uhr, in: NARA, RG 165, Entry 179, Box 502.

K Wir waren dem Reichs-Sicherheits-Hauptamt und damit dem Befehlshaber der Sicherheitspolizei unterstellt… Wir haben von Anfang an diese Arbeitsmethoden des SD, mit Pruegeln und so, Leute totschlagen, das haben wir abgelehnt. –
Ein ganz fuerchterliches Kapitel habe ich da neulich gehoert von diesem Kriminalkommissar. Eines seiner Spezialfaecher war Sittenpolizei usw., der ist in Russland eingesetzt gewesen zur Kontrolle der Prostituierten. In Minsk. Urspruenglich hat man da, genau wie in Frankreich, Soldaten-Bordelle eingerichtet. Da ist aber zu viel Mist gemacht worden, so dass man dann diese Bordelle verboten hat und Strassenprostitution eingefuehrt hat; in Minsk und ueberhaupt im ganzen Ostgebiet. Diese Strassenprostitution musste natuerlich kontrolliert werden. Das war seine Aufgabe. Der hat erzaehlt, da hat man, bevor er das uebernommen hat, jede Frau, die krank war, hat man auf der Stelle erschossen. Also nicht ausgeheilt, sondern auf der Stelle erschossen. Andererseits war es so, wie unsere Truppen nach Russland herein kamen in 41, da hat es keine Geschlechtskrankheiten gegeben. Das gab es dort nicht. Die haben unsere Truppen erst aus Frankreich mitgebracht. Wie er das damals uebernommen hat, hat er ein Lazarett eingerichtet, so dass die Frauen, die krank waren, dort geheilt werden konnten. Die mussten alle einen Pass haben und fuer die Zeit, wo sie krank waren, wurde ihnen der Pass entzogen. Die Maedels wussten genau, wenn sie ohne Pass erwischt worden sind, dann sind sie erschossen worden. Aber nicht deswegen, weil sie von einem deutschen Soldaten angesteckt worden sind, sind sie da einfach gleich umgelegt worden. Dann spaeter, so 42, 43, da haben die Russen das ausgenutzt und haben gesagt: Nu man los, so viele wie moeglich anstecken. Da haben die Frauen, die krank waren, von den Partisanen Befehl gekriegt, so viele Soldaten als nur moeglich anzustecken. Das haben die natuerlich auch gemacht.
Was der mir erzaehlt hat von den sogenannten SS-Bewaehrungs-Bataillonen, haben Sie von denen schon gehoert?

P Ich habe so ein Bataillon in der Slovakei einmal gesehen. Die kamen von Warschau herunter. Das war ein derartig wuester Haufen. Das war eigentlich nicht SS, da war alles drin.

K Also das SS-Bewaehrungs-Bataillon, so hiess es zuerst, … da waren alle Leute von der SS drin, die sich irgend etwas zuschulden hatten kommen lassen. Denn die SS- und Polizei-Gerichte haben furchtbar gestraft. Also wegen den einfachsten Sachen sind sie da elend bestraft worden. Mir ist ein Fall bekannt in Paris, wo 2 junge SS-Leute, die aus Russland kamen, in einem Pariser Puff sich 2 Negermaedels vorfuehren liessen. Vorfuehren liessen. Sind dabei erwischt worden und wegen Rassenschande zu 8 Jahren Zuchthaus verurteilt. Solche Leute sind dann zu diesen Bewaehrungs-Bataillonen gekommen … Verlustig aller Orden und Auszeichnungen und wenn es ihnen gelang, dort das EK I wieder zu bekommen auf Grund von Tapferkeit vor dem Feind, dann war die Kiste ok. Dann haben sie ihren alten Dienstgrad wieder gekriegt und ihre Orden auch wieder. – Was die geschimpft haben auf diese Leute in Russland. Der sagte mir, die sind schuld daran gewesen, dass zig-tausende von Leuten Partisanen wurden. Wenn die zu einer

Aktion gegangen sind, egal ob alt, ob jung, ob Kind, ob Greis – nur umgelegt. Und die Doerfer nun dem Erdboden gleich gemacht; also angezuendet. – Das soll der wuesteste Haufen gewesen sein, den man sich vorstellen konnte. – Tells story about officers of this battalion inviting some 10 or 12 ›Stabshelferinnen‹ stationed at a nearby airfield and then raping them all.

[...]

Report of Interrogation Heinz Bucher vom 7.5.1946, in: NARA, RG 165, Entry 179, Box 455.

Voruntersuchung zur Ermordung eines amerikanischen Kriegsgefangenen am 7. Juni 1944 bei Vierville/Frankreich.

Ich gebe hiermit folgendes zu Protokoll:

Am Morgen des 7. Juni 1944 hatte 1. Battl. des Fallsch. Rgts.6 den Auftrag, die in der Nacht verloren gegangene Verbindung zum Regiment wiederherzustellen. Als Führer der 5.KP. bekam ich den Auftrag, rechts der Straße in Richtung Vierville anzugreifen. Die Zeit kann ich mit ungefähr 10.15 Uhr angeben. Links von der Straße war die 2.Kp. eingesetzt. Bei Erreichen der Ortschaft Vierville gegen 11.00 Uhr waren dort gleichzeitig etwa 10 feindliche Panzer aus Richtung Hisville angekommen, sodass meine 3.Kp. nicht weiter vorgehen konnte. Nach Meldung dieses Sachverhaltes beim Battls.Kdr. erhielt ich den Auftrag, mich mit meiner Kp. Links neben die 2.Kp. zu setzen und Vierville links über Wiesengelände zu umgehen.

Ich gab die notwendigen Befehle an meine Zugführer weiter und ging mit dem Leutnant Stenzel und einem Melder zur Erkundung im Sprung über die Straße.

Bei unserem still liegenden Sanitätswagen traf ich den Uffs. der 2.Kp., der mir erklärte, dass die 2.Kp. weiter unten am Wiesenrand im Schutze von Hecken vorgehe. Ich erklärte ihm meinen Auftrag und er gab mir den Rat, besser über ein Gehöft abzubiegen, da die Straßenkreuzung unter heftigem Infanteriefeuer läge. Wir liefen nun zu dritt in Richtung Toreinfahrt. (Siehe Skizze!) Leutnant Stenzel etwa 5 Meter links von mir, der Melder hinter mir. Als Stenzel den Eingang zum Gehöft erreichte, rief er mir plötzlich eine Warnung zu.

Seine Worte mögen gewesen sein: »Achtung: Dort rechts.« oder »Achtung! Dort an der Ecke.« Leutnant Stenzel sprang in einem Satz hinter die Mauer, ich schaute aufgrund des Warnungsrufes nach rechts und erkannte an Stahlhelm und Uniform einen amerikanischen Soldaten. Dieser hockte an einer Böschung.

Ich betone, dass ich die Uniform und den Stahlhelm nur im Unterbewusstsein wahrnahm und der festen Überzeugung und Ansicht sein musste, dass der Amerikaner im Begriff war, auf mich zu schießen. Da ich so rasch keine Deckung finden konnte, brachte ich noch im Laufen meine Maschinenpistole in Anschlag und feuerte im Laufen eine Garbe in Richtung des Gegners. Dann sprang auch ich in den Hof in Deckung. Bei Abgabe der Schüsse war ich etwa 10-12 Meter von dem Soldaten entfernt. Ich kann nicht sagen, ob ich ihn getroffen habe. Für mich kam es lediglich darauf an, meinen Gegner daran zu hindern, vor mir zum Schuss zu kommen und ihn durch meine Schüsse in Deckung zu zwingen. Außerdem war es für mich unwesentlich, ob ich den Amerikaner kampfunfähig gemacht hatte oder nicht, da mein Melder und meine Kompanie nachfolgten. Alles spielte sich in wenigen Sekunden ab und ich handelte rein impulsiv.

Auftragsgemäß setzte ich meinen Weg fort und brachte meine Leute links neben die 2.Kap. Etwa eine Stunde später wurde ich gefangen genommen.

Nachdem ich erfuhr, dass ich einen amerikanischen Gefangenen erschossen hatte, möchte ich folgende Feststellung zu meiner Entlastung treffen:

1) Ich wusste nicht und habe an nichts erkannt, dass der Soldat, auf den ich schoss und den ich tötete, ein amerikanischer Kriegsgefangener war.

2) Nach gemachten Erfahrungen war das Auftauchen einzelner amerikanischer Soldaten (Fallschirmjäger) selbst in einem von deutschen Truppen durchschrittenem Gelände nichts Ungewöhnliches. Ich will hiermit sagen, dass Fallschirmjäger und von Lastenseglern abgesetzte amerik. Soldaten als Baumschützen und in den Hecken der Normandie gut getarnt sitzen blieben, um hinter deutsche Truppenteile zu gelangen.

3) In dem hier angeführtem Falle war der Lage nach mit deutschen Soldaten rechts der Straße nicht zu rechnen.

4) Am 6. Juni 44 wurde ein Mann meiner Kompanie durch Schulterschuss verwundet. Er war in etwa fußhohem Grase genau auf 2 amerik. Fallschirmjäger zugegangen. Diese ließen ihn bis auf 5 Meter herankommen und schossen dann. Ein Schuss traf. Nach Abgabe der Schüsse erhoben sich beide Amerikaner, warfen ihre Waffen fort und ergaben sich. Ich erwähne das deshalb, weil es zur Beleuchtung der Kampfweise dieser Spezialtruppen beiträgt.
Dieser Vorfall erregte unter meinen Leuten große Erbitterung und der Ogfr. Fenske bat mich, diese Gefangenen nach hinten führen zu dürfen. Er bemerkte, dass er sowieso abzurechnen habe, da seine Eltern in Aachen bereits dreimal ausgebombt worden waren. Ich legte dem Fenske energisch klar, dass diese beiden Gefangenen genau so wenig für die Bombardierung Aachens verantwortlich seien, wie er für die Bombardierung Englands. Aufgrund der Erbitterung bei meinen Leuten wählte ich für den Rücktransport der Gefangenen einen besonders zuverlässigen Mann aus meiner Kompanie.

5) Zur weiteren Klärung meiner einwandfreien Einstellung gegenüber amerik. Gefangenen möchte ich anführen, dass ich wenige Minuten bevor ich auf den amerikanischen Kriegsgefangenen schoss, einen sehr zuverlässigen Mann mit zwei in den Hecken gefangenen Amerikanern zum Battls.-Stab zurücksandte. Dort hatte ich im Vorbeilaufen eine Anzahl von Gefangenen gesehen.

6) Bei Durchqueren des Gehöftes sah ich an einer Hauswand (Siehe Skizze!) einen amerik. Soldaten mit Stahlhelm sitzen. Ich hätte nie daran gedacht, auf diesen Mann etwa zu schießen, da ich der Überzeugung sein musste, es könne sich nur um einen Gefangenen handeln, zumal sich deutsche Soldaten in seiner Nähe befanden.

7) Meine Hauptsorge nach Erhalt des Auftrages war, so schnell wie möglich zur 2.Kp. zu gelangen, um die Möglichkeit des weiteren Vorgehens zu erkunden. Vor allem, um meine Kompanie aus dem Bereich der amerikanischen Panzer zu bringen. Das Erreichen dieses Zieles nahm mich so in Anspruch, dass ich nicht entfernt daran dachte, Zeit mit der Erschießung eines amerik. Gefangenen zu versäumen.

8) Abschließend möchte ich besonders betonen, dass ich bei oder in der Nähe des amerikanischen Soldaten keine Männer in deutscher Uniform gesehen habe. Sonst hätte ich logischerweise nicht dorthin geschossen.

[...]

Report of Interrogation W. M. vom 20.12.1944, in: NARA, RG 165, Entry 179, Box 514.

1. Nach dem Parteienwirrwarr der Nachkriegszeit hat die Partei in sich alle tatkräftigen Deutschen, die einen Aufbau Deutschlands erstrebten, in sich vereint. Aufgabe war es die nationale Unabhängigkeit in wirtschaftlicher und politischer Hinsicht unter Zusammenfassung aller Deutschen in einem Reich zu erkämpfen. Keine der alten bestehenden Parteien hatte es vor 1933 verstanden, die Mehrheit der Wähler hinter sich zu sammeln. Es fehlte ihnen der jugendliche Schwung der Aktivität. Außer der Partei war noch die KPD die aktivste, jedoch nach meiner Erziehung und Überzeugung für Deutschland die unheilvollste Bewegung, da sie dem Internationalismus, der Beseitigung jedes völkischen Eigenlebens in kultureller, wirtschaftlicher und politischer Hinsicht, entgegensteuerte.

Aus dieser Erkenntnis heraus gab es für mich nur die einzige Partei, die ich 1933 wählte und der ich auch nach der Machtergreifung durch den Führer beitrat.

Die Programmpunkte der Partei wurden nacheinander erfüllt. Es zeigte sich in Deutschland ein ungeahnter Aufschwung der Wirtschaft ohne fremdes Kapital, durch Erfassung jeder Arbeitskraft. Die Lebenshaltung der Arbeiterklasse wurde besser. Soziale Einrichtungen wurden verbessert und neue hinzugefügt. Die Verwässerung des deutschen Volkes in rassischer Beziehung wurde gestoppt vor allem gegen die Einflüsse der slawischen und südländischen Völker. Die Vereinigung sämtlicher Deutschen in einem Reich war zum großen Fall durchgeführt. Deutschland war eine wirtschaftliche und politische Großmacht geworden die auch kulturell in der Welt sich seine Stellung zurückerobert hatte.

Durch den Krieg sind die Aufgaben andere geworden, die erfüllt werden müssen, doch ich bin überzeugt, dass nach einer Entscheidung dieses Krieges für Deutschland die Ideale des Nationalsozialismus, da sie typisch deutsch sind und durch die Erfolge als richtig erkannt wurden, weiterhin maßgebend sein werden.

2. Die größten Verdienste des Nationalsozialismus sind:
a. Die Schaffung eines geeinten Volkes in einem geschlossenen Reich.
b. Die Rückgewinnung sämtlicher durch den Versailler Vertrag abgetrennten Gebiete.
c. Die Unabhängigmachung der Wirtschaft vom ausländischen Kapital.
d. Die Wiedereinführung der Wehrpflicht und der Schaffung [sic] einer deutschen Wehrmacht.
e. Die Beseitigung der Arbeitslosigkeit.
f. Die Hebung des Lebensstandards des Volkes.
g. Der Schutz des Landvolkes vor Ausbeutung.
h. Der Schutz der Rasse.
i. Arbeitsschutzgesetze.

3. So wie wir sie erlebten, wurde während der Demokratie in Deutschland nur geschwatzt und nicht gehandelt. Eine wahre »Volksherrschaft« gibt es nicht. Um bei den Beispielen in Deutschland vor 1933 zu bleiben, so kam es bei den Beratungen der Volksvertretung weniger darauf an, Gesetze zu verabschieden, als Parteipropaganda in übelster Weise zu treiben, um bei einer neuen Wahl wieder mehr bezahlte Abgeordnete zu stundenlangen Sitzungen hereinzubekommen. Und da durch die andauernden Verhand-

lungen nichts Positives gearbeitet wurde, ging auch die Demokratie zugrunde. Eine politische Freiheit, eine freie Meinung, gab es in der Demokratie nicht. In einem jüdischen Betrieb durfte wohl kein Nationalsozialist arbeiten, in staatlichen Verwaltungen richtete sich wohl alles danach, wie der Vorsteher eingestellt war, ob er schwarz, rot war oder ein anderes Parteibuch hatte.

In Deutschland konnte die Demokratie die Parteien, deren es 35 gab, nicht beeinflussen bzw. lenken, sodass sie ihr eines Tages über den Kopf wuchsen. Die innerpolitische Uneinigkeit richtete sich auch in der Außenpolitik aus, die Rückschläge, bzw. völliges Herabsinken auf einen Kleinstaat zur Folge hatte.

Eine Demokratie kann nur in einem Lande bestehen, welches isoliert ohne Einfluss von Außen auf wirtschaftlich gesunder Basis aufgebaut, längere Zeit regieren. Typische Beispiele sind: England (eigentlich Monarchie) und USA.

In einem Land welches wirtschaftlich zu kämpfen hat, um sich seine Lebensexistenz zu erhalten, ist die Demokratie nicht die geeignete Staatsform, um diese Aufgabe zu lösen.

4. Eine Verständigung zwischen Nationalsozialismus und den Demokratien halte ich für möglich, wenn zugestanden wird, dass Deutschland als Einheit bestehen bleibt, die Wehrmacht erhalten bleibt und Deutschland den notwendigen Lebensraum beherrschen wird, wenn nicht, so wird Deutschland bis zum letzten kämpfen und wenn es sein muss zu Grunde gehen.

Eine Verständigung mit Russland von längerer Dauer gibt es nicht. Es sei denn der Bolschewismus geht von seinem Internationalismus ab und verbietet eine Betätigung in Deutschland.

[...]

Report »Das deutsche Volk im Weltgeschehen« Willi Pichler, ohne Datum, in: NARA, RG 165, Entry 179, Box 526.

Um das Verhalten des deutschen Volkes verstehen zu koennen, muss gesagt werden, dass das deutsche Volk im allgemeinen mit nur sehr wenigen Ausnahmen politisch vollkommen uninteressiert ist. Durch geschickte Manoever, die in der Hauptsache bis auf das Jahr 1931 zurueckgehen, ist es der NSDAP gelungen, die Grossindustrie fuer sich zu gewinnen. Mit Hilfe dieser Grossindustriellen wurde eine kuenstliche Arbeitslosigkeit erzeugt. Durch nunmehrige Versprechungen die dahin ausgingen, das Kartell und Konzernwesen abzuschaffen, wurde die Mittelschicht gewonnen. –

Nach der Machtuebernahme wurden grosse Projekte geplant, die ihre erste Ausfuehrung in der Reichsautobahn fanden. Durch diese scheinbare Arbeitsbeschaffung wurden auch die Arbeiter getaeuscht. Durch die politische Uninteressiertheit konnte es kommen, dass dieses Manoever gelang. Der deutsche Arbeiter und Mittelstand hatte nun scheinbar alles was er vom Leben verlangte (Arbeitersiedlungen, Theaters KdF Reisen usw) –

Mit Hilfe der sofort nach der Machtuebernahme einsetzenden Propaganda, gelang es, dass scheinbar wiederbefreite Volk nach den vorausgegangenen Jahren Arbeitslosigkeit langsam in ihrem Bann zu ziehen.

Da die Presse sofort vom Staat kontrolliert wurde, blieben die Vorgaenge im Inland wie auch im Ausland, dem Volke verschleiert d.h. ueber die inneren Vorgaenge kamen nur sehr einseitige Berichte, waehrend ueber das Ausland fast gar nichts verlautbart wurde. Hitler gelang es dadurch das Volk vollkommen fuer sich zu gewinnen. Hinzu kamen noch die grossen Versprechungen um den Volkswagen. Waehrend dieser Zeit wurden allerdings grosse Bauprogramme ausgefuehrt, die unter dem Decknamen fuers ›tausendjaehrige Reich‹ ins Volk kamen. In Wirklichkeit wurde aber der Schwerpunkt auf die Ruestungsindustrie verlegt, was z.B. das Volkswagenwerk zeigt, indem kein einziges Auto fuer den Zivilbedarf erzeugt wurde. (Muster waren vorhanden)-

Nach dem Freundschaftsvertrage mit Italien stiegen den alten Weltkriegsteilnehmern gewisse Bedenken auf. Hinzu kam auch die Hilfeleistung Deutschlands im spanischen Buergerkrieg, die den Zweck hatte, neue deutsche Waffen zu versuchen. Obwohl waehrend des Buergerkrieges jede deutsche Einmischung strickt abgelehnt wurde, wurden zurueckkehrende Spanienkaempfer grossartig empfangen. –

Der Maerz 1938 ueberraschte das deutsche Volk mit der Sondermeldung ueber den Einmarsch deutscher Truppen in Oesterreich. In Oesterreich waeren grosse Unruhen und das dortige Brudervolk waere am verhungern. Ueber den Einmarsch im Sudetenland und der Besetzung der Tschechei, spitzte sich die allgemeine Lage sehr zu. Das deutsche Volk hatte noch immer nichts gemerkt und war ueber die Kriegserklaerung an Polen sehr ueberrascht. Ueber die anfaenglichen deutschen Erfolge wurde das Volk mitgerissen.-

Mit dem Tage der Kriegserklaerung wurden in Deutschland die Lebensmittelkarten eingefuehrt, welche im Laufe der Kriegsjahre auf sehr geschickte Weise immer mehr verkuerzt wurden. An hoeheren Festtagen gab es Sonderzulagen. In Staedten wie Berlin wurden zum Ausgleich an Stelle von 4, 6 Zigaretten verabreicht. Als England 1941 und Anfang 1942 seine Luftangriffe auf deutsches Gebiet nicht mehr so stark fortsetzte, wurde in Deutschland behauptet, die englische Fliegertruppe sei durch die deutschen Luftangriffe vollkommen zerstoert. Aber wie gross war die Ueberraschung, als England seine Grossangriffe mit der Bombardierung von Luebeck eroeffnete. In Russland und Afrika lagen die Aussichten noch ganz gut. Hitler behauptete auch des oefteren, die Hauptmacht der Russen sei bereits geschlagen. Reichsmarschall Goering betonte in seinen Reden immer wieder, kein einziges feindliches Flugzeug wuerde imstande sein, die deutsche Grenze zu ueberfliegen. Sobald Russland geschlagen sei, wuerde die grosse Invasion auf England beginnen. Damals glaubte man noch daran und hoffte auf ein baldiges Ende der englischen Luftangriffe. Aber wie gross war die Enttaeuschung, als im Januar 1943 Stalingrad unter grossen Verlusten aufgegeben werden musste, obwohl Hitler immer wieder predigte, Stalingrad wuerde unter allen Umstaenden gehalten werden. Als im April Afrika aufgegeben werde musste, war die Siegeszuversicht in Deutschland bedeutend gesunken. Die Deutschen begannen nun mit ihren dauernden planmaessigen Rueckzuegen und Frontbegradigungen. Die Einwohner der in der Zwischenzeit bombardierten Staedte wurden von einer richtigen Panikstimmung ergriffen und wollten von einer Fortsetzung des Krieges nichts mehr wissen. Um eine immer groesser werdende Misstimmung zu vermeiden, besuchte Propagandaminister Goebbels die heimgesuchten Staedte und troestete die obdachlosgewordenen Menschen, indem er in seinen Reden betonte, der ihnen aufgezwungene Krieg muesse bis zum Endsieg durchgefochten werden. Demonstrationsversuche wurden von der Gestapo sofort mit allen Mitteln unterdrueckt. Personen die ihrer Misstimmung irgendwie Ausdruck verliehen, wurden sofort verhaftet.-

Um die Stimmung wieder etwas zu heben, begann die Propaganda, von in kuerzester Zeit stattfindender Vergeltungsmassnahmen zu sprechen. Da die alliierten Luftangriffe immer gewaltiger wurden, musste das Volk erkennen, dass es einem Propagandatrick zum Opfer gefallen war. In den Ruestungsindustrien wurden durch die fortlaufenden Angriffe schwerste Schaeden verursacht. Im Rundfunk wurde allerdings behauptet, der Schaden waere gering, doch seien Kinderheime, Kirchen und Kulturdenkmaeler getroffen worden.

Nachdem das Wort ›Vergeltung‹ nicht den gewuenschten Erfolg zeigte, versuchte man es mit dem gemunkelten Wort ›Geheimwaffe‹.

Allerdings glaubten nur mehr diejenigen daran, die ihr eigenes Gewissen damit zu beruhigen versuchten. Es war inzwischen einem Grossteil der Bevoelkerung klar geworden, dass eine Herstellung dieser ›Geheimwaffe‹ in den erforderlichen Mengen, infolge der entstandenen Industrieschaeden mit ziemlich grossen Schwierigkeiten verbunden ist.-

Da die Propaganda es immer wieder verstanden hatte, den Soldaten wie der Zivilbevoelkerung vorzumachen, ein alliierter Sieg wuerde die Vernichtung des deutschen Volkes bedeuten, ist es zu verstehen, dass sich die deutschen Soldaten an allen Fronten so verzweifelt und hartnaeckig wehren und den Diktaturbefehlen blind gehorchen.-
[Ende]

Morale Questionnaire Adolf Ross vom 12.6.44, in: NARA, RG 165, Entry 179, Box 533.

Estimate of Personality:
A neurotic Hitler-worshipper. Some of his answers are better than anything Goebbels ever dreamed of. Talks freely but thinks over his answers before giving them.

I. Outcome of the war:
1. Germany will win the war. No idea on the time it will take.
2. Germany is strong enough to win.
II. Attitude toward Hitler and the regime:
1. Hitler is the greatest man of all times. He organized a single party and solved the unemployment problem. No one can succeed him because no one can fill his shoes.
2. The regime is a unified command which governs the country in the country's interest.
3. Knows little about National Socialism, its ideas and ideals. Mein Kampf has been his credo.
4. Not a party member but a member of the Hitler Jugend.
5. The party is the people, the people are the party.
III. Home front morale:
Morale at home was excellent among the members of his family and neighbors. Conditions were satisfactory (October 1943).
1. Food was sufficient and good.
2. Clothing was supplied adequately.
3. Last home October 43. Hometown has not been bombed. Four men of 36 were killed in this war from his class.
4. Not a member of the family has been lost in air raids or at the front.
5. No opinion on the effect of air raids on industry.
6. No foreign workers in his town.
7. Does not know of foreign workers sabotaging industry.
8. In his opinion all women in the service are volunteers.
IV. Soldier morale:
The morale at the front is excellent.
1. No, they are not tired of the war.
2. Does not know whether they believe in a German victory. Most of the men he knew believed Germany would win.
3. Service conditions were satisfactory.
4. He was treated fairly by his officers and NCOs.
5. The officers and NCOs were friendly and well trained.
V. Unconditional surrender:
Never heard of it. It is impossible – it would be the death of Germany. There will be a fight to the finish.
2. A clear statement by the Allies on post-war aims will not help. People remember too well the Versailles Treaty.
3. Germany will certainly not be the first one to use gas because Hitler, who lost his sight temporarily from it in the last war, swore that Germany would not be the first.

VI. Post-war expectations:
1. Never conceived the idea that Germany could lose the war.
2. It is out of the question that Germany ever will be occupied.
VII. Attitude toward United Nations:
a. No opinion of the US
c. In Russia Communism has taken everything in hand. The people live in dire conditions.
VIII. Propaganda:
1. German propaganda is good.
2. Yes, the people know the true state of things.
3. No opinion on foreign propaganda. Never listened to BBC, America or Moscow. Saw and read leaflets in Russia and Italy. The men laughed at them.
4. Never listened to the Schwarzsender.
IX. Underground:
1. Never heard of there being an underground movement.
2. No opinion on ist strength.
X. Fighting qualities:
a. The German is the best soldier there is.
b. The American is not a bad soldier.
c. The English are excellent soldiers.
d. The Russian is a beast.
XI. American weapons:
1. American weapons are good.
2. German and American compare about the same.
[Ende]

Report of Interrogation Hans Braun vom 7.2.1944, in: NARA, RG 165, Entry 179, Box 453.

[...]
PW states that there is a large factory for making poison gas situated at 325 495 in Forst Jädkemühl near Ferdinandshof. Annex 6, Figs b and a, show the site and approximate layout of the factory. According to PW it was decided in 1940 to »dispose of« the inhabitants of all the homes for cripples, the aged and incurable etc throughout Germany and the inmates of such homes were sent in closed omnibuses to this factory at Ferdinandshof, where they were put into a large gas chamber and there »liquidated«. PW claims himself to have looked through a glass panel while a batch of about eighty idiots and incurables were so disposed of. According to him, the whole process lasted about ten minutes. The behaviour of the victims was as follows: in the first few seconds, breathing appeared to be difficult, and they were obviously gasping for air. Some seconds later they collapsed in various distorted positions, then, according to PW, the bodies »disintegrated into their original dust«. PW states that this gas factory at Ferdinandshof is mostly on the surface, the buildings are of concrete, single storey, with flat gabled roofs and are green/brown camouflage painted. There is an inner brick wall at least 2 1/2m high, as shown on Annex 6, Fig a. This wall is about 1/2m thick and carries barbed wire on top. The outer fence also shown on Annex 6, Fig a, is about 2m high and consists of wire mesh surmounted by two or three single strands of barbed wire. The chimney of the boiler house does not protrude above the pine trees.
[...]

Room Conversations zw. Karl Flormann und Kurt Ohm vom 19.1.1945, 21:00 Uhr, in: NARA, RG 165, Entry 179, Box 468.

Re: escape from concentration camp at Dachau.

F In Dachau war Kanalisation im Lager und da sind 2 gewesen, die haben diesen Kanaldeckel nachts hochgehoben sind herein und sind dann in Dachau irgendwie wieder herausgekommen. An und fuer sich, die Idee war glaenzend –

O Einfach und gut.

F Aber sie haben sie erwischt.

O Gleich?

F Nach einigen Tagen.

O Umgelegt?

F Ich nehme an...
Dann ist mal einer gewesen, das hat mir der erzaehlt, der Mueller, der ist da bei der Bewachungsmannschaft gewesen. Da ist einer gewesen, das war ein anderes KZ gewesen, der hat sich glaenzend gefuehrt gehabt, ist da Putzer gewesen vom Lagerkommandanten. Nun war das in allen Lagern, wenn da ein Offizier kam, mussten sie die Muetze abnehmen und stramme Haltung annehmen. Nun sollte der in der naechsten Woche entlassen werden. Der Mann kriegte einen Vogel, zieht sich die Uniform an von seinem Chef da und haut ab. Ist auch nichts weiter gewesen. In Berlin ist er den Kurfuerstendamm hoch und da begegnet ihm ein hoeherer SS Fuehrer und er vergisst, was er im Augenblick darstellt, nimmt seine Muetze ab – na, da haben sie ihn sofort verhaftet.

O Da sind auch viele...

F Viele auf der Flucht erschossen.
Ach, da unten, in Barracke 5, ich habe den Bruedern auch den Namen gegeben, Internationationale Brigade, da liefen sie alle rum – da waren aber auch ein paar Schweine darunter, verkommene Subjekte.

O Da war auch einer schwul-

F Ja, das meine ich ja.

O Karl und Genossen. Und dann der Wiener Rechtsanwalt, der so aussah wie Trotzki.

F Dann war da noch so einer, der alte Schwab(?)-

O Der Kleine, ja. der war ganz schwer sogar.

[Ende]

Room Conversation zw. W. A. und Joachim Krug vom 25.8.1944, 9:00-12:00 Uhr, in: NARA, RG 165, Entry 179, Box 442.

Talking about interrogation.
A. Die ersten vier Tage hatte ich einen Juden.
K. Wie können Sie das erkennen? Ich mute mir nicht zu, dass ich das sofort erkenne. Außerdem ist es mir scheißegal, ob Jude oder nicht. Ich spreche als Offizier zu Offizier, und wenn die Amerikaner nicht dieselben Grundsätze haben wie wir, ist das ihre Sache. Für mich ist er amerikanischer Offizier.
A. Dieser Jude war aber furchtbar. Hat mir entsetzlich zugesetzt.
Reading »Tatsachenbericht«. No comment.
09:30 Out.
10:00 Back.
10:15 Out for exercise.
11:00 Back. Playing »2 Ocean-Navy«.
[Ende]

Report of Interrogation Georg Blunder vom 23.1.1945, in: NARA, RG 165, Entry 179, Box 450.

His many years (10) in the USA have not made him democratic minded. PW is cautious and a thorough Nazi.

SS Sonder Kommando 10A: In questioning PW about this unit he stated
1. The SS Sonder Kdo 10A is a special unit charged with the control of the civilian population of the conquered territories (Russia). It received its orders from the Division HQ (CO or one of his staff, either the Ia or the Ic) and according to the PW, it was this unit which carried out the death sentences imposed on civilians. PW added that the atrocities one hears of are committed by the members of this unit and claims that the SS combat soldiers are not to be held responsible for the cruelties and atrocities of which they (SS) are accused of. PW continually attempts to vindicate the actions of the SS.
2. The SS Sonder Kdo 10A is composed of »dyed in the wool« Nazis, and is organized into units of platoon strength – 50 to 60 men. The unit is normally attached to Division HQ and may function directly under the Ia, inasmuch as its designation is 10A. Units of this size and/or larger function with higher HQ. PW believes that one such unit functions with each SS Division however is not certain.
3. PW first contacted this type of unit while in action on the Russian front in the vicinity of Mariopol and Taganrok – Oct 43 to May 1944. In asking others about SS Sonder Kdo 10A, few knew of its existence.
[Ende]

Room Conversation zw. W. M. und Fri. S.vom 19.12.1944, 17:05 – 19:15 Uhr, in: NARA, RG 165, Entry 179, Box 514.

M. Ich hab dem gesagt, dass es mich nicht interessiere was andere machen, für mich ist mein Führer mein Führer. Es war der schönste Augenblick in meinem Leben wie ich den Eid geleistet habe. – Er ist ein ganz hervorragender Mann.

[Ende]

Morale Questionnaire A. K. vom 26.8.1944, in: NARA, RG 165, Entry 179, Box 556.

1. Outcome of the War:
1. P/W could give no definite answer, but he left the IO with the impression that the Germans had little chance of winning this war.
2. And most of them felt that they would not. The answer was ›Das haengt von der Lage ab.‹
II. Attitude toward Hitler and Regime:
1. The P/W is in favor of Hitler. Saying that Hitler's ideas were good,
2. but the way some of them were fulfilled were bad. He felt that some of Hitler's military advisers had betrayed him. Hitler's successor will be the Man who is now in England. In other words Hess.
3. P/W favors National Socialism.
4. He was a member first of the German Boy Scouts, this organization when Hitler took over was incorporated bodily in Hitler's HJ.
5. There is a distinction between party and the people. Says that his father is not altogether happy with the party. But the P/W does not know exactly how his father feels.
III. Home Front Morale:
1. P/W was home for (4) days in February. This came about because he was transferred from Norway to France. His home is on the Dutch border
2. at Munchen-Gladdath [sic]. He says food is rationed but nobody is going to die of hunger. Makes no comment on the black market in Germany. Says there was one in France.
3. This P/W has been in the army since he was 16 ½ years old. He is now 24 and he got in in 1936. He gave no answer to the quantity and quality of materials.
4. He said Munchen-Gladdath had been bombed. Mostly the central part of the city.
5. People have been accustomed to the bombing.
6. No answer.
7. P/W has lost none of his family in air-raids or at the front.
8. He has been away so long that he has lost all contact with people at home. He has been in Dutch campaign, Greek campaign including Crete two times in Russia, over a year in Norway, finally in the French campaign.
IV. Soldier Morale:
1. P/W says that the paratroopers are the elite troops in the German army. All of them are young, healthy and full of vigor. This body of troops were not tired of the war. The P/W was captured with five other men, at his command post. Americans having practically surrounded his position.
3. The German soldiers in his regiment still believe in a German victory. Somehow, some way.
4. Service conditions were good. The only thing the P/W lacked was air-observation and air-protection
5. P/W says the quality of the officers is good. His immediate superior was a Captain Reihl, a 30 year old man who had considerable experience. Commander of the regiment was Major Stephanie a 38 year old officer also with considerable experience.
V. Attitude toward the United Nations:
1. The Americans fight this war is if it were sport.

1b. The P/W fought against the British in Crete said they put up a good battle there.
1c. The Russians are people to conjure with, they fight with there heads down. Mainly with no spirit.
[...]
VI. Propaganda:
1. The P/W believes all the reports that are sent out by the German newspaper and radio. He says they are still as effectuous [sic] as they always have been. The German people do know however, how things are going.
4. The P/W never listened to any foreign broadcasts. Says he does not think much of the value of leaflets. Saw some of them in France.
VII. The Underground:
1. P/W gave the IO no information about the underground. He took no part in it himself. In Norway where the P/W was stationed sometimes he heard of several acts of sabotage one time a electric power plant was destroyed presumably by English commandos or it may have been accomplished by Norwegians.
VIII. Fighting Qualities:
1. P/W was very proud of the German paratroopers. He himself made 6 jumps.
1b. The American[s] are so well covered by Artillery fire that he has had very little opportunity to observe their fighting ability.
1c. Fought against the British soldiers in Crete. The soldiers in Crete were mostly from the British Isles.
1d. No further comment on the Russians.
2. American tactics in battle are somewhat similar to what the Germans use. Better equipment and better air-planes.
IX. American Weapons:
1. The Americans have excellent weapons. However the German machine gun is far superior to the American weapons‹ counterpart.
X. Conditions in Occupied countries:
1. The P/W was nearly a year in northern Norway. Here the country is very thinly settled so that he had little opportunity to come in contact with the people there.
XI. Submarine Warfare:
1. Can speak no longer of the submarines knowing that they are a thing of the past. This failure does not seem to have any effect on morale.
Comments:
This P/W was born in Munchen-Gladdath, 13 April 1920. His father and Mother are both over 60 years. He is one of two children, his older brother has a bad leg and is not in the Army. The P/W is the adventurous type, joined the Boy Scouts and then the Army at 16 ½ years of age. And has been primarily with the paratroopers ever since, he is as hard as steel and one of the most cruel persons that the IO has come in contact with. Nazi of the first order. He has become so cruel through his many years in military service that very little will be able to be done with him. He should be watched carefully. This man is a menace to society.
[Ende]

Room Conversation zw. Sepp Salmutter und E. T. vom 28.4.1945, 17:00 – 20:30 Uhr, in: NARA, RG 165, Entry 179, Box 535.

17:00 Silence.
17:15 Tell about battle experiences, nothing new.
T. says US from the air did not look as German propaganda represented it: Es gibt auch eine amerikanische Kultur. Hoffentlich sehen wir uns in einem besseren Deutschland wieder.
S. says US needs teachers in Germany, Allies tries to reeducate German youth.
T. Nicht wie die Nazis (both laughs)
S. Das deutsche Wesen ist nicht Nat-Soz., KZ sind undeutsch, Goethe, Schiller sind Deutschland für mich, das ist das echte deutsche Gemüt!
T. Es ist unser Fehler dass das Wort »deutsch« so einen schlechten Ruf hat.
S. Says racial theories made Germans ridiculous, he would forbid his daughter to marry a Neger, but that is no reason to exterminate whole races.
T. says Americans called German PWs »Supermen«, it hurt but it was right, for Germans were punished for believing in their superiority.
T. criticizes methods of Jewish persecutions. Das furchtbare ist, es heißt jetzt die SS hat es gemacht, aber was habe ich damit zu tun; political discussion(recorded).
? [...] war is lost, further resistance is a crime. »Ich werde Hitler mal hassen, ich habe noch niemanden gehasst, aber das lernt man noch.
T. says he knows Knopfmann(?), war mit der 6.Armee als sie im Westen aufgestellt wurde, war mit Sepp Dietrich, spricht Englisch besser als Deutsch, war in englischer Gefangenschaft, hat sich herausgeredet, hat er mir selbst in Berlin erzählt. Says Sepp Dietrich was newly captured by us, ...[?], Knopfmann told him, who was there.
T. Says it is impossible to be a real Nazi and a »Mensch« at the same time, for example in 1938 he was in Allgemeine SS, was called out to smash Jewish shops, refused to go, »Ich konnte einfach nicht am morgen den Kindern Humanitäten lehren, und am Abend Sachen kaputt schmeißen, wie ein Barbare. Man ist ein Mensch oder man ist keiner, das habe ich ihnen gesagt, mein Freund ein Bauer, hat sich auch geweigert, er ist ein Bauer, baut neues Leben auf, er kann nicht einfach Leben zertrümmern, das geht einfach nicht. Die haben mich natürlich angeschissen, ich habe nur Unannehmlichkeiten in der SS gehabt, über das werde ich ihnen hier nichts sagen, aber ich danke jetzt Gott dass ich nicht bei solchen Sachen dabei war, mein Gewissen ist rein.
S. Meine Frau hat eine russische Mutter, da hat die SS Krach gemacht, als ich sie geheiratet habe, ich war als »weicher Österreicher« bekannt, weil Fanatismus mir nie lag; man ist doch ein kultivierter Mensch, kein Barbare, mein Kommandeur hat mich angeschissen, weil ich verwundeten belgische Zivilisten medizinisch geholfen habe, das ist doch rein menschlich! So eine Barbarenbande!

[Ende]

Report Kurt Kretschmer vom 4.4.1945, in: NARA, RG 165, Entry 179, Box 503.

Miscellaneous:
This PW has been member of SS units, down to company. Suspected of atrocities in Southern France. This angle was explored but no positive information was obtainable from him. He is extremely security conscious and resigned to be treated very hard due to his affiliation with SS, but it does not phase him to any appreciable degree. He is a very typical product of HJ and RAD indoctrination.

His own participation in any atrocities, he steadfastly denies, and is supporting with his frequent absences from his unit either sick in hospital or on furlough. There are no documents available for examination to corroborate these absences.

The description this PW furnishes of an atrocity committed by member of his unit (in his absence and only related to him by comrades) is really a classic:
A former member of 16 Kp told him that while that company was in Toulouse sector (early 1944), a motorcycle messenger was shot at in passing a house in a park. When, after searching the area, no one was found, the house was blown up.
[Ende]

Interrogation Kurt Kretschmer vom 30.3.1945, in: NARA, RG 165, Entry 179, Box 503.

K Ich weiss nicht.
Q Was heisst, Sie wissen es nicht, ich habe es Ihnen doch gerade gesagt. Sie gehoeren nicht der Marine an, Sie gehoeren nicht der Luftwaffe an, und nicht dem Heer. Das haben Sie mir selbst gesagt, infolgedessen fallen Sie nicht unter den Schutz der Genfer Konvention. Wie Sie wissen, haben wir Sie von einem Weltteil in den anderen Weltteil gebracht.
K Jawohl, Herr Leutnant.
Q Ja. Genau so gut koennen wir Sie auch von einer Welt in die andere schicken. Wir haben Sie nicht hierher gebracht, um Sie gesundheitlich wiederherzustellen. Sie muessen hierhergekommen sein aus einem bestimmten Grund. Haben Sie sich das einmal ueberlegt?
K Jawohl.
Q Sie kennen doch einen Hauptsturmfuehrer Hermann, nicht?
K Nein. Ist mir nicht bekannt.
Q Auch nicht einen Hauptsturmfuehrer Schmitzer?
K Mir nicht bekannt.
Q Welcher Einheit gehoerten Sie an?
K Regiment Deutschland.
Q Welche Kompanie?
K Frueher in der 8. Kompanie.
Q Und dann?
K Ich fuhr dann in Urlaub und kam dann ... im Einsatz.
Q Wann fuhren Sie in Urlaub?
K Am 27. Juni 44.
Q Diese Namen sind Ihnen nicht gelaeufig?
K Nein, sind mir nicht bekannt.
Q Sie haben die Namen nie gehoert?
K Nein.
Q Wer war denn Ihr Kompaniechef?
K Hauptsturmfuehrer ... wie ich zurueck kam.
Q Wielange waren Sie in Frankreich?
K Ich bin am 6. Juni aus Lemberg weggefahren und bin am 18. in Suedfrankreich angekommen.
Q Wie sind Sie nachher raufgefahren?
K Über Avignon, Dijon, Lyon. Nach Hause. Ich hatte Urlaub bis zum 22. Juli, fuhr dann ueber Muenchen zurueck nach Muehlhausen. Und in Muelhausen bekam ich Bescheid, dass ich mich in ... melden muesste. Von dort kam ich mit einem Transport nach Paris und von dort nach Sens und dort fand ich meinen Divisionsstetzpunkt [sic]. Und von dort aus fuhr ich nach Paris und sollte dort mit einigen Fahrzeugen zu einer Division, die im Kessel von Argentan war, reinfahren. Dann kam der Befehl, ich sollte nicht nach Argentan fahren, sondern zur Werkstatt unserer Division. Und dort mussten wir die Fahrzeuge, die wir hatten, abgeben, wir sollten uns zum Feldersatzbatallion unserer Division begeben. Und es war

nicht genau bekannt, wo das zur Zeit lag. Und wir wurden erst in Marsch gesetzt in Richtung Chalons sur Marne und von dort aus weiter nach Verdun, und wir trafen es dann in der Naehe von Verdun tatsaechlich an. Von Verdun aus fuhr ich mit dem Feldersatzbatallion die Strecke in der Naehe von Sedan vorbei und in's Reich rein, bei Aachen. Dann wurden wir in der Eifel eingesetzt.

Q Wie alt sind Sie?
K 25 Jahre.
Q Wielange waren Sie bei »Deutschland«?
K Seit meinem 20sten Lebensjahr.
Q Auch in Russland?
K Jawohl.
Q Wissen Sie, dass Sie auf einer Liste stehen?
K Ist mir nicht bekannt.
Q Koennen Sie sich denken, warum Sie auf einer Liste stehen?
K Ich wuesste nicht warum.
Q Soll ich es Ihnen erzaehlen? Sie scheinen gewisse Freunde zu haben, die uns Ihren Namen zugeleitet haben, wegen Greueltaten, an denen Sie teilgenommen haben.
K Mir unbekannt.
Q Sie haben niemals an Greueltaten teilgenommen, Sie haben niemals welche gesehen, und haben auch niemals davon gehoert?
K Gehoert habe ich davon, aber nicht daran teilgenommen.
Q Was haben Sie davon gehoert?
K Das ist in der Zeit gewesen, wo die Einheit in Suedfrankreich gelegen hat.
Q Und was ist da passiert?
K Zu der Zeit war ich im Lazarett. Man hat mir erzaehlt, wie man daneben gemacht hat und so weiter.
Q Was hat man da erzaehlt?
K Ueber die Partisanenbekaempfung in Suedfrankreich. Ich sagte ja schon, ich kam am 6.Juli in's Lazarett, und dann –
Q - Sie brauchen nicht zu laecheln. Das nervoese Zucken um Ihren Mund koennen Sie auch sein lassen. Sie sind naemlich in einer sehr eigenartigen Stellung.
K Ich weiss nicht, wie ich das verstehen soll.
Q Ich habe das von vornerein erklaert. Wenn Sie nicht in der Lage sind Ihr Unschuld zu beweisen [sic], muessen wir Ihre Schuld annehmen. Koennen Sie mir den Beweis liefern, dass Sie niemals teilgenommen haben, oder muss ich Sie vor Gericht stellen mit den noetigen Unterlagen?
K Ja, ich weiss nicht, wofuer ich meine Unschuld beweisen soll.
Q Erstens haben wir gewisse Aussagen von Leuten aus Ihrer eigenen Kompanie. Haben Sie da Feinde gehabt?
K Das wuesste ich nicht.
Q Sie haben sich niemals Feinde gemacht?
K In der Kompanie wuesste ich nicht.
Q In Russland haben Sie auch keine Greueltaten gesehen?
K Das wuesste ich nicht.
Q In anderen Worten, sollen wir annehmen, dass die Anklage gegen Sie in keiner Weise gerechtfertigt ist?

K Jawohl.
Q Aus welcher Begruendung?
K Wie ich schon sagte, ich wuesste, an welchen Greueltaten ich teilgenommen haette.
Q Auch nicht Ihre Kompanie?
K Die Kompanie kann vielleicht in Suedfrankreich im Einsatz gegen Partisanen gewesen sein.
Q Was heisst vielleicht?
K Ja, meine Kompanie war 8. Kompanie damals, aber ich lag im Lazarett.
Q Ich glaube, ich werde Ihnen Papier geben, und Sie geben mir eine genaue Schilderung von den Umstaenden, was Sie von den Greueltaten wissen. Wir werden das mit unseren Akten vergleichen. Und wenn da irgendetwas nicht simmt, dann werde ich Ihren Fall einfach an die Kommission weiterleiten. Fuer uns spielt es keine Rolle ob da einer mehr oder weniger dabei geht, der von der SS ist, denn letzten Endes kann man Sie jeglicher Zeit fuer die Taten der SS zur Verantwortung ziehen. Und es sind genuegend Taten vorhanden. Das ist Ihnen doch klar, nicht?
K Ich weiss nicht, ich kenne nicht, was da vorgefallen ist, und ich war auch nicht dabei.
Q Also, fuer die naechsten Tage jedenfalls werden wir Sie hier als politischen Gefangenen eintragen. Und dann wollen wir weitersehen. Wie ist Ihr Gesundheitszustand?
K Etwas Halsweh, Magen.
Q Verwundet?
K Ja.
Q Was ist Ihr Zivilberuf?
K Ich bin Schueler.
Q Was fuer ein Schueler? SS-Schueler?
K Nein, ich war auf dem Realgymnasium.
Q Verstehen Sie etwas von Strassenbau, Entwaesserung, Eisenbahnbau, und so weiter?
K Nein, ich habe noch keinen Beruf gehabt.
Q Na, da koennen wir Ihnen das einmal beibringen. Und noch etwas: Was fuer Klima koennen Sie vertragen? Kalt, warm?
K Mitteleuropaeisches Klima.
Q Aha. Es ist naemlich viel aufzubauen. Frankreich, Italien, Afrika, Russland, Norwegen nachher, Jugoslawien, Tschechei, Rumaenische Oelfelder, Griechenland. Sind Sie verheiratet?
K Nein.
Q Verlobt?
K Nein.
Q Geschwister?
K Ein Bruder.
Q Wo ist denn der?
K Ich weiß nicht, Soldat auch.
Q Wann waren Sie denn zuletzt in der Heimat?

K Juli 44.
Q Behalten Sie die Erinnerung gut im Gedaechtnis, denn es wird lange dauern, bis Sie in die Heimat kommen. Was fuer Religion?
K Evangelisch.
Q Nicht gottglaeubig?
K Nein.
Q Warum nicht?
K Ich bin aus der Kirche nicht ausgetreten.
[...]
Q Und Sie haben sich vor 5 Jahren freiwillig zur SS gemeldet? Aus Ueberzeugung?
K Es war Krieg und es war eine schoene Truppe.
Q Was war denn Ihr Eindruck von dieser Truppe?
K Das waren alles grosse Menschen, sportlich, und so weiter.
Q Gute Truppe.
K Ja, eine gute Truppe. Und man hatte ja auch gewisse Ideale.
Q Sehen Sie, mir liegt nichts daran, Sie zur Demokratie zu bekehren. Sie muessen diese Ueberzeugung gewinnen, nicht aufgezwungen bekommen. In Deutschland zwingt man einem politische Ueberzeugung auf. Aber wie gesagt, wenn Sie aufbauen wollen und ein neues Leben anfangen wollen, dann muessen Sie mit dem alten Schluss machen.
K Das will ich auch.
Q Ich gebe Ihnen Papier, und geben Sie mir die Ausfuehrung, die Sie auf dem Herzen haben. Wenn Sie keine haben, geben Sie mir ruhig das blanke Papier zurueck. Ich kann Ihnen nur eines sagen, Ihr Zukunft liegt in Ihrer eigenen Hand. Wir geben jedem Menschen die Gelegenheit. Was besseres kann ich nicht fuer Sie tun. Und schildern Sie mir die Zustaende, von denen Sie wussten.
K Ja, ich kann nur das schreiben, was ich gehoert habe von anderen.
Q Was Sie gehoert haben. Wenn Sie es geschrieben haben, werden wir nachforschen, warum Sie auf der Liste sind. Koennen Sie sich das denken?
K Also, ich wuesste nicht warum.
Q Schildern Sie mir das erst einmal mit Ihren Freunden und Bekannten, und dann werden wir sehen. Vielleicht erwaehnen Sie sogar die Namen der Leute. Geben Sie mir zunaechst auch einmal Ihren Lebenslauf. Ihren militaerischen Lebenslauf. Und dann die Greuelgeschichten, von denen Sie wissen, Russland und so weiter. Ich werde das dann weiterleiten an die Untersuchungskommission. Versprechen kann ich Ihnen ueberhaupt nichts. Es richtet sich ganz nach Ihnen. Geben Sie die Namen Ihrer Kommandeure, vielleicht taucht der Name auf, der in dem Bericht erwaehnt wurde. Ich kann Ihnen natuerlich jetzt nicht den Namen des Anklaegers sagen, aber es besteht eine regelrechte Anklage gegen Sie. Wann waren Sie in Bad Toelz?
K Am 14. September kam ich von meiner Einheit weg in Russland, und war am 27. September in Toelz. Bekam dann Urlaub bis zum 1. November, und der Lehrgang ging am 1. November los, und ich war zum 9. Maerz dort.
Q Und Sie sind dort entlassen worden?
K Jawohl.
Q Aus welchem Grund?

K Ich hatte da einen kleinen Zusammenstoss.
Q Was war das?
K Ich war damals ein LGK Mann, und da hat sich Theorie und Praxis ein bischen gerieben, und hatte ich eine Reibung mit einem Vorgesetzten und musste die Schule dann verlassen.
Q Hat man Ihnen das nachgetragen in der Befoerderung?
K Ja, ich bin seit 41 Unteroffizier.
Q Na, vielleicht war es einer Ihrer Kameraden.
K Ich weiss es nicht.
Q Sind Sie mit noch jemand aus Ihrer Einheit auf der Schule gewesen?
K Nein. Die waren auch auf Schule, aber auf einer anderen Schule.
Q Haben Sie einen von der Schule irgendwo einmal wiedergetroffen.
K Ich glaube, im Laufe des Krieges in Russland irgendwo.
Q Sind Sie jemals in Verbindung mit der Hitlerjugend-Division gewesen?
K Nein.
Q Panzerlehrdivision?
K Auch nicht.
Q Mit welchen Einheiten waren Sie denn in Verbindung?
K Ich war nur mal Division »Das Reich«. Das ist meine Division.
Q Aber Sie haben doch in der Gegend von Argentan gekaempft.
K Ich war nicht im Einsatz dort. Ich bin der Eifel [sic] zum ersten Mal wieder im Einsatz gewesen.
Q Also, da muss irgendetwas nicht stimmen. Wie buchstabieren Sie Ihren Namen?
K K*R*E*T*S*C*H*M*E*R.
Q Haben Sie Verwandte mit dem Namen bei der SS?
K Ja, der Name kommt oefter vor.
Q Aber der Vorname stimmt, Kurt. Heimatsort auch. Alter auch. Sprechen Sie Sprachen?
K Schulkenntnisse. Englisch, Franzoesisch, Lateinisch.
Q Kennen Sie jemand mit Namen Doerfer.
K Ja, der ist ... kommandeur in Toelz.
Q Na schoen, schreiben Sie das mal auf. Also, Sie bekommen jede Gelegenheit sich zu rechtfertigen.

[Ende]

Room Conversation zw. Heinrich Bruns und Johannes Fritsche vom 30.3.1945, 12:00–17:00 Uhr, in: NARA RG 165, Entry 179, Box 455.

1200 Answer Questionnaire it seems
B Es gibt keine Juden mehr in Dtschl, ich habe selber nie einen gesehen.
F Wir sollen mit England und Amerika zusammen arbeiten.
B Ich weiss nichts von KZ.
B Kennst Du Schulen?
F Ja, die Kriegsschule in Dresden.
B Ich kenne die Luftnachrichtenschule (writes it down)!
F Was für Errungenschaften des National-Sozialismus sollten erhalten bleiben?
B Was haben sie denn eigentlich eingeführt? (sic) Long, long silence (sic)
F Ja das Meiste war schon vorher.
B Persönlichkeiten für Nachkriegszeiten? Kennst Du einen?
F Nee; Ach ja, aber der Strasser ist tot, wie hiess der Sozialdemokrat? Thälmann oder war der Arbeiterpartei? (sic)
B Der war doch Führer der KPD; wo mag der wohl jetzt sein?
B Was war das Weimar-Republik System? Kenn ich gar nicht!
F War das demokratisch oder so etwas?
B Was soll man mit den Nazis machen?
F Ach man muss ja ehrlich sein in der SA und sogar in der SS gab es manche anständige Kerle, da muss man vorsichtig sein!
B Und mit den Juden?
F Mir haben die Juden nie etwas angetan, meine Eltern haben immer gute Geschäfte mit den Juden gemacht. Die sollten wieder vollständige Freiheit kriegen.
B Da hast Du Recht.
F Die Industrie soll verstaatlicht werden, es ist dann besser für den kleinen Mann.
B Die Arbeiter sollen in Gewerkschaften organisiert werden, da kann dann jeder herein, und die zanken sich nicht wie die Parteien.
F Die schwerste Frage ist mit den Beziehungen zu Russland und Frankreich, ich glaube meine Antwort soll eindeutig sein: Deutschland soll gute Beziehungen zu allen Nachbarstaaten haben. Das ist doch klar. Du das Erbgesetz sollte erhalten werden.
B Das ist doch auch alt.
F Aber das war eine gute Idee.
B In Russland soll es den Gefangenen auch nicht so schlecht gehen, Du, ich habe gehört die haben ein deutsches Regiment aufgestellt.
F Ja der Paulus ist mit vielen Offizieren übergegangen. Silence.
[...]
F asks B what he thinks of Führergeschenke, Gaben etc.
B says it was mostly propaganda for Hitler, though it was a pleasure to get them.
[Ende]

Room Conversation zw. Sepp Salmutter und E. T. vom 11.4.1945, Uhrzeit unbekannt, in: NARA, RG 165, Entry 179, Box 535.

T. Das ist der größte Fehler, dass sich Amerika nach dem letzten Kriege aus Europa zurückgezogen hat. Das wird diesmal nicht gelingen. Diesmal bleibt Amerika. Den Einfluss, den sie jetzt haben, geben sie nicht auf.
S. Da wird man hier ausgequetscht, dann geht's weiter ins Stammlager, was?
T. Ja, das weiß ich nicht.
S. Gives enthusiastic account of his airplane trip over here.
S. Das Verhältnis zwischen Amerika und Russland ist doch nur reine Realpolitik. Das sieht man schon aus der Geschichte hier über die befreiten amerikanischen Gefangenen (ref. Lagerpost).
T. Man hat da den Eindruck, dass sich die Russen nicht viel um die gekümmert haben.
T. Wie kamen Sie zur SS?
S. Ich habe 40 das Abitur gemacht. Eine SS Div. kam nach Graz und den Sohn des Kommandeurs lernte ich da kennen. Ich wollte Medizin studieren und erfuhr von dem, dass die SS eine Medizinschule in Graz öffnen würde, so dass SS Leute die Medizin studieren wollten da ihr Studium fortführen konnten. Ich musste lange für meinen O'Lt warten. Das kam weil ich eine Frau heiratete, die Halbrussin war. Ihr Vater war Österreicher, ihre Mutter kam aus Turkistan. Die war Studentin und die lernte ich kennen und heiratete sie. Das haben sie mir schwer übel genommen. Seitdem haben sie mich immer am Arsch gehabt. Da musste ich mich dauernd beleidigen lassen. »Schlapper Österreicher« usw. Naja ich hätte vielleicht einen guten Gebirgsjäger gemacht, aber diese SS das passte mir gar nicht.
T. Da waren Sie also ein Offizier in der SS und studierten in derselben Zeit?
S. Jawohl. Mir hat das nie gepasst. Die haben uns ja so schikaniert, nackt draußen rumlaufen und den Quatsch. Da hab ich mir ja auch mein Nieren und Blasenleiden geholt. Wir waren immer minderwertig. Die verdammten Österreicher. Wir wurden immer ausgelacht. Deshalb hab ich auch dem Offizier gesagt, ich möchte gerne mit einem Österreicher zusammen sein, aber keinem Preußen. Wir wurden immer als Untermenschen betrachtet, aber in' Krieg konnten wir schon für sie ziehen.

[Ende]

Room Conversation zw. H. A. und Wilhelm Pernert vom 16.5.1945, 19:00 Uhr, in: NARA, RG 165, Entry 179, Box 430.

silent. Discuss their interrogations – tell each other what they have been asked, just general questions, wonder what will happen to them now.

P. comments on the destruction, misery brought to Germany by war – »das schlimmste wird sich zeigen in unbesetzten Gebieten (?), wenn es solche gibt in Deutschland – mit den Franzosen wird es noch gehen, aber mit den Russen wird es schrecklich sein – kannst Du dir vorstellen, was das heisst, nach Russland verschleppt zu sein, um dort zu arbeiten? Frauen ohne Männer. (sighs, talks in a very low, dejected voice) –

A. wonders if they will be back in Germany by Christmas, thinks it is in the interest of America to let Ps/Ws [sic] return and work in Germany as soon as possible – then says: Deutschland ist Europa, wenn Deutschland kaputt geht ist ganz Europa kaputt, das ist klar!

[Ende]

Report F. W. vom 19.1.1944, in: NARA, RG 165, Entry 179, Box 560.

Mein Eindruck von PW Ministerialdirigent Oberleutnant Dr. W[.]
PW Dr. von Wendorff

Meine Arbeit an W[.] begann nicht auf dem glücklichsten Geleise, weil ich über die Aufgabe hätte eingehender unterrichtet werden können. Mir war erklärt worden, dass ich mit ihm zusammengesperrt werde, weil kein Platz im Hause sei. Als ich ihm das sagte, lachte er mich aus und erwiderte, dass er selber offenstehende Türen von leerstehenden Räumen gesehen habe. Also müsste entweder er von mir oder ich von meinen amerikanischen Freunden belogen worden sein. Ich leugne nicht dass unter der Voraussetzung, dass er Recht gehabt haben sollte, es die Lust an meiner Arbeit beeinträchtigt, wenn nicht Vertrauen gegen Vertrauen gesetzt wird, und man mir ebenso die Wahrheit sagt, wie ich die Wahrheit sage. Sie wissen, wie gerne ich helfe, wo immer ich kann, auch wenn ich persönlich glaube, dadurch, dass ich in Ruhe gelassen werde, am allermeisten helfen zu können. Aber ich werde jede, mir von Ihnen gestellte Aufgabe angreifen, nur halte ich es für zweckmäßiger, dass das, was Sie mir überhaupt sagen, zutreffend ist. Sollte für die 48 Stunden, die ich mit ihm zusammen lebte, auch ein anderer Raum im Hause für ihn übrig gewesen sei, wäre ich dankbar gewesen, wenn ich das gewusst hätte. Eine andere Panne bestand darin, dass ich gerade an diesem Tage mehrfach um Schreibpapier bitten musste, das mir ausgegangen war, und zum Schluss, als ich etwas bekam, betteln musste, mit mehr als zwei Bogen Blaupapier versorgt zu werden. Schließlich bekam ich ausgerechnet an einem der beiden Tage auch keine »New York Times».

Dies musste W[.] zunächst den Eindruck machen, dass Aussagen von Kriegsgefangenen gegen die Nazis im amerikanischen Inneren moralisch als im Grunde unehrenhaft abgeurteilt werden und keine Behilflichkeit ernten. Diesen Eindruck wollte ich meinem Objekt aber am allerwenigstens vermitteln.

W[.] ist psychoanalytisch ein Verstandsmensch, der als subdominante Funktion die extrovertierte Institution hat. Sein – zwar einseitig juristischer – Verstand und seine Auffassungsgabe sind weit über Durchschnitt auch des Akademikers. Seine gesellschaftlichen und Umgangsformen sind angenehm, im Ganzen ein Mann mit nicht exorbitanter, aber mit einer für einen höheren Beamten aller Zeiten ausreichend Kultur.

Das Bezeichnendste [sic] für ihn und den ganzen Typ, dem er angehört, ist aber die »Richtschnur», nach der er lebt und die er haben muss. Dazu gehört, dass es für ihn leichter ist, für etwas zu sterben, als für dasselbe zu leben. Er ist wie eine Vielzahl deutscher »Vollmenschen« Knecht seines Prinzips, also unfrei. Sein persönliches »Prinzip« – ich möchte sagen – »happens to be« die Lehre des deutschen Kulturphilosophen Oswald Spengler »Preußentum und Sozialismus». Ihm ist nun gerade diese »heilig«, und er steht nicht über ihr. Die Lehre wird gewöhnlich als militaristisch und preussisch-imperalistisch missverstanden, weil sie – meiner Ansicht nach – nicht ganz glücklich formuliert ist. In Wirklichkeit predigt sie aber sehr geistige und durchaus idealistische Werte.

Diese nimmt W[.] unerhört »ernst». Sein Humor und seine Literaturwürdigung ist bei Wilhelm Busch und Christian Morgenstern stehengeblieben. Diese »ernste Richtschnur des Preußentums« ist W[.] Sklavenhalter, die ihn über seinen Fahneneid stolpern lässt (man sieht, wie wichtig diese Institution sein kann).

Er möchte alles aussagen, solange sein Fahneneidgewissen nicht pocht. Schon nach 48 Stunden war es ziemlich eingeschläfert, nicht dadurch, dass ich ihn fragte, ob er den Eid auf Hitler freiwillig geschworen habe, und was ihm passiert wäre, wenn er nicht geschworen hätte. (Er hatte ihn außerdem freiwillig geschworen. Meine Frage, ob er ihn heute noch freiwillig leisten würde, lehnte er als Sophisterei ab.) Das Gift müsste ihm langsam eingeträufelt werden mit der Anregung, er solle alles »nicht militärische« erzählen, was einem neuen Deutschland einmal nützlich sein könnte. Auf diesen Leim kroch der Herr Generalrichter, zum mindesten ohne merken zu wollen, dass dieses auch bereits Hochverrat ist. Dass Deutschland den Krieg verliert, gestand er sich nur nach ziemlich mühsamer Bearbeitung ein. Er wird auch nie den Mut haben, sich einen Nazi-»Verräter« zu nennen.

Zunächst hatte er mir noch stolz mit nationalsozialistischem Tonfall erzählt, dass er für die »Aufrechterhaltung der Mannszucht in der Luftwaffe zuständig« gewesen wäre (arme Manneszucht, deren Wächter so leicht einschläft). Das zweite Stadium war, dass der Herr Ministerialdirigent wie jeder gewöhnlichste Landser erklärte, er wolle nur nach Hause zu Weib und Kind, auch wenn er dort Holz hacken müsste. Im gegenwärtigen Stadium schreibt er, später im größeren Haufen wird er auch reden, aber eine politische Führerpersönlichkeit wird er nie.

Dazu hat die »Richtschnur« den Bürger zu sehr umgarnt. Meinen Standpunkt könne er nicht teilen, nicht weil ich Unrecht hätte, sondern weil er die Verachtung seiner »anständigen« Stammesgenossen dem »Quisling« gegenüber nicht ertragen könne. Dass die Kinder dieser »anständigen« Standesgenossen meinen Typen einmal dankbar sein können, räumte er mir ein.

Es ist also letzten Endes auch bei ihm Angst vor eigenverantwortlicher Stellungnahme, die ihn vor einer selbstlosen Eigenentscheidung zurückschrecken lässt.

Dieser Herdentrieb als Massenphänomen hat den stets für Deutschland sterbenden, aber nie lebenden unpolitischen Beamten lange Zeit im Lager der Nazi-Nachläufer gehalten (wenn die Nazis militärische Erfolge hätten, wäre er wahrscheinlich noch da). Einige arrogante, in dieser Zeit angewöhnte Allueren ist er im Begriff, sich abzugewöhnen: Zum Beispiel verlangt er noch, dass für ihn »als den Ältesten« in der Badestube eine Ausnahme gemacht werden sollte, um sich am Morgen zu rasieren, obwohl ich ihn darauf aufmerksam machte, dass andere Schicksalsgenossen deshalb ungewaschen frühstücken müssten. Auch wollte er über seine Eingeengtheit mit mir im kleinen Raum zunächst Beschwerde führen mit der Begründung, als Offizier nicht mit einem Unteroffizier zusammen wohnen zu wollen. (!)

Am nächsten Morgen schämte er sich dessen aber schon. Andererseits ist er von Natur aus ausnahmsweise erfreulich wenig eingebildet.

Wenn wir den zehnjährigen Nazi-Farbanstrich von ihm abkratzen (und der bröckelt schon von selber ab), bleibt ein stets idealistischer (für alles sterbender), nationaler deutscher Gerechtigkeitsmensch mit ausgesprochenem Sittenkodex übrig.

Schon nachdem er als mittelloser junger Offizier aus Weltkrieg Nr.1 entlassen worden war, hat er immerzu – wie er sich ausdrückte – »Deutschland gesucht». Dieser hochtrabende Möller-van-der-Bruck-Ausdruck für Hurrah-Vereinsmeierei ist nicht gerade mein Fall. W[.] könnte möglicherweise auch nach diesem Krieg für Deutschland zu sterben versuchen, wenn ihn seine Frau nicht abreagiert, aber dies wird bestimmt kein nationalsozialistisches Deutschland sein. Außerdem gibt es einen Posten für ihn, der ihn sogar vom heroischen Heldentod Abstand nehmen ließe. Das ist der Richterposten. Sein ausgesprochenes Gefühl für Gerechtigkeit und Objektivität müsste man ausnutzen. Trotz der kurzen 48 Stunden, die ich mit ihm zusammen war, bin ich geneigt, mich insofern für ihn zu verbürgen, dass er kein Nazi und eine zuverlässige Richtergestalt im Nachkriegsdeutschland abgibt. Ich wäre im Sinne eines friedlichen und menschlichen Zukunftdeutschlands dankbar, wenn man sich diese Menschen nicht deshalb zu Feinden macht, dass man ihren Gerechtigkeitssinn misstraut. Auch W[.] funktioniert absolut verlässlich nach dem typisch deutschen, »anständigen« Prinzip: »fiat iustitia, pereat mundus«.

Auf der anderen Seite ist er ungeeignet für politische Bestätigung und Verantwortungsübertragung. Deshalb ist er auch nicht wichtig als politische Hilfe für ein zukünftiges Deutschland. Geben sie ihm niemals ein Bürgermeisteramt, weil das mit der Politik zu tun hat. Er würde todsicher »Freikorps« aufziehen, aber geben sie ihm einen Richterposten, und er wird die Freischärleute mit genau derselben Objektivität verurteilen.
Auf meine Frage, ob W[.] einen Menschen wie mich freiwillig in seinem Heim empfangen würde, zögerte er und gab mir keine Antwort. Ich meine, wir sollten auch zögernd sein, Typen wie W[.] in einer Nachkriegsordnung als gesellschaftlich gleichberechtigt empfangen, aber in den Gerichtssälen sollten wir sie zu Gehör kommen lassen.

Ich stelle anheim, W[.] meine Beurteilung zu zeigen, nachdem er seinen beschränkten Wissenskreis verraten hat und von dem Hüter der »Manneszucht« nichts mehr übrig geblieben ist.
[Ende]

Morale Questionnaire W. A. vom 25.8.1944, in: NARA, RG 165, Entry 179, Box 442.

I. Outcome of the War:
America will win the war and at the latest sometime before the end of this year. The reason the P/W gives for this is our superiority in men + materials, particularly the airplane. The P/W speaks of the tempo of the current invasion which seems to be carrying everything before it.

The P/W does not know whether the Germans are unable to stop the Allied advance or whether they do not wish to.

II. Attitude toward Hitler and Regime:

(1) The P/W is in favor of Hitler. He will not deny him but he does question the way some things have been carried out. He will not put the blame on Hitler but he does put the blame on some of the generals who surround the leader. He cannot give a successor to Hitler; he does not believe it will be Goering. In the case of defeat, the Allies will pick man to head up Germany.
(2) He gave no particular answer to the question on present government.
(3) He has been in favor of Nazism as for years he was employed by the government as a policemen [sic] in the Hessian police force.
(4) The P/W became a member of the SA in 1932 and this membership in the SA included membership in the Party. When he joined the Hessian police force, his membership in the Party ceased.
(5) At the beginning, there was no distinction between the Party and the German people; everybody in the P/W`s village, of Heegheim, in Ober Hessia, was a member. Lately, however, there is a distinction as many people are tired of the war and hence are becoming dissatisfied with present government.

III. Home Front Morale:

(1) The P/W was last home on 5 June 1944. The morale at home seemed still good, though when the P/W`s mother and wife heard of the invasion, they put up a terrible cry. Living as he does in a small village, the food conditions were o.k. He saw no evidence of undernourishment.
(3) The P/W could not answer the question of how are general conditions on the Home Front. He has never been actively engaged in industry. P/W`s home town was not bombed. The constant air raids have made people very nervous.

[...]

IV. Soldier Morale:
At first everybody was full of pep and vinegar but after being at the front lines for some weeks, this spirit had left the soldiers.

(4) Service conditions were o.k. at first; there was sufficient to eat, but just before the P/W`s capture, things were very bad.
(5) P/W being an officer himself, would not say anything against his fellow officers but he did say that this hedgerow warfare, which has been waged in Normandy, was a new experience for every officer and many of them did not know what to

do about it. The Germans lacked observation planes and could not tell in many cases where their soldiers were.

V. Attitude toward the United Nations:
In a room conversation, the P/W suggested that he would not mind coming over to America and living here permanently. He expressed no sentiments one way or the other about the English. The P/W has fought in Russia on several occasions and for a time he was in charge of a battalion of Trans Niestren Russians or so-called »Beutedeutsch«. He said he had no trouble in handling these people; however, he has no love for Communism. [...]

VI. Propaganda:
The P/W considers the propaganda as an additional weapon. Each side uses it for its own advantage. He thinks, of course, that the German propaganda has been over exaggerated. He never listened to any foreign radios. As for leaflets, one of them came into his hands at one time. Spoke of the rebuilding of Germany.

VII. The Underground:
P/W knows nothing about the underground in Germany. He was in Holland for some time and said he got along famously with the people there; noticed no trouble between Germany and Holland.

VIII. Fighting Qualities:
The P/W has been in the German Army for ever since 1936, coming through the ranks, and finally ending as captain. Though he thinks the Germans are the best soldiers in the world. The Americans, he fought against the Americans in France but seldom saw them as it was part of the plane [sic] of the Americans to prepare the way for their soldiers by a heavy bombardment by the artillery; thus sparing as many lives as possible. The P/W does not know anything about the fighting abilities of the British. As for the Russians, he says they are very »gewandt«. The Americans` tactics in battle are somewhat similar to Germans'. They now employ the »Kessel« technique; in fact, the P/W says he was captured by the successful use of this kind of tactic.

IX. American Weapons:
The American airplane is winning the war. We have complete control of the air. The American observation plane has good connection with the artillery and gives them complete and accurate instruction as to where to fire the guns.

X. Conditions in Occupied Countries:
In France there was tremendous Black Market. P/W states that he never had any trouble with any particular people; that they were all friendly to him; does not know anything about political conditions.

XI. Submarine Warfare:
This is a thing of the past and is very little spoken about. It did not seem to have much effort on the morale.

Summary:
This P/W was born in Heegheim, Kreis Bugingen, in Ober Hessian, 32 years ago. His parents are peasants (farmers). He entered after a period of unemployment the Hessian Police, which was later taken over by the Wehrmacht and has been in the German Army ever since. He is a boastful Nazi, has little character, and not to be relied upon. Should be sent to a Nazi camp.
[Ende]

Room Conversation zw. W. A. und A. K. vom 21.8.1944, 17:00 – 21:00 Uhr, in: NARA, RG 165, Entry 179, Box 442.

17:00 Joke about »Freiheitskommittee«
K. Junge-junge, wenn wir den Krieg verlieren sollten!
A. Na, na, nicht so eilig.
A. Says if Germany loses war he will live in America with his little girlfriend from Holland and have his wife in Germany.
[...]
A. tells K he has answered I/Os questions but will not tell the truth. Whistles boldly.
[...]
A. Surprised that they were flown so close to large cities: London, NY, Phila, etc.
A. Die Städte sind ganz phantastisch. Admires large and small cities and highways. Better than in Germany.
K. impressed by numbers of cars, and fact that almost every house seemed to have one.
K. Wie weit stehen die eigentlich mit der Landung im Süden?
A. Weiß nicht.
[...]
K. K reads Nachrichtenblatt about Russian report.
A. Ist ja allerhand!
A. reads about the attempt to break out, bringing tanks, etc, 55.000 P/Ws etc. Mein Lieber, die hauen da drein, nicht?
K. Ich darf gar nicht dran denken.
A. Ja, wir könnten eigentlich den Laden zu machen.
K. Ja!
A. Sollten sie doch lieber die Eng. und Am. nach Osten schicken, um uns die Russen vom Hals zu halten!
K. Ja!
K. Die Bombardierung, und was die Soldaten ausgehalten haben, und alles für nichts und wieder nichts.
[...]
A. talks about his Dutch girlfriend.
K. Schämen Sie sich denn nicht, ne Frau zu Hause?
A. Nee! (important for interpretation of A's character!)
[...]
Note: A[.] is a windbag and fair weather Nazi who is obviously an opportunist out for his own good.
[Ende]

Room Conversation zw. W. A. und A. K. vom 22.8.1944, 17:00 – 21:00 Uhr, in: NARA, RG 165, Entry 179, Box 442.

19:00 v.d.K. talks about a woman affair when he was on leave from Russia in Berlin.
K. Sie sind ja so teilnahmslos; reden Sie doch was. Ich habe ja dasselbe Schicksal.
A. Ich habe doch eine ganz andere Lage.
K. Was denn?
A. SS. Gestern habe ich mich noch gefreut, dass ich hier war, und heute...
K. Ach, die Parachutisten hatten sie auch auf dem Arm. Ich wusste gar nicht, dass die »Götz v. Berlichingen« die 17. Division war.
A. Ja, in der war ich. Aber was die verbrochen haben soll, weiß ich nicht.
K. Ach, das sagen die nur so. Die heutige SS in Frankreich ist ja nicht die, die nach Polen zog. »Hitler Jugend», »Götz v. Berlichingen», »Das Reich». ... Aber dass man uns extra hier für die Washington Quetsche gepickt hat, ist mir klar. Den Studienrat, Spira und mich, von 150 Offizieren. Da war sogar ein Ritterkreuzträger von der SS bei, Obersturmführer.
A. Wie hieß der?
K. Weiß ich nicht. Ich verstehe nicht, dass der sein Ritterkreuz nicht getragen hat.
K. Hat denn die Gestapo auch mit dem Militär zu tun?
A. Ich nehme an, die ist nur Zivil.
K. Aber der SD hat schwarze Uniformen.
A. Ja, das ist ja SS.
K. Da sind auch Frauen drin.
K. talks about his youth.
A. doesn`t talk much, seems very depressed.
K. Seien Sie froh, ich bin hier. Stellen Sie sich mal vor, Sie müssten allein hier Trübsal blasen.
K. Ich glaube, dass das bald zu Ende ist. Was fange ich dann nur an, das ist meine Sorge.
A. Sie haben keinen Beruf?
K. Nein.
[Ende]

Room Conversation zw. W. A. und Joachim Krug vom 24.8.1944, in: NARA, RG 165, Entry 179, Box 442.

K. Was halten Sie denn von der Lage in Deutschland, die Lage ist schlecht.
A. Nicht so außerordentlich schlecht. Hier beim Verhör wird man immer so darauf angesprochen, in Deutschland sieht es so und so aus. (jump in record)
K. Dass die Leute in Deutschland vor Hunger sterben ist ja ein Ding der Unmöglichkeit, das gibt es ja gar nicht. Na ja, unterhalten wir uns nicht darüber, denn man weiß ja nicht ob Wände Ohre haben.
[Schnitt]
A. So einen Vormarsch habe ich noch nie mitgemacht, dann lieber bespannt als diesen mot. Kram den wir da gehabt haben. Von uns wird verlangt und verlangt, aber geboten wird nichts. Wir waren mot. Einheit und hatten noch nicht mal, bis ich weg bin zum Bn. Lehrgang, hatten noch nicht mal 1 Fahrzeug. Ich bin gerade weg zum Lehrgang, da beginnt die Invasion. Dann haben sie sich Fahrzeuge zusammengestohlen(?) Und wie ich dann zum Bn. kam konnte ich Fahrzeuge suchen, bei den Pionieren. Funkgeräte sollten wir haben, die Berta-Geräte, die sind an und für sich nicht viel, können vor allen Dingen leicht abgehört werden. Die Friedrich(?)geräte sind glaube ich besser.
K. Ich hab nur diese kleinen, diese erbeuteten amerikanischen gehabt.
A. Die jeder so mitschleppt? Gesehen habe ich sie noch nicht, aber gehört davon.
[...]
A. Wie ich da in das Lager komme, sagt der, ach Herr A[.] da sind sie ja endlich, ich weiß gar nicht was ich sie fragen soll, ich weiß alles. Soll ich mal aufschlagen, Sie waren beim 37. Regt. hatten beim 3. Btl. die 12.Kp, der Btl.führer ist Hauptsturmführer Zwann(?), und dann kennen Sie doch von der 11.Kp. den Hauptsturmführer Jansen(?) und von der 10.Kp kennen Sie einen Obersturmführer(?) Tomas(?). Ich hab nichts gesagt gehabt, keinen Ton.
[Ende]

Report ohne Titel F. K. ohne Datum, in: NARA, RG 165, Entry 179, Box 502.

From the end of November I was in the Anti-Nazi camp in Ruston, 1a

This camp was based upon the principles of moderation, aversion to National Socialism or any other form of political terror, religious cooperation with the captor-nation, and gradual reeducation of the inmates to the ways of democratic thought.

In the little more than five months since the camp was started many officers had joined us, some of whom were only able to get out of Nazi camps with great difficulty. A general picture can be formed from the tales of these men of what has gone on in the so-called Nazi camps, what terrors have existed under the eyes of the guarding authorities.

A basic principle in Nazi camps is that every contact, even mere talking, with the Americans is treason to the fatherland and is to be punished as such.

Thus in the camp at Trinidad, and probably also at other Nazi camps a constantly rotating guard is stationed in front of the American headquarters by the Nazi ring leader to keep any inmate from seeing the American authorities without the permission of the German authorities and without a 150% Nazi interpreter. The German authorities also have a mail censorship in that camp. A lieutenant at Trinidad once wrote a card home saying that he was fine, the food was wonderful, and so forth. Those remarks were enough to cause the German authorities to have the lieutenant put in Lager-Acht and Bann, meaning that no one could greet him, talk to him or visit him, that he could leave his barracks only at night, and so forth.

At the celebration held in the camp on 9 Nov and at others all were compelled to be present. Anyone trying to avoid the celebration by pretending to be sick was taken out to see it on his cot.

In the curriculum of the school at Camp Como was a Course calle Literary History 1 and 2. This course actually covered Nazi indoctrination and lectures on tactics. The course was obligatory; absence meant Lager-Acht and Bann.

In the camp at Alva was founded the Ortsgruppe NSDAP-Alve. There they have an Ortsgruppenleiter, a Cashier, a director of propaganda, and so forth. The inmates of this camp are told that they are the elite of German Pws, and that Adolf Hitler has promised them that they will be the first to be returned to Germany.

In the 150% German camp authorities are very fond of reporting to the American authorities as a super-Nazi and trouble-maker any traitor who does not agree with them, and recommending their tranfer to Alva.

In this connection it may be said that those in the Nazi camps believe that they have the fight to hold legal proceedings and pronounce legal judgments. Death-sentences on people not present before the court, and Feme-courts are the order of the day in Nazi camps. The man sentenced by a Feme-court is told to kill himself, or if the court must have him murdered, the murder is represented to the American authorities as suicide.

Thus, for example, I and some of my friends, merely because we had remained behind when the camp officers at Ruston at the time was moved to Camp Jerome, were sentenced to death while not being present by the Kriegsgericht in Jerome. There were Feme proceedings in the old camp at Ruston, before it became an Anti-Nazi camp, in one of which proceedings the SS Gstuf. Angelo, who was about 21 years old, and who had surrendered in the guise of a leutnant, tool it upon himself to sentence to death the Soldat

Canswindt, for certain reasons which were not exactly clear, whereby only the intervention of the camp commander at the last minute prevented the soldier from being hung.

When we wonder how all this can happen under the eyes of the American authorities, there is only one explanation: the smooth face presented to the outside world by the extraordinary discipline maintained through terror by the Nazis. This discipline enables the German spokesman to make protests to the American authorities secure in the knowledge that his position not be undermining from the rear, and able on the other hand to keep those on the outside from seeing what is going on inside.

I and many of my friends are convinced that roughly speaking a fourth of those in a Nazi camp are super-Nazis, half of them are Nazis for reasons of expedience and convenience, and the remaining fourth are opposed to Nazism. The 25% of super-Nazis drag along with them the 50% of those reasonable, moderate men in the middle, and terrorize the other fourth, whom we shall name Anti-Nazis.

When with regard to the future peace of the world we bear all this in mind, and also remember the large number of Pws in the US, we see what great danger there is. Regardless of what solution is made about the return of the Pws, whether they are to be sent back to Germany or somewhere else, the indoctrination which they have received in the Nazi in the newspapers of Feme organization and Werewolf organizations we become aware or the question of what is going to happen, with what intentions the inmates of Nazi camps, who have already resolved to fight in the underground movement, are going to go back to Germany, or let us say, to Europe.

One important factor we must not forget, and that is whether a great part of the Pws will know anything except how to fight, because of their extreme youth, or because of never having had anything else to do. And we cannot escape the realization that these men, because of the unfortunate circumstances and the unfortunate time they are living in, are almost pre-destined to become the foot-soldiers of an underground movement as sons as they are released from imprisonment.

And on the other hand, when we see that the so-called reasonable and moderate people in the camps are not yet able to follow reasonable and moderate lines, from not being able to escape the terror of the young, 150% super-Nazis, or do not want to follow such lines, because of the worries and fears which they have for their families, we must realize what it is going to be like later, in occupied Germany itself. It will be exactly the same.

Every reasonable and moderate German who has the desire to cooperate in the reconstruction of Germany on a democratic basis will keep from showing his desires from the fear that the same thing will happen to him which happened to the mayor of Aachen.

I have given much thought as to how to get to the core of this problem, and as to how to be able to contribute to the future peace of the world which is now so longed for.

The basis principles which I have come to is that the reasonable and moderate elements must be separated out from the Nazi camps. I am quite conscious of how difficult this would be, but would like to present an idea of how this segregation may be accomplished. I would first like to stress that such a segregation may be possible here in the land of the captor-nation, even though under difficulties, but will be far less possible later, when the Americans have lost direct control over the Pws, or, I will even say, will be absolutely impossible.

The segregation should be about like this: an unannounced interrogation of every PW in a camp should be made, on about the following basis: would you rather be in a peaceful camp where you can say what you think without being accused and condemned as a traitor, or would you rather be in a camp in which it is impossible to express any opinions because of some political ideal, a camp in which there is always terrorism and trouble?

In this interrogation great pains must be taken to assure that those who have been asked the questions do not come in contact with those not yet interrogation, until all have been questioned. Otherwise the 150%ers from the moment that they know what question is being asked will bring on the mental terror, and will stir up the calm elements and compel them to answer unfavorably. For a short time one would not be able to make any segregation. Only after the questioning was finished could be assemble according to lists those who have shown themselves to be 150%ers, and ship them out to the camps provided for them. Those people who have professed to be moderate and have chosen moderate camps must be put in camps where through close cooperation between the American commander and the German camp authorities tolerance and democratic ways of thinking can gradually be developed. Any opportunistic elements of the 150%ers who may seek quiet places in these camps in order to carry on their work in the new surroundings will sooner or later be recognized, and will then have to be eliminated forthwith.

I am convinced that such a question will separate the wheat from the chaff, and believe that such a segregation will be rewarding later on in an occupied Germany.

Those who have not been separated out, the 150% Nazis, who can and will not be changed without drastic measures, must be treated more strictly than they have been up to this time. And control must be maintained over them even later, when they have been released from imprisonment, since these elements will be seeds for the underground or whatever it may be called.

[Ende]

Room Conversation zw. Erhard d'Angelo und Josef Hadraba vom 30.5.1945, 19:30 Uhr, in: NARA, RG 165, Entry 179, Box 458.

19:30 telling some idle experiences of after their capture. Work in Ps/W camp. Trip to 1142. Discussing Himmler, Goering mostly on what they read from the papers.

D. maintains that a large percentage of the German people were ignorant of the atrocities committed in KZ.

H. Disagrees. 2 Fälle habe ich selber gesehen, und was da Leute erzählen die noch mehr gesehen haben.

[Ende]

Room Conversation zw. Erhard d'Angelo und Kay Nieschling vom 1.6.1945, 9:00 – 11:45 Uhr, in: NARA, RG 165, Entry 179, Box 458.

N. Ich war noch bis Ende Dez. in Berlin bei dem OKW und wir haben bis zum letzten Moment geglaubt, wir können den Krieg gewinnen. – – – Und wenn wir nicht von den in Massen übergehenden Truppenteilen verraten worden wären, hätten wir einen moralischen Sieg im Westen erzielen können. – Aber wenn man dann hier in Amerika sitzt so sieht man, dass uns selbst dieser moralische Sieg nicht geholfen hätte – Dieses Land ist zu reich.

[...]

N. Wir können ja von den Deutschen nicht verlangen, dass sie für ihr Naziideal sterben – die westliche Hälfte wird zu radikalen Demokraten werden, die östliche zu Kommunisten.

D. Ob mein Vater wohl auch in Gefangenschaft ist? Der war Standartenführer bei der SS.

N. Die werden auch wissen wollen ob sie ihre Meinung ändern wollen – denn die Amerikaner wollen alle retten die zu retten sind. In den kommenden Jahren wird es auch keinen Sinn haben Widerstand zu leisten, weil die Übermacht der Amerikaner zu groß ist.

D. Ja jetzt werden in Deutschland, für jeden Amerikaner, der erschossen wird, 10 Deutsche erschossen.

N. Ich kann mir viel leichter vorstellen, dass die Deutschen zu Bolschewisten werden als zu irgendetwas Anderem.

10:20 No R.C.

10:30 No R.C.

10:45

D. tells N. that he was in N-Lager – mir war es aber gleichgültig ob einer N-, AN-, oder Kommunist war, aber es geht nicht, dass unsere Leute ihren Eid brechen wenn zur gleichen Zeit unsere Leute drüben weiterkämpfen. Dann haben sich die Leute unter den Schutz der Amerikaner gestellt und das hat natürlich Unruhe gestiftet.

11:00 Idle Nazi talk – Hitler wurde betrogen etc.

D. Wo gab es einen Gauleiter oder Kreisleiter, der wirklich so gewaltet hat, wie es der Führer wollte.

N. Der große Fehler bei uns bei der OKW [sic] war, dass diese Professoren, die zu allen anderen Dingen so weise waren, ihren Weg zu unserem Führer nicht finden konnten. Die konnten das Ideal hinter der Sache nicht sehen. Da stand der Führer hilflos da, und musste Leute um sich haben, denen er kein Vertrauen schenken konnte.

11:15

N. talking about what I.O. told him about German atrocities KZ etc. – Aber da gibt es bestimmt keinen Deutschen der sagen würde, dass [sic] ist gut und richtig – und dass man jetzt dieses Volk welches bis zum letzten Moment dem Führer und seinen Idealen wegen des Ideals treu geblieben ist, wegen diesen vereinzelten Fällen bestrafen will, kann ich nicht verstehen. Den anderen müssen wir's nicht sagen, aber wir als Deutsches Volk sind daran Schuld, dass wir den Krieg begannen und verloren haben (Secret Hush-Hush).

11:45 PsW eating

N. talking against atrocities against Jews – Wir hätten unser Blut mit dem der Juden ja nicht mischen müssen, aber die Juden waren genauso gute Deutsche wie alle anderen, und hätten mit der Zeit zu guten Nazis werden können.

[Ende]

Report of Interrogation A. F. vom 22.4.1945, in: NARA, RG 165, Entry 179, Box 468.

[...]
<u>Missions of the SD Sonderkommandos:</u>
1. Whenever the Nazi government was contemplating the introduction of a measure which lacked popular support, the SD Sonderkommandos were entrusted with the task of having agents mingle with the people and arouse »spontaneous« demonstrations directed against the group indicated. Action to quell such disturbances on the part of the police was prevented by secret orders to the local police chief to avoid interference. The SD units in charge of such operations were usually assisted by members of the Gestapo.

These »spontaneous« demonstrations were then picked up and developed through propaganda media to serve as a basis for the forthcoming measures. In this way the measures could be represented as taken in response to popular demand. Examples of this technique are to be found in the initial steps taken against the Jews, church dignitaries, and inconvenient protestant personalities, and such sects as the Jehovahs witnesses.

2. The secret liquidations, ordered by Himmler, not only of Jews, but of party and political personalities who fell from grace were carried out by SD Sonderkommandos. This applies also to the murder of persons who stood trial and escaped without receiving the death penalty desired by the Gestapo.

3. The SD Sonderkommandos were assigned special duties in connection with the series of annexations proceeding the outbreak of the war and with the invasion of Poland. Border incidents purporting to be the work of e.g. Czech or Polish citizens were in fact arranged and carried out by these units. The so-called »Operation Tannenbeg«, for example, involving the burning of barns and farmhouses on the German side of the Polish border, was executed by these units. Action was initiated against settlements previously selected by Hitler himself on signals contained in programs broadcast by the radio station in Kattowitz. These incidents then became the excuse to the German people itself for the invasion.
[...]

Morale Questionnaire A. F. vom 9.4.1945, in: NARA, RG 165, Entry 179, Box 468.

Veracity:
Anti-Nazi. P/W is exceptionally intelligent man, shrewd, well-informed, and of sound and mature judgement. In spite of his position as a Kriminal Komissar in the Criminal Police he has been a conscious Anti-Nazi since 1933. His statements are regarded as entirely reliable.

Morale Questionnaire:
P/W states that the Stalingrad fiasco was the turning point of the trend of popular support for the Nazi regime among the people in general. Since early 1943 a progressive deterioration of morale, sharply accelerating during the last half of 1944, has been unmistakable. P/W estimates the convinced supporters of the regime at not greater than 30% in Germany and 10% in Austria at the time of his capture in March 1945. P/W bases this estimate on an exact knowledge of the scope and character of the Sicherheits Dienst and Gestapo to hold the people in check. Only through a ruthless and brutal reign of terror extending into every aspect of daily civilian life has a collapse of the home front been prevented.

P/W cities [sic] specifically the emergence during late 1943 of a »youth problem« of alarming porportions [sic]. The long years of »total war« with the consequent parental neglect of children, and their regimentation in youth organizations under continual physical and emotional pressure has resulted in a recognition not only by parents but by the youth of Germany itself that Nazism is an enemy of the German people. This recognition is manifested in a myriad different ways. According to P/W no Hitler Jugend leader dares to walk the streets alone for fear of being beaten by his Hitler Jugend. Young men approaching draft age seek to avoid military service by injuring themselves in various ways. Particularly significant is the greatly increased membership in and influence of the Edelweiss movement which according to P/W has captured the imagination, sympathy, and in part the active cooperation of at least 60% of German adolescent youth. This organization was founded shortly before the war by two students in Munich to promote a democratic revival among German youth but has now, since 1943 been taken over by Communist elements who seek thus to form the core of a new Communist party among German youth. (Connected with Edelweiss are such movements as the »Swingjugend« which is not actively political, seeking rather to win the youth away from the influence of the Hitler Jugend by encouraging them to go on hikes into the woods and fields, sing, dance (hence »swingjugend«), and generally release themselves from the stern discipline of the Nazi state).

»Morale« in the sense of inner resolution and determination to see the war through to a successful conclusion simply does not exist. The mass of the population lives under conditions approaching those of the Thirty Years War, while the attitude of the party members who are, or were, still able to afford food and drink from the blackmarket is expressed in the saying »Enjoy the war while you can. The peace will be terrible.« P/W estimates that 70% of German women of suitable age engage in sexual promiscuity, this condition prevailing almost 100% among the youth of 16 to 21 years. Inoidence of non-political crimes has risen sharply, to 300% of normal among the youth and to approximately 150% of normal among adults, the latter figure allowing for decrease of civilians due to military service. Increasingly severe penalties for defeatism and political opposition of any kind are illustrated by the law of January 1944 which made it possible to impose the death penalty on children of 14 years, considering them as adults, and extending it to children of 12 years and over if they were physically and mentally developed as well as the average 14-year-old. A further example is the imposition of a penalty of 2 years in a concentration camp for cases of listening to foreign broadcasts which cannot be proved. This practice is otherwise punishable by death, although engaged in since 1943 by virtually every German with access to a radio.

The food situation was tolerable until about the summer of 1944 but has rapidly deteriorated since that time until in early 1945 it was impossible to satisfy real hunger without recourse to the flourishing and expanding blackmarket. In February-March official allowances in Cologne were 250gr. of meat (including 40% bones) and 1.4 kilograms of bread per week, but since December 1944 the district offices of the Ernährungshauptamt (Ration Control Authority) in each individual Bezirk (corresponds to county) have been empowered to determine the amount of food which is actually to be allowed on each ration coupon on the basis of existing stocks. Thus an individual in many instances might well receive half or a third of his official allowance, although the full number of coupons would be required for it. The same condition existed for all foods.

Particularly significant is P/W's statement that three-quarters of the German people in March 1945 were expressing satisfaction that the collapse of Germany could not this time be blamed on a stab in the back by the home front. Presumably started by Anti-Nazis but taken up by the great majority was the sentiment that this final proof that the Wehrmacht is not has not been invincible will at least dispose of the myth of German racial and moral superiority and deal a death blow to the tradition of Prussian militarism, permitting the German people themselves to work out a peaceful and productive manner of life after the trials and hardships of the post-war period. Connected with this attitude is a current joke asking the difference between the Volkssturm and Japan and answering that Japan is the land of the smile, while the Volkssturm is the smile of the land.
[...]

Room Conversation zw. A. F. und F. K. vom 22.4.1945, 14:30 Uhr, in: NARA, RG 165, Entry 179, Box 468.

F. Also, die tollsten Urteile kamen da raus. Das waren 8 oder 12 Säcke Zement, also doch gar nichts, aber nein, es hat geheißen, es sei kriegswichtiges Material, und da muss das Urteil so lauten. Und der Mann hat es doch gar nicht gewusst, was da gemacht wurde. Ich habe mich in der Pause mit dem Anklagevertreter unterhalten, und der hat mir gesagt, er will das nicht so machen, aber er muss es so machen, es sei von Doenitz direkt herunter gekommen, das Urteil musste Todesurteil sein.

K. Das ist ja toll.

F. Da war einmal ein Marineleutnant, der hatte eine Aktentasche allerdings mit Festungsplänen. Und der fuhr auf der Straßenbahn und half dann einer Frau im Gedränge. Und wie er sich umsieht, ist die Aktentasche weg. Also, richtiger Diebstahl. Der Leutnant ist zum Tode verurteilt worden.

K. Landesverrat.

F. Na ja, aber Landesverrat und Landesverrat sind doch zwei verschiedene Dinge. Da muss doch ein Unterschied in der Bestrafung sein. --- Ein Bekannter von mir, ein Belgier, der kam zu mir und sagte mir, er hätte 250 Reichsmark. Und ich bin damals sowieso nach Wien gefahren, und er hat mich gebeten die in Kassenscheine umzuwechseln. Und das habe ich gemacht. Und dann wurde mir gesagt, das sei ein Vergehen gegen die Devisenbestimmungen und sei strafbar mit einer Geldstrafe von 1000 Mark.

K. Ja, mindestens.

F. Ja, also sehen Sie, das kann ich nicht verstehen. Ich habe nicht gewusst, dass das nicht richtig war, sonst hätte ich das nicht getan. Ich war der festen Meinung, das [sic] ich für den Staat etwas Gutes tue. Dass ich die zu Unrecht ins Ausland gekommenen Reichsmark, also Devisen, wieder zurück ins Reichsgebiet bringe.

[...]

Room Conversation zw. A. F. und F. K. vom 22.4.1945, 17:00 – 21:30 Uhr, in: NARA, RG 165, Entry 179, Box 468.

17:30 Idle Talk, women.

F. Tells that he was a kind of Sanitätsoffizier in Russia, his job was to travel around with interpreter in his sector and examine girls suspected of V.D. Through this activity (examining and interrogating thousands of Russian) he is one of the Germans who knows Russians, particularly Russian women the most intimately; he prides himself of having saved many sick Russian girls, as it was the practice of Germans to shoot all syphilis-infected girls; he tells about rough treatment towards Russians by German police, with whom he seems to have bad close contact. (He might have details about activities, he must know the names of colleagues who shot syphilitic girls). He mentions that he worked also closely with Russian medical authorities; he had his own Sanitätskolonne. He mentions a Major, whom he proved to be a paederast, using Russian »Burschen« of 16 years; confronted with proofs the Major wanted to shoot himself. F. persuaded him to admit his guilt and stay alive because of his children, the »affaire« was finished up because the Major had good relations in Party, he was transferred to front, he was to be judged by a Richter von Armee Oberkommando(?) für Frontfälle. The Major when he saw him again said for first time: »Wieder so ein SS Mann!« F. must have worn SS uniform in Russia.

F. says homosexuality was widespread among German officers, a whole clique of Men was discovered in Southern Russia, about 100 higher officers were involved.

[...]

Room Conversation zw. K. G. und W. Schwe. vom 20.9.1944, 7:30 – 12:00 Uhr, in: NARA, RG 165, Entry 179, Box 474.

10:30 Schwendel comes back: Immer wieder dieselben Fragen. Warum Deutschland Amerika hasst. Verstehe ich nicht. Als ob in unserem Hass für den Bolschewismus noch Platz für einen anderen Hass übrig bleibt.
Der Captain war sehr anständig. Die haben eine kindische Auffassung vom Kommunismus, da sind wahrscheinlich Gruppen in Amerika, whose interest it is that Communism is as little mentioned as possible, and they make the Communism »salonfähig«.

G. asks questions, whispers.

S. Das ist ein Vernehmungslager, hier werden SS-Offiziere ausgefragt wegen Gräueltaten.

G. Die habe ich nicht begangen.

S. Die Leute scheinen so anständig hier, dass die mit Russen kämpfen ist ja unbegreiflich. Englische und amerikanische Offiziere die wir verhört haben in Eins B, haben oft gesagt dass wir zusammen gegen Russland kämpfen sollten. Ich dachte zuerst that it was a line they used for interrogations, but it seemed to be genuine. Officers were much more convinced about this future war against Russians than soldiers publicly because they were better informed.

S. says that he considered it the only duty for Germans to fight until death if he was released he would fight to defend the highly soul of Aachen and Köln.

S. Es ist doch anständig dass sie uns SS-Führer nicht von Juden vernehmen lassen. Der Hauptmann war bestimmt kein Jude, ein reiner Amerikaner, und arbeitslos in 1929. Mit diesen Leuten könnte ich mich vertragen.
Whispers.

G. Alle SS-Führer werden hier als Verbrecher betrachtet, Himmler ist eigentlich ein äußerst gutmütiger Mensch, wird hier als größter Verbrecher betrachtet.

S. Ich verstehe genau warum so viele Deutsche sich als Amerikaner fühlen, ganz unsere Art. Die haben verstanden warum ich keine Auskunft gegeben habe. Es hat ja keinen Sinn zu lügen. Ich habe ihnen nicht die Namen der Kommandanten der SS-Divisionen gesagt.
Ich habe gelesen in einem deutschen Bericht das [sic] Rommel durch einen Fliegerangriff am Schädel verwundet worden ist. Dieser Bericht ist 14 Tage nach dem Unfall geschrieben, bestätigte dass Rommel damals noch lebte. Jedenfalls ist er nicht gleich gestorben.

[Ende]

Room Conversation zw. K. G. und W. Schwe. vom 20.9.1944, 11:45 – 17:00 Uhr, in: NARA, RG 165, Entry 179, Box 474.

[...]

S. Man macht uns einen Vorwurf dass man national denkt.

G. Ich weiß jedenfalls was ich das nächste Mal sage (airplane drowns out rest of conversation) ... können mich umlegen.

G. Zur Ordnung muss man ihnen später die Hand reichen für eine vernünftige Regierung – Es ist ja das Wenigste das man von einem Offizier verlangt, dass er an seinen eigenen Sieg glaubt.

Ps/W eat.

[Ende]

Room Conversation zw. W. Schwe. und K. G. vom 21.9.1944, 12:00 – 16:50 Uhr, in: NARA, RG 165, Entry 179, Box 546.

S. Says we promised him various advantages if he would »behave well« but he turned us down.
G. Wo wir die Juden ein bisschen betrogen haben, das wird alles auf unser Konto gerechnet.
S. Sage bloß was kein Kriegsgeheimnis ist. Habe den Glauben in Sieg noch.
[...]
Out of room – whispering. In den Großstädten würden die Leute zu Fanatikern gemacht.
G. Is in defiant mood, says he'll stubbornly refuse to corporate. Refers to pre-1933 misery of unemployment: Dass das alles wieder kommen muss!
G. really has grave doubts re German victory – Fears loss of war but doesn't want to admit it. Considers this a fight for Germanys freedom.
G. Der will nach dem Krieg in Deutschland regieren... (whispering) ... den wird ich vielleicht nochmal treffen ... (G evidently still upset over interrog.)
Quiet.
Eating.
(Heavy rain prevents monitoring)
[Ende]

Room Conversation zw. He. He. und Werner Ploetz vom 13.11.1944, 18:05 – 19:45 Uhr, in: NARA, RG 165, Entry 179, Box 482.

P. Unsere Einheit waren ja nur aktive Leute. Eine ganz hervorragende Einheit. Bei der Gefangenschaft haben die Amerikaner uns ja die Waffen gelassen.

H. Ja, aber trotzdem war es doch zu viel. 20.000 Mann sich zu übergeben in die Gefangenschaft.

P. Wir konnten das auch nicht ganz verstehen.

[...]

H. Das hätte ich nie gedacht dass ich nach Amerika kommen würde.

P. Der Gefangenschaft habe ich niemals einen Gedanken gegeben.

H. Ich auch nicht.
Make jokes about their clothing as they undress. Appreciate the central heating and praise the blankets.

[...]

Room Conversation zw. He. He. und Franz Wambacher vom 20.11.1944, 12:00 – 16:30 Uhr, in: NARA, RG 165, Entry 179, Box 482.

[...]
14:40 W out for interrogation
W Back in Room
W. Der frug [sic] mich mit wem ich beisammen bin.
H. Was ist das für ein Kerl?
W. Ich weiß das nicht, das scheint kein gelernter zu sein!
Quiet. – W füllt Fragebogen aus.
W. Der wollte alles wissen, von der Ortsgruppe usw.
H. Dieser Fragebogen wird anderen auch wohl vorgelegt, der ist nämlich mit der Maschine abgezogen.
W. Ich brauche noch einige Tage um Material zu beschaffen. Die erste Frage kann ich gar nicht beantworten. »Welche Führung halte ich in Deutschland für die beste»? Keine!
H. Die wollen von mir auch wohl noch was wissen? Die können ruhig kommen!
Quiet. Eating.
W. Ich sage grundsätzlich nichts.
H. Der fragte nach Wirkung von Bombenangriffen, das hätte ich doch gesehen.
H. Das Ganze ist der Einfluss der Juden. Auch auf die Amis war die Beeinflussung kolossal.
[...]
[Ende]

Report of Interrogation Ho. Ho. vom 12.8.1944, in: NARA, RG 165, Entry 179, Box 486.

Statement of veracity and attitude:
PW is a fairly intelligent young officer, a professional SS man, who is not security conscious. IO is of the opinion that the PW realizes Germany is near defeat, but, as an officer, does not want to admit it.
[...]
Morale:
No difficulty with supply. Food was good and plentiful. More than enough ammunition.
Unit got along well with the French civilian population. PW admits that Germany is going through a great crisis, but claims she will come through all right; will bring out another weapon.
Claims there are enough reserves left in the Reich to activate several new divisions or to reform older ones. These men would come from factories and essential jobs, which foreign labor and women could do. The class of 27 could also be called up. These men have all had preparatory training in the Hitler Jugend and would need no further training after induction.
He claims that the Russians will never march into Germany and that they are not a dangerous enemy. They are simply whipped up into a state of frenzy by their successes and by their Kommissars.
France and Russia are not capable of bringing any »Kultur« to Germany and therefore it isn't so bad to be at war with them. But to fight against England and America, practically against ones own blood, is really a shame.
[Ende]

Report of Interrogation W. M. vom 19.12.1944, in: NARA, RG 165, Entry 179, Box 514.
19.12.1944
Matzdorff
Box 514-1
 # 126

Additional information: P/W has given already his background until his capture. This report expresses P/W's attitude on Russia as formed by his service there. On the advance in August 1941 towards Luga P/W and his men discovered 11 Germans (1st Lt. and 10 men) who had been killed in a bestial fashion by the Russians. (Eyes poked out, tongues cut out – and shot in the back of the head). Also in February 1942, on the Railroad line Siwerskaja going southeast, they found 4 naked soldiers with the sexual organs cut off. At Eastertime in 1942, P/W maintains that in the encirclement at Wolchow there were 15 Russians who survived in their fruitless attack on P/W's position. These men were wounded and lay in the swampy terrain. P/W had his men rescue these Russians. Later on in the mopping up of this area, they found remains of men with arms and legs missing. Russians [sic] prisoners said that Russians had kept themselves alive by eating these members.

In Puschkin, Winter of 1941 – 1942, an incident occurred at the headquarters of the German »Orts-Kommandant«. A woman was brought in to him because she was carrying an exceptionally heavy sack. An examination disclosed a womans leg with a stocking on it and pieces of human rumps. The woman explained that a woman had died in a neighboring village and she took these »Bits and Pieces« to eat.

Russian infantry in 1941 and 1942 was very daring and went into combat with élan despite lack of material. Today they lack this dash – the soldiers are much too young and completely lack experience. But today they have the material. Behind the troops are stationed troops to watch them and to keep them in the lines. But once the Russians start running the Commissars can't hold them.

P/W stated that the tattoo mark under the arm is general in all services. He claims it is not confined to SS units. P/W himself received no such tattoo nor did the members of his unit. This mark is to show the blood group – previously it appeared on the identification discs. P/W said that troops at the front for lengthy periods didn't receive the tattooing but newly activated units would normally be tattooed.
[Ende]

Room Conversation zw. W. M. und Fri. S. vom 21.12.1944, 11:50 – 17:00 Uhr, in: NARA, RG 165, Entry 179, Box 514.

S. Ich habe ihm gesagt, diese Zumutung. »Wissen Sie, dass sie nach Russland ausgetauscht werden können?», würde nie in Deutschland an einen amerik. Offizier gemacht werden in Bezug auf Japan.

S. Ich möchte in kein Lager, wo ich unter einem Dach mit Überläufern wäre.

M. Wieso, wenn einer denkt, es hat keinen Zweck mehr?

S. Das sind die wenigsten, die aus Überzeugung überlaufen. Die meisten sind Feiglinge.

[...]

Room Conversation zw. W. M. und E. G. vom 22.12.1944, 14:05 – 17:15 Uhr, in: NARA, RG 165, Entry 179, Box 514.

[...]

M. Ich kam mit Oberst Meyer. Alle von Metz. Ein trauriges Kapitel diese 4 Wochen. Ein Kommandeur, alles alleine, alles alleine. Ich hatte gar keine SS dort.
Bei dem Durchbruch war es unheimlich. 1,2,3,4 kamen sie rüber. Wir waren in so einem Schloss, unten im Keller. Mit der LW die hauten dran. Auf einmal, ein Mordsding, die ganze Strasse aufgerissen, ein Haus weg. Wir sind noch Minen gefahren, die R-Minen; ich habe mir alles gewünscht, nur nicht Gefangenschaft. Dann Vernehmung von Juden, ausgerechnet von Juden; Können sich vorstellen blieb stur, nie zugesagt.

[...]

M. Wir arbeiten restlos ohne Gold. Ware gegen Ware, and he continues to explain that the USA are fighting this war, so to be able once again to deal with gold especially with Europe.
Wenn die aus Europa rausgehen – Wir wollen nur Teil von Polen – Schluss! Wir interessieren uns nicht an den Balkan [sic]. Dann über die Judenfrage.... Das Problem ist Gold und hinter Gold steht der Jude.

[...]

Room Conversation zw. W. M. und E. G. vom 22.12.1944, 16:30 Uhr, in: NARA, RG 165, Entry 179, Box 514.

Morale.

M. Und es war nichts da, ich habe noch 1 Inf. Kp dazwischengenuschelt, und 1 Flak Kp dort dazwischen, aber das hat ja auch keinen Zweck. Die Kp war nur auf einer Breite, und was für Breiten wir hatten, ich hatte einen Regt. Abschnitt von 18-19km Breite gehabt. Ich hatte 3 Btl, aber alles vorn reingesteckt, bei diesen Breiten konnte man ja einfach keine Reserven mehr halten. Ich könnte ein Buch schreiben. Wenn man mal wieder heil nach Hause kommt, wird man ja wohl sich verantworten müssen.

Dann schickt man raus Regt. Stbe. Da kommt ein Obst.-Ltn. mit einem Adjutanten, der soll einen Regt. Stb. bilden. Btl. gleich übernehmen. Stellen Sie sich mal den armen Obst.-Ltn. vor mit einem Adjutanten und keinem Personal, man muss doch Melder usw. haben. Und ich hatte Überläufer, das kann man ja den Leuten – da waren alte und junge Leute dabei, da saßen sie bei kalter(?) Verpflegung in ihren armseligen Löchern, bis zu den Knöcheln im Dreck, 2, 3 Tage hintereinander, stellen Sie sich vor, wenn es ein junger macht, gehört er vor das Kriegsgericht, aber so ein alter Sack, das sind doch keine Soldaten. Es ist sogar ein Ltn. übergelaufen, wie nichts los war, mit 2 Mann, und einer davon hat dem amerikanischen Dolmetscher unsere ganzen Stellungen von einem Baum aus gezeigt. Und abends hatten wir ein wildes Feuer überall bei uns. ... beschäftigen. Das sind alles Sachen, die man denen nicht erzählen kann, bei Vernehmungen.

[Ende]

Room Conversation zw. He. He. und Werner Ploetz vom 14.11.1944, 7:30 – 11:45 Uhr, in: NARA, RG 165, Entry 179, Box 482.

H. Jetzt haben wir wieder den ganzen Tag vor uns. Mit einer Woche rechne ich hier, es kommt ganz darauf an wie man aussagt!

P. Sie sind noch ein junger Mann, erst 27 Jahre alt! Sie sind glücklich nicht verstümmelt zu sein!

H. Ich habe immer Sport getrieben, Mensch haben wir Fußball gespielt. In der Schule gab es 2 Stunden Sport.

P. Nein, jetzt neuerdings 3 Stunden.

H. Für Politik habe ich mich sehr wenig interessiert, für schwere Bücher überhaupt nicht. Ich wollte Sportlehrer werden, und dann zur Polizei, aber zuerst wollte ich zur Marine.

[...]

H. Die sollen uns mal 2 Stunden rausgehen lassen.

P. Diese Zelle ist noch komfortabel. Wir sind doch keine Verbrecher!

H. Wenn wir was getan hätten! Das war doch Zwang!

P. Wir haben nur das getan, was in unseren Kräften stand.

H. Bei der SS ist es schwerer Obersturmführer zu werden wie bei der Wehrmacht. Man muss sich erst bewähren, dann wird man vorgeschlagen.

P. Es muss schwieriger sein, es werden mehr Anforderungen gestellt.

H. Man lernt Boxen, Fechten, man hat einen Skikursus, in Friedenszeiten kommt sogar noch eine Deutschlandtour dazu.

P. Ich hatte einen Kollegen, der war bei der SS, er schrieb mir dass er immer noch Gefreiter ist.

H. Der ist Obersturm-Mann.

P. Wir hatten zu viele Abzeichen bei uns.

H. Ich kenne sie so ziemlich alle.

P. Hat denn die SS eigentlich den Totenkopf?

H. Ja.

P. Aber es gab keine SS Marine?

H. Und keine Fallschirmjäger!

P. Was hatten sie vor bei der SS, wollten Sie dabei bleiben?

H. Nein, ich wollte studieren!

[...]

Report of Interrogation Sepp Salmutter vom 20.4.1945, in: NARA, RG 165, Entry 179, Box 535.

Preamble:
P/W is a wide-awake, intelligent, young Austrian who joined the SS so he could attend the SS Medical Academy in his home town of Graz and thus continue his studies. He is violently anti-Nazi and most reliable. His typically Austrian behavior, his marriage to a non-Aryan, and, finally, his desertion to the Americans secured for him a dishonorable discharge and death sentence, or, in other words: »Verurteilung zum Tode mit Ausstoß aus der SS mit Schimpf und Schande.»
[...]

Das deutsche Volk ist durch den Nationalsozialismus in weite Schichten so völlig in einer eigenen politischen Meinungs- und Willensbildung unfähig gemacht worden durch systematische Eintrichterung der NS-Ideologien und fast unentrinnbaren Zwang, danach zu leben, zu handeln und zu denken, dass man es als politisch unmündig bezeichnen kann. 100%ig trifft das zu bei den jungen wahlberechtigten Jahrgängen, die sich an kein Parteiensystem erinnern können. Daher muss das deutsche Volk eine politische Umerziehung erfahren, wenn, bezw. weil es eine demokratische Staatsform bekommen soll. Wenn die (westlichen) Alliierten Interesse daran haben, eine wahre demokratische Staatsform in Deutschland wirksam werden zu lassen, als eine Garantie für eine friedliche Entwicklung innerhalb Deutschlands, – und damit auch nach außen hin -, so sollten sie, ausgehend von dem Gedanken, dass die Deutschen von heute am besten wieder durch Deutsche selbst in demokratischen Gedankengängen erzogen und geschult werden, schon jetzt aus den deutschen Kriegsgefangenen, auf deren eigenen Wunsch hin, Männer von einer gewissen Intelligenz herausziehen und ihnen eine überzeugende und auch etwas wissenschaftlich fundierte demokratische Schulung angedeihen lassen. Der möglicherweise erhobene Einwand, es befänden sich unter den deutschen Kriegsgefangenen von sich aus genug begeisterte Anti-Nazis, ist in diesem Zusammenhang nicht stichhaltig, denn bei diesen Männern handelt es sich zum größten Teil um reaktionäre Kräfte aus Gründen persönlicher und wirtschaftlicher Nachteile mit nicht selten nur destruktiven Absichten. Diese werde eine kürzer oder länger dauernde Ära eines Anti-Nazi-Radikalismus auf deutschem Heimatboden herbeiführen und wahrscheinlich auch Blutvergießen verursachen, was als Anti-Nazi-Radikalismus auch nicht verwunderlich sein wird. Man darf es als wohl ganz sicher annehmen, dass der östliche Alliierte Russland auf dem Gebiete politischer Beeinflussung seiner deutschen Kriegsgefangenen in seinem Sinne ganze Arbeit geleistet hat. Fraglos weist die russische Nazi-Umerziehung eine Linksrichtung auf, denn von vornherein befinden sich unter den deutschen Kriegsgefangenen in Russland eine große Anzahl kommunistischer Überläufer. Vor allem aber hat Russland durch Organisierung deutscher Kriegsgefangener im »Nationalkomitee Freies Deutschland« und Stützung desselben sich eine auch zukünftige politische Beeinflussung Deutschlands gesichert: Russlands zielstrebiger Realismus muss hoch in Rechnung genommen werden. Denn wenn diese »politisch ausgerichteten« Kriegsgefangenen nach Deutschland zurückkehren, auch in die von den westlichen Alliierten besetzten Gebiete, werden sie einen für linksgerichtete Tendenzen fruchtbaren Boden vorfinden, dargestellt durch die Arbeiterbevölkerung in den zum großen Teil restlos zerstörten Industriegebieten, aber auch durch die große Zahl der Angehörigen des deutschen Bürgerstandes und der besitzenden Schichten, die durch Bombardierungen usw. Bettler geworden sind. Ein Zusammenfinden dieser früher entgegengesetzten sozialen Schichten im Sinne einer Volksfront ist durchaus denkbar. Ob die konservative Kraft der katholischen Kirche – die als Faktor in diese Betrachtung mit einbezogen werden muss, stark genug ist, die revolutionäre Flut radikaler Richtungen einzudämmen, ist sehr fraglich, es sei denn, sie erführe eine gewaltige Stärkung in nächster Zukunft. Die Entwicklung der innerdeutschen Verhältnisse zu einer gemäßigten Demokratie erscheint also noch sehr problematisch. Hitler scheint auch mit seiner »Politik der verbrannten Erde», d.h. der Überlassung von nur Tod und Zerstörung in die Hand des Feindes ein Experiment durchzuführen, das heute zwar schon von den meisten Deutschen als Verbrechen verurteilt wird, das aber durch Schaffung immer größerer chaotischer Zustände im Reich und Aufwerfung von für die Alliierten eventuell unlösbaren Problemen schließlich zu einem Punkt führen kann, an dem – nach Jahren oder sogar Jahrzehnten – das deutsche Volk bei Betrachtung der ganzen Entwicklung sich sagen könnte: Hitler hatte recht, seine Feinde wollten nicht ihn und sein System vernichten, sondern es war ihre Absicht, das ganze deutsche Volk nie mehr zu einem menschenwürdigen Dasein emporsteigen zu lassen, – und ob die deutsche Seele ihn dann nicht vielleicht zu einem nationalen Märtyrer stempelt? Einer solchen Entwicklung muss unbedingt vorgebeugt werden. Weiter muss aber auch, besonders im Sinne des künftigen Verlaufes der Weltgeschichte, unbedingt dafür gesorgt werden, dass das deutsche Volk nicht so bedrückt wird, dass es dem Kommunismus als reife Frucht in den Schoß fällt; abgesehen von der notwendigen Bestrafung der Kriegsverbrecher sollen dem deutschen Volk Lebensmöglichkeiten gegeben werden und zu einer inneren Befriedigung sollen die Alliierten eine demokratische Erziehung des deutschen Volkes auf dem oben beschriebenen Wege schon jetzt beginnen, und gerade die USA, als Beispiel und Gewähr für eine echte und wahre Demokratie sollen sich der Verantwortung der Welt gegenüber bei der Herstellung eines wirklichen Weltfriedens nicht durch eine baldige »splendid isolation« vor allen europäischen Problemen entziehen. In diesem Sinne ist eine befürwortete Rückkehr zum politischen System der Weimarer Republik zu betrachten und zu prüfen.

Die Nazis, vor allem die hauptberuflichen Nazis, d.h. von Kreisleitern an aufwärts, müssen unschädlich gemacht werden, aber auch eine große Anzahl von Ortsgruppenleitern, die dieses Amt zwar nebenberuflich ausübten, aber in ihren Beurteilungen über Volksgenossen großen Einfluss auf deren persönliche und wirtschaftliche Stellung hatten, und dabei sehr häufig große Ungerechtigkeiten sich zuschulden kommen ließen. Die Parteizugehörigkeit ist a priori kein Kriterium für einen Nazi, da man in sehr vielen Fällen beitreten musste, um seine Stellung nicht zu verlieren; kritisch zu betrachten sind solche Fälle, wo der Parteieintritt erfolgte, um sich in den Genuss besserer Stellungen zu bringen, ohne in vielen Fällen dazu geeignet zu sein. Die Mitglieder der SS sind nach persönlichen Verbrechen zu untersuchen. Bei der Ausschaltung hoher Parteifunktionäre und Regierungsstellen wird schon ein Großteil höherer SS-Führer mitbetroffen. Sofortige harte Strafe wird die für die Konzentrationslager verantwortlichen SS-Angehörigen – ein verhältnismäßig nicht großer Teil der Gesamt-SS zuzuführen. Bei Angehörigen der Waffen-SS ist nach Gräueltaten und Gewalttätigkeiten, vor allem bei Truppen, die längere Zeit Besatzungen durchführten, zu fahnden.

SA-Führer: Individuelle Untersuchung, SA-Angehörige oft harmlos, ebenso NSKK, NSFK, NS-Frauenschaft, meist biedere Volksgenossen ohne besondere politische Ambitionen. Hitler-Jugend-Führer, vor allem die hauptberuflichen (meist Stamm- und Bahnführer aufwärts) müssen rigoros unschädlich gemacht werden, denn bei diesen handelt es sich meist um ca. 30jährige, ausgereifte Menschen. Die übrige Hitler-Jugend ist zunächst zu erziehen zu versuchen, unverbesserliche sind unschädlich zu machen. Bei allen Formationen sind schwere Vergehen mit Liquidation der Täter zu bestrafen, mittlere Fälle sind in einem Straflager mit mehrjähriger harter Aufbauarbeit zerstörter wichtiger öffentlicher Gebäude – Schulen, Krankenhäuser usw., – zu bestrafen.

[...]

Konzentrationslager, die nur für Juden bestimmt sind, sind mir keine bekannt, sondern die üblichen KLs beinhalten die verschiedensten Nationalitäten und verschiedenen Arten von »Vergehen«. Ich selbst habe im Rahmen einer kurzen Besichtigung im März 41 das KL Dachau bei München und im März 42 das KL Buchenwalde bei Weimar gesehen. Das bei diesen Besichtigungen gezeigte stand aber mit den tatsächlichen Verhältnissen – wie ich sie erst nach meiner Gefangennahme von authentischen Zeugen in Namur erfuhr, in krassem Gegensatz. Es gibt in Deutschland eine große Anzahl von KLs, besonders in den letzten Jahren sind viele neu gegründet worden. Die alten bekannten sind Dachau, Buchenwald bei Weimar, Sachsenhausen (Oranienburg bei Berlin), Mauthausen bei Linz, Auschwitz (O.S.). Von diesen Lagern aus werden meist »geschulte und eingearbeitete Kräfte«, Führer und Mannschaften, abgestellt, zum Aufbau neuer Lager.

Ein großer Teil der Lager steht unter Verwaltung einer speziellen Gruppe der SS. Diese bemühte sich, die Dinge unter jeglicher Menschenwürde, die im KL verbrochen wurden, ängstlich geheimzuhalten. Selbst innerhalb der SS ist nur ein geringer Teil Mitwisser an den fürchterlichen dort begangenen Verbrechen.

[...]

Room Conversation zw. Fri. S. und W. M. vom 15.12.1944, 17:00 – 19:30 Uhr, in: NARA, RG 165, Entry 179, Box 543.

S. makes a long speech claiming his innocence. He was only a soldier, following his orders. There is »some prejudice« here against the SS. It is entirely unfounded. The SS was and is a very brave and disciplined (»schneidige«) unit. But he never cared for politics. He asks guard to speak to an officer, wants some exercise.

17:15 Out for exercise.

17:45 Back.
Whispering.

S. seems very depressed and preoccupied.

S. (still whispering) Das ist doch schon so lange her. Wir müssen sehen, dass wir durchkommen (about Volkssturm). Ich sagte zu ihm, militärischen Wert hat das nicht viel, abgesehen davon, dass die Sechzigjährigen phantastisch gekämpft haben, mit Handgranaten ... sonst ist das nur zu propagandistischen Zwecken... Dass wir so kämpfen, hat mit Nationalsozialismus gar nichts zu tun. Wir fühlen deutsch, kämpfen um unsere Existenz, wir würden das auch sonst tun...

[...]

Room Conversation zw. E. T. und Sepp Salmutter vom 28.4.1945, 14:30 – 17:00 Uhr, in: NARA; RG 165, Entry 179, Box 554.

[...]

S. Tells he bought book, published by SS about future careers, to select one for his son. Doesn't want his son to be politically active. Was Nazi, »aber wenn man es sich jetzt überlegt, muss man zugeben, dass man sich ein wenig gegen die Menschheit des 20. Jahrhunderts vergangen hat».

T. Criticizes NS for false propaganda about foreign countries' mentality, living standards (Doesn't sound very sincerely AN).

S. Favors punishment of war criminals, but wants individual trials, rather than mass condemnations.

T. Against present »sinnlose Zerstörung« – Sabotage, Werwolf activities are impossible behind the lines due to strong Allied forces.

Both recall instances of great Allied superiority, German weakness recently.

S. Ich sehe doch noch eine Absicht in der Weiterführung des Krieges!
Expects partisan warfare to continue by fanatic youth bands.

T. Partisan warfare »won't pay», will only result in repression against population, use of males for slave labor. »Germany is interested in keeping quiet now.»

T. Austria will become independent again.

S. Expects Ps/W returning from Russia to spread Communist propaganda. Austria, except for Catholic influence, can easily be turned »red».

T. There were rumors in the population (early April) that Brüning has established provisional government in Frankfurt.

S. Predicts inevitable clash between US and Russian puppet governments in Germany.

Both want to stay out of any political organizations after the war.

[...]

Room Conversation zw. K. W., Ho. Ho. und Heinrich Kleiböcker vom 10.8.1944, 9:15 Uhr, in: NARA, RG 165, Entry 179, Box 561.

Note: Voice identification not certain.

K. ... die Panzer gingen weg und dann hatte ich nur noch 15 Mann in der Kampfgruppe. Und dann bekam ich dann 40 dazu, und die schmolz wieder zusammen, und da habe ich eine neue bekommen, bestehend aus Teilen der 15. Kompanie, Pionierkompanie, und der 16. Und da hatte ich zwei Granatwerfer dabei, und zwei SMG. Und die schmolz dann auch zusammen. Und dann habe ich eine Kampfgruppe von 110 Mann bekommen. Das waren Trossknechte und alles Mögliche. Und von diesen 110 Mann bin ich dann mit 26 Mann raus. Mit diesen Kampfgruppen die ich hatte, war ich sieben Mal eingeschlossen. Sechs Mal bin ich wieder rausgekommen und das siebente Mal nicht. Zum Schluss hatte ich nur noch ein MG mit einem Gurt drin. Und die paar Gewehrschützen hatten nur noch drei oder vier Schuss drin.

H. Wie viele Geschütze hatten Sie denn?

W. 14.

H. Und jetzt?

W. Jetzt zum Schluss hatte ich noch 12 einsatzfähige Geschütze. Davon konnte ich allerdings nur noch neun besetzen. Und ich hatte schon sowieso einen Mann weniger drauf. Es gehören fünf Mann drauf, ich hatte nur noch vier Mann drauf. Und da konnte ich noch neun besetzen. Die, die einsatzbereit waren, die sind auch wahrscheinlich alle rausgekommen, aber die anderen drei sind draufgegangen.

[...]

K. Zum Schluss war das bei uns so: Das erste Bataillon wurde die erste Kompanie. Die bekam ich. Und das zweite Bataillon wurde die zweite und das dritte die dritte Kompanie. Und als die dritte zu schwach wurde, da haben wir noch die ganzen Flakleute und alles was da herumlief dazu getan, so dass wir dann im Regiment drei Kompanien hatten, also praktisch ein Bataillon. Und so haben wir dann immer geschoben, immer innerhalb der HKL, rausgezogen, reingeschoben. Einmal wurde es mir zu bunt, da habe ich eine ganze Gruppe rausgezogen, da war für 1 1/2 Stunden in einem Abschnitt von 150 Metern überhaupt nichts drin. Anders war das überhaupt nicht zu machen. [...]

[Ende]

Room Conversation zw. Hans Karcher und E. S. vom 7.8.1944, 13:00 Uhr, in: NARA, RG 165, Entry 179, Box 493.

Re: Capt. Bollweg talks to Ps/W about outcome of war etc.

S. Die Kosten des Krieges lassen sich heute auch kaum in Zahlen noch ausdrücken, so hoch sind die. Aber etwas, was man nicht in Zahlen ausdrücken kann, das ist das menschliche Elend.
Wie viele Frauen haben ihre Männer verloren, wie viele Eltern die Söhne und wie viele Männer haben die Eltern verloren oder die Geschwister durch diese Bombenangriffe. Der vorige Weltkrieg war noch ein Kinderspiel, man kann sagen, das war ein Manöver gegen diesen jetzigen. Wenn man jetzt so Deutschland sieht – Ich bin im März das letzte Mal in Deutschland gewesen und zwar kam ich von der Ostfront und bin dann nach Frankreich gefahren. Da sollte mein Zug über Hannover fahren. Hannover war restlos zerstört, Bahnhof zerstört, da konnten wir bloß nach Hildesheim und sind dann von Hildesheim aus mit der Straßenbahn herein. Ich bin etwa gegen 11 Uhr nachts in Hannover angekommen mit der Straßenbahn. Ich habe nur eine Ruine gesehen. Ich habe kein Haus – Ich bin also von der Stadtbahn Hannovers bis zum Zentrum gelaufen, also bis zum Bahnhof, ich habe kein Haus gesehen, das noch ganz war, das war alles kaputt. Aber kein Haus mehr. Nichts. Und so sieht das in anderen Städten auch aus.

S. Und wenn man fragt, warum denn? Warum denn jetzt noch dieser Krieg? Ich meine, bei jeder sportlichen Veranstaltung, ein Boxkampf, wenn der Schiedsrichter sieht, dass der andere nicht mehr kämpfen kann, dann bricht er den Kampf ab. Aber man lässt ihn nicht totschlagen.

K. Ich bin bloß gespannt, wie das aussieht, wenn man mal wieder nach Deutschland kommt. Wir haben vor allem überhaupt nichts, wir stehen vor einem Nichts. Man darf gar nicht daran denken.

S. Das stimmt, das hat ja keinen Zweck mehr. Also wenn man sieht, dass es aus ist – Aber die kapitulieren nicht, bestimmt nicht. Wenn da keine Kräftegruppe (?) ist, die das übernimmt, die kapitulieren bestimmt nicht.

[Ende]

Room Conversation zw. H. P. und Günther Gurcke vom 1.10.1944, 15:30 – 17:00 Uhr, in: NARA, RG 165, Entry 179, Box 524.

15:30 P comes in.
P. Wie lange sind sie hier?
G. 14 Tage.
G: Kommen sie um mir Gesellschaft zu leisten?
P. Nein ich ziehe ein.
G. tells about his travel over here.
P. talks about his trip.
G. Verpflegung ist wunderbar.
P. Erstklassig, auch die Behandlung.
P. Bin Fliegeringenieur.
G. Das könnte man hier gebrauchen.
P. Wieso ich hab ja kaum etwas mit Flugzeugen gemacht.
15:35 recorded:
G. Hier wird entschieden in welches Lager wir kommen, Nazi oder Anti-Nazi oder so etwas.
P. Wirklich? Das ist ja verrückt.
G. Ja es gibt doch Leute die sind politische Fanatiker auf allen Seiten.
P. Das wichtigste ist ja ein anständiger Mensch zu bleiben, dann kann nichts passieren.
G. Das hab ich immer gesagt.
G. Wir sind in der Provinz Virginia, wir liegen dicht am Potomac
G. Als Lehrer haben sie mich tausend Fragen gefragt, was ich vom Nachkriegsdeutschland denke, von Sachen mit denen ich mich nie beschäftigt habe. Die Leute sind sehr misstrauisch. Es gibt ja Sachen in jedem Beruf, die man nicht erzählen kann. Sie können mir glauben es ist nicht einfach, die meisten verlassen das Lager als Verräter.
P. Sie meinen der Druck ist sehr groß.
G. Ja. Wer es nicht gekannt hat; versteht es nicht. Whispering.
G. Alle vierzehn Tage gibt es ja einen Transport nach Russland, das sind die Kerle, die die Russen wollen.
G. Der hat mich gefragt was denken sie von Oesterreich. Ich bin kein sturer Preusse, aber ich glaube dass Deutsch sprechende Leute zusammengehören. Wir haben zusammen gekämpft.
P. Jawohl.
16:30 get their food. Whispering.
G. Ich hab nur einen Will[en], als Verräter verlasse ich nicht dieses Lager, ich muss meinen gefallenen Kameraden treu bleiben. Wenn sie mich etwas fragen, so weiß ich nichts. Whispers: Der Major hat mir gesagt,… der Oberst… der hat mir gesagt ich hätte gelogen…eine Frechheit.

[Ende]

Report E. P. vom 12.3.1945, in: NARA, RG 165, Entry 179, Box 526.

P/W has received no incoming mail as yet.
His outgoing letter have written for the most part to his wife, H[.] P[.], who lives in Tangermünde on the Elbe. These letters have revealed him as a firm and fanatical believer in the justice of Germany's cause and also as religious man. He frequently urged his wife to pray and not to lose her faith in God; they would all be sealed by suffering. The P/Ws letter have become less confident in tone and have expressed great anxiety about the fate of his family and friends. His home is apparently in Upper Silesia. He has expressed strong anti-Russian sentiments. He wrote his wife that the Russian advance was the hardest and heaviest blow, not only to Germany, but to the whole of Europe and was part of Russia's plan to dominate the entire world. He knew the Russians. Those whom they did not slay, they would sent to slow death in Siberia. He hoped God would give the German people the power to stem this flood, otherwise Europe and afterwards the whole world would be lost. Salvation could only come from the German people and the Führer.

He has written that apart from his anxiety about his family and his homeland, he is well off and has all he needs. He is making good use of his time, studying all the branches of agriculture and forestry offered in camp, as well as economics. He is also training body and spirit for the time after his return to Germany.
[...]

Room Conversation zw. E. S. und Hans Karcher vom 3.8.1944, [1]9:30 – 22:00 Uhr, in: NARA, RG 165, Entry 179, Box 542.

Reading, No conversation

K. Wir haben im ganzen Bataillon nur zwei aktive Offiziere gehabt, der Kommandeur und einen anderen.

S. Es wird sicher jetzt im Reich drunter und drüber gehen.

K. Ich möchte nur wissen, wie es wirklich aussieht.

S. (repeating) Es wird drunter und drüber gehen...

K. Ich bin insofern glücklich, ich denke nicht viel dran...

S. Was nur mit unseren Familien wird. All die Evakuierten, die Familien, die ins Protektorat gezogen sind; die schmeißen sie doch sicher raus.

K. Wenn die überhaupt noch lebend rauskommen! Ich weiß nicht, die Regierung muss das doch wissen, warum die nicht Schluss machen! Es gibt doch nichts mehr zu gewinnen.

S. Im September soll doch die V2 kommen.

K. Aber das ist doch nur eine Vertröstung. Unsere Soldaten, die heute noch zusammengeschlossen werden, die sind zu bedauern; wo doch alles verloren ist. Das finde ich unverantwortlich! Es ist doch Wahnsinn, dass noch so viel zu Hause zerstört wird.

S. Der Kampfgeist ist ja auch nicht mehr da.

K. Es war ja schon unverantwortlich, wie wir eingesetzt wurden, gegen die Übermacht; mit dem Befehl, bis zum letzten Mann auszuhalten... Talk about Bolshevism

S. Unsere Leute haben gesehen, wie es in Russland aussieht, was der Bolschewismus angerichtet hat.

K. Das stimmt doch nicht. Der Bolschewismus hat doch viel geschaffen. Both defend their points of view. K pro, S against Bolshevism.

K. Der Kolchosenbetrieb wirtschaftet doch viel mehr heraus als die Kleinbauern.

S. Nein, ich bin nicht der Ansicht,...

K. In Deutschland wird nach dem Krieg der Bolschewismus einen großen Aufschwung nehmen.

S. Nein, das glaube ich nicht. Dazu ist die deutsche Lebensweise zu verschieden.

K. Ich war in der Hitlerjugend. Das war eine ideale sache. Aber ich würde nicht mehr dazu zurückkehren. Auch nicht in die SA.

S. Diese Soldatenspielerei hängt einem ja zum Halse raus, besonders wenn man Soldat war,...

K. Ich glaube bestimmt, dass Europa bolschewistisch wird...

[Ende]

Room Conversation zw. H. T., Heinz Lettau und Martin Kornrumpf vom 2.9.1944, 12:10 Uhr, in: NARA, RG 165, Entry 179, Box 554.

T. Nein, die mittlere Führung, die Stabsoffiziere, die haben alle versagt. Um sich ein gemütliches Leben zu machen, um vorwärts zu kommen, haben sie gelogen und gelogen. Und die sind die Schuldigen. Der Führer kam doch dann mit schweren Drohungen über die falsche Berichterstattung. Und da hat sich kein Offizier drum gekümmert. Kein Fliegerhorstkommandant, kein Kommando-Flughafenbereich, und kein Luftflottenchef. Alles hat frisiert nach oben, und schön gefärbt. Und das sind die Verbrecher. Wo gibt es denn eine Stelle im Reich, wo nicht gefälscht worden ist? Alles war korrupt, die Partei, die Generäle, alles. Und der Führer hat keinen gehabt, der die Sachen wirklich überwachen konnte. Hess, der Gute, der war zu schwach, der ist wegintrigiert worden. Und alles andere war eine Bagage. Dieses korrupte Wesen hat im letzten Weltkrieg angefangen und ist in diesem zu einer Vollendung ohne gleichen vervollkommnet worden. Ich meine, das Herumhuren der deutschen Ehefrauen zuhause ist doch auch eine Schweinerei. Darüber weiß ich nun etwas besser Bescheid. Wie die deutschen Frauen sich in Garmisch-Partenkirchen aufgeführt haben. In meiner Heimatstadt ist eine Pfarrersfrau, die hat ein Kind von einem französischen Kriegsgefangenen. Den hat sie sich auf der Straße aufgegabelt. Und so gibt es viele Fälle. Das deutsche Volk ist moralisch restlos fertig. – Na, ich bin froh, dass ich vier Töchter habe. Die brauchen sich nicht totschießen zu lassen. Ein anständiger Mensch hat sich natürlich in diesem Regime nicht durchsetzen können. Die haben ihn ja alle ausgelacht. In 1936 war Deutschland so aufblühend wirtschaftlich, dass es ja geradezu lächerlich ist von den Generälen zu behaupten, sie wären mit dem Regime gegangen, nur um ihre Existenz zu retten. Verkauft haben sie sich, und jetzt lügen sie auch noch. Freiwillig haben sie sich den Nazis verkauft. Glauben Sie vielleicht, die Generäle sind in der Lage, das vierte Reich zu führen? Die wären noch schlimmer.

[Ende]

Room Conversation zw. F. W. und Herbert Müller-Jena vom 25.1.1944, 20:00 – 23:00 Uhr, in: NARA, RG 165, Entry 179, Box 560.

[...]

W. Bin als Soldat bei der Luftwaffe unter gekommen (nach Salerno) in der Hermann Goering Division (started to record, but the above is all W said).
Die fünf Wochen, die ich in Italien war, habe ich kaum ein Flugzeug gesehen (record) das kann man sich gar nicht erklären. (It is impossible to record everything worth while since M hardly permits W to give a word in edgewise.)

M. talks about Italy eventually the Italian people as a whole, cities and then culture etc.

M. Nur im Straflager werden die von Schwarzen und Polen bewacht.

W. Die armen Leute.

W. Ich muss ihnen ehrlich sagen, dass ich eine Flucht aus Amerika für hoffnungslos halte.

[...]

W. Der Kommunismus ist für mich das Ende von dieser Geschichte – die Organisierung des Untermenschen.

[Schnitt]

W. Ich muss wirklich sagen, dass ich dem Italiener das sehr übel genommen habe, dass sie uns da in den Rücken gefallen sind. Wenn sie uns wenigstens 48 Stunden vorher gesagt hätten, wir wollen nicht mehr wir sind fertig.

[Ende]

Report F. W. vom 12.3.1945, in: NARA, RG 165, Box 560.

In the P/W's letters to his wife he shows a thoroughly fanatical attitude toward Nazism. He expressed his conviction that Germany would be victorious and his belief that some day all white races would thank the Germans on their knees for having helped them against the Bolshevistic chaos in Europe.
[Ende]

Report of Interrogation A. F. vom 3.5.1945, in: NARA, RG 165, Entry 179, Box 468.

Report: Evaluation of Allied War Propaganda

P/W reports that the course of the propaganda was waged in Germany by means of radio broadcasts and leaflets paralleled closely the trends of military successes and failures. During the early years of success the German radio and press had firm control of the minds and morale of the German people. Only after the Russian disaster and the entry of America into the war did the influence of Allied propaganda begin to be perceptible. Thereafter as German armies retreated the effectiveness of Allied propaganda grew in increasing measure with the Germans fighting stubborn but losing struggle to hold the attention and compel the belief of the individual German, until in early 1945, the German people turned naturally to leaflets and to Allied broadcasts to learn the truth, the German propaganda services being almost entirely discredited through long failure to correspond to observed facts.

Thus P/W confines his evaluation and criticism of the techniques used by the various Allied forces to the following very general observations, since a thorough analysis would require a step-by-step treatment of the different phases of the military situation:

I. American:
A. Radio:
American radio broadcasts were never very influential in Germany primarily because of the lack of radio receivers in the possession of the people which were technically capable of picking up broadcasts made from such great distances.
B. Leaflets:
American leafletspropaganda in general were characterized by a restrained matter-of-fact objectiveness which merely asserted the truth of facts which the German people as a whole were unable to evaluate one way or the other. On the people as a whole, therefore, they were not unusually effective. Against the troops on the fighting fronts, however, who were in a position to see for themselves the truth of many of the sober facts recited in these leaflets, e.g. the overwhelming preponderance in both quantity and quality of American material, the leaflets propaganda was extraordinarily influential. The Germans found it necessary in fact to combat this leaflet propaganda among the troops by the unique method of printing and distributing imitations of the American leaflets with slightly twisted sense in order to weaken their effect by making the Americans appear ridiculous and deceitful. It appears to be true that the American method of confining their propaganda assertions largely to factual matters which could be checked at least in part in one way or another, although slow in achieving an effect, ended by winning over the trust and belief of a large part of the Wehrmacht rank and file and was the most difficult to combat. This influence was of course transmitted more or less gradually to the interior areas.

II. English:
A. Radio:
The English propaganda broadcasts were the most effective and influential of foreign propaganda efforts in Germany, seeming to manifest an understanding of the German mentality and to proceed on sound psychological principles. P/W feels that virtually every radio in Germany was used to listen to the English broadcasts during the last half of 1944 and thereafter in spite of the increasingly drastic penalties imposed by the Gestapo for such »black listening«.

Particularly effective in luring listeners was the method of interlarding the names of German war prisoners with bits of propaganda. The English practice of freely admitting their own losses, which listeners could verify to some extent in their own newspapers, contrasted glaringly with the German usage and lent an air of reliability which was projected to other elements included in the programs.

The most effective English programs were those consisting of recorded speeches of German leaders a year or so old contrasted in a commentary with current conditions. Also very influential were the programs designed for and beamed at particular culture areas, e.g. Austria, making use of idiomatic language, local allusions, and native jokes and customs.
B. Leaflets:
The English leaflet propaganda, on the other hand, was apparently much less effective than their radio broadcasts. The American leaflets were valued more highly, especially among the members of the Wehrmacht. The reason appears to lie in a relatively uninspired reliance on assertion and exhortation which had too much the smell of propaganda as such and left the Germans cold.

The English campaign of dropping counterfeit ration cards, however, though not strictly a propaganda measure caused the German authorities serious difficulty and made strict counter-measures and punishment necessary. At one point local stores of rationed food in western Germany were almost completely bought out and the later suspension of sale of fabrios of all kinds was certainly partly due to the counterfeit clothing ration cards distributed from England. It is noteworthy that the English received the whole-hearted cooperation of the German people in this contribution to economic warfare. Although the ration cards were dropped principally in western Germany, they were soon spread throughout the Reich by persons who sent them to friends and relatives to be used elsewhere.

III.Russian:
A. Radio:
Because of the general mistrust and fear of Russia prevailing among the German people, the Russian broadcasts never achieved any wide audience in Germany, although they became much more refined and skilful after a very awkward [?] and ineffective beginning. In general they were listened to only by German communistic circles.
B. Leaflets:
Russian leafletspropaganda on the other hand achieved quite spectacular results in some

cases, particularly among the German soldiers fighting on the eastern front. Apparently recognizing that they laboured under an initial handicap of profound suspicion, the Russians turned to the use of pictures instead of or in combination with the written word and applied this method with good psychological effect. Thus one leaflet contrasted a picture of a German child praying by a Christmas tree for the father's safe return with a picture of the father unpleasantly dead in a foxhole. A successful means of exploiting low morale among front troops was the distribution of leaflets containing sound first aid instruction interspersed with advice on ways of counterfeiting illness or producing alarming though harmless symptoms by the use of indigenous herbs and other easily available agents. The latter stratagem was especially effective among non-German troops and forced labour recruits in rear area work camps.

Another Russian ruse, again not strictly propaganda, was the distribution of counterfeit German money in the eastern areas which actually caused inflation phenomena in some areas and made a suspension of the validity of such paper money in some territories. [Ende]